金融科技

——涵义、运转及赋能

朱正圻 著

上海三联书店

目　　录

第 2 章　金融科技之科技

绪　言

"金融科技的内涵、运转及赋能"，是我们阐述研讨的总题目，下面简单列出有关内容，便于作为阅读和研讨的索引，如下：

0-1　对金融科技的认知及变化

已经来到华夏大地并迅速进入经济、社会和人民日常生活的金融科技这项融合型的生产力或称生产要素，它开始时对于相当一部分人来说，是十分陌生的。金融科技同时表现得深奥又活泼、先进又入群、强大又实用。之后，它被从一无所知、到稍有了解、但仍有点冷淡漠视，再是慢慢地走向相对熟悉，直至升温和热情起来。

初期，不少人只认为金融科技与之前听到的科技金融无非是一回事吧。往后，更多人了解两者并非一码事。那么金融科技的含义又是什么呢？

"金融科技"与"科技金融"是有明确区分的。

根据《"十三五"国家科技创新规划》的定义，"科技金融"属于产业金融的范畴，落脚点在金融，与其并列的概念是三农金融、消费金融，是金融服务实体经济的典型代表；而金融科技落脚点在于科技，与其并列的概念是军事科技、生物科技，意在科技为金融服务赋能。

0-2　国家制定金融科技战略政策

2019年8月中国人民银行印发《金融科技（FinTech）发展规

划（2019－2021 年）》（以下简称《规划》），明确提出未来三年金融科技工作的指导思想、基本原则、发展目标、重点任务和保障措施。

《规划》提出，到 2021 年，实现金融与科技深度融合、协调发展，明显增强人民群众对数字化、网络化、智能化金融产品和服务的满意度，推动我国金融科技发展居于国际领先水平，实现金融科技应用先进可控、金融服务能力稳步增强、金融风控水平明显提高、金融监管效能持续提升、金融科技支撑不断完善、金融科技产业繁荣发展。

0－3 中国金融科技发展的历程

金融科技发展历程是从电子化到金融科技全面融合的过程。

金融科技的发展历程，从金融行业对科技的应用来看，可以分为三个阶段：第一阶段：金融电子化时期（1993 年－2004 年）；第二阶段：互联网金融时期（2004 年－2016 年）；第三阶段：金融科技时期（2016 年至今）。

全球金融科技投资高涨，中国金融科技后来居上

2018 年全球金融科技投资增长逾一倍，达到 553 亿美元。其中中国投资额达 255 亿美元，同比增长 9 倍，占据全球总投资额的半壁江山，几乎相当于 2017 年全球金融科技投资额。

美国等发达国家金融业发展成熟，金融服务覆盖率高，金融科技的作用在于为消费者提供更加便捷的金融服务，提高已有业务的效率。

相比较而言，中国金融服务覆盖率低，传统金融机构对小微企业的贷款占比仅在 30% 左右，2018 年四季度，银行业金融机构小微企业贷款余额 334923 亿元，同期银行业金融机构贷款余额 1050169 亿元。小微企业贷款尚存在大量未开发市场，金融科技的作用在于覆盖更多的长尾用户，实现普惠金融，发展潜力巨大。

我国出台了一系列政策鼓励金融科技的发展，如党的十九大报告指出要推动互联网、大数据、人工智能和实体经济深度融合，为金融科技创造有利条件。

在中国，大数据、云计算、区块链、数字货币、人工智能等一系列新技术正全面应用于支付清算、借贷融资、财富管理、零售银行、保险、交易结算等几大金融领域，为传统金融的基础框架和生态体系带来全面而深刻的变革。

从现实发展情况看，金融和科技可以是并且越来越成为融合体，两者相互依存，彼此促进，紧密融合，共同赋能。现实经济生活或城市地区发展规划实践也正是这样。

近年来，金融科技领域发展迅速，目前我国金融科技公司已覆盖支付、信贷、智能投顾等多个细分领域，一方面金融和创新技术的有机融合带动金融产业再升级，迎来发展新机遇，另一方面金融科技也给人们生活带来了改变和更多便利。

金融科技正在以迅猛的势头重塑金融产业生态，"无科技不金融"成为行业共识。金融科技将会对人类的生产、生活方式产生深远影响。"新基建"的兴起，也让银行业金融科技的转型动力加强。

0－4　金融科技对于银行、金融、经济社会的巨大功能

金融科技对于银行：推动银行改革创新，拓展业务，提升质量，降低成本；金融科技对于金融各层次业务领域：对于经济，对于社会生活各个领域发挥更广泛和深入的作用。

新一轮科技革命正在深刻改变传统金融模式，新冠肺炎疫情防控更加凸显发展金融科技的必要性和紧迫性。中国如上海这样的经济和金融发达的城市，正充分发挥金融要素市场完备、科技

创新资源活跃、应用场景丰富多元等优势，进一步推动金融科技领域前行，促进金融科技产业集群化发展。要以更优的营商环境激发更强的市场活力，使金融科技成为服务实体经济的强劲引擎。金融科技正成为未来全球金融竞争的制高点。

金融科技加速进入经济社会和人类日常生活。金融科技的活力和当量，对于国民经济的庞大繁杂的行业、社会活动的各个角落以及平凡百姓的日常生活，都具有强劲广阔、深入细致的赋能和效应。

金融科技成为企业生存、发展、开拓和提升，也是改革创新的动力、依据和基础。企业亟切需要坚持科技赋能，用好新一代信息技术，加大创新力度，使金融科技更好服务实体经济、推动高质量发展。

各界人士越来越对金融科技产业从各个方面观察、了解、分析和实践。他们认真了解分析着：金融科技相关概念、特征、分类及研究热点；全球金融科技产业发展状况；中国金融科技产业发展的外部环境及技术环境；中国金融科技产业发展状况及产业生态体系；详细解析资产管理与网络融资、互联网保险、第三方支付及金融科技基础设施的发展状况；并对国内外金融科技重点企业经营状况及平台案例进行探析；金融科技产业监管模式和路径分析，重点分析金融科技产业投融资状况，并对其未来发展前景进行分析预测；通过专业的分析预测模型，对行业核心发展指标进行科学预测。

金融科技的迅猛发展，引发其发展本身的内部矛盾、弱点、短板和障碍的暴露，加上经营者失误或内部力量抵销，造成宏观经济或市场活动中的竞争削弱，垄断出现，巨头通吃，有失公平公正的负面及有害现象。另一方面，相应的认知、理念以及实践中的管控风险，纠正乱象，加强规范也随着产生、推行和深化。

0－5 先进科技在融合中动能更鲜明

先进科技在融合中对金融的功能和服务：科技是金融的驱动力、工具或手段、使用和交换价值的供应者，科技型企业为众多行业赋以各种不同功能。

有关的主要科技包括：大数据、云计算、人工智能、物联网、区块链等。

1）基于人工智能的金融服务

人工智能服务金融的技术原理、通用技术、核心技术、应用现状、应用场景、产生影响、发展前景

2）基于大数据的金融服务

金融服务的含义、大数据技术的十大核心、主流架构、大数据的金融应用价值、大数据的金融的影响、金融应用场景、发展前景、引领金融创新

3）基于物联网技术的金融服务

物联网的技术原理、感知环节、传输环节、处理环节、应用环节、跨层技术、金融领域的应用场景、金融应用价值、对金融行业的和对金融发展前景的影响。

4）基于区块链的金融服务

区块链的技术原理、核心技术、在金融领域技术构架、技术的应用现状、总体良好态势、各国金融监管部门积极理性引导与应对、区块链技术在我国金融领域的应用现状、区块链技术的金融应用价值、对金融行业的影响、在金融领域的应用场景、在金融领域的应用前景、在金融领域的风险挑战与对策建议。

5）基于云计算的金融服务

云计算的发展现状、云计算的技术与分类、核心技术、现有的三类主要云服务：IaaS、PaaS 和 SaaS、云计算的金融应用价值、

对金融行业的影响、在金融应用中的风险、应用场景、云计算在金融领域的发展前景。

6）科技驱动金融新业态

深化合作是金融科技与传统金融的主流发展方向；金融科技与传统金融合作空间广阔；金融科技风险应持续引起高度关注；新金融业态监管应突出公平原则。

0-6　金融科技历史沿革

金融科技发展历史源远流长。

金融业出现有息借贷以来已超过三千年历史了。

古代科技推动了冶金、造纸、印刷业发展，也应用于金融领域。

中国算盘诞生于汉代，直至 20 世纪 80 年代还是中国银行业的主要计算工具。

机械式计算机的商业应用始于 1820 年代。最早商业化使用者就是银行与保险机构。

20 世纪 20 年代，美国 NCR 公司生产出银行专用机械记账机，至 20 世纪 40 年代上海银行业已广泛使用一直至 80 年代才退出。

金融科技发展突飞猛进。1946 年电子计算机在美国发明，最早使用者是保诚保险公司。互联网技术、计算机视觉、语言、云技术、大数据分析处理、人工智能的发展，推动了 21 世纪金融科技新一轮革命，对金融业正在并继续产生极其深远的影响。

中国金融业的科技革命，一直在不停顿地进行。20 世纪 70 年代中期银行引进国外小型机进行试点，80 年代初期开始联机实时处理。90 年代进入中型机到大型计算机。2000 年后数据大集中完成，大型数据仓库的建立，一代代新应用系统开发升级，互联网银行和直销银行平台推出。

一部金融发展史就是金融不断创新的过程。金融科技革命已经引发了货币形态从实物货币向虚拟货币方向发展。随着现代科技的进步，金融和科技的结合越来越紧密，几乎所有的金融创新背后都可以找到技术因素的支撑。

0－7　金融科技赋能

以大数据、云计算、人工智能、区块链以及移动互联为引领的新的工业革命与科技革命，导致金融学科的边界、研究范式不断被打破和被重构。

金融科技组成或内涵

金融科技涉及的技术具有更新迭代快、跨界、混业等特点，是大数据、人工智能、区块链技术等前沿颠覆性科技与传统金融业务与场景的叠加融合。主要包括大数据金融、人工智能金融、区块链金融和量化金融四个核心部分。

本轮科学技术的爆发导致金融行业传统发展模式受到颠覆性冲击。

上述变革为传统金融、宏观经济、微观主体、社会及大众生活贡献丰富的功能和日益精巧的服务。下面将进一步阐述和探讨。

0－8　金融科技产业的行进及未来

金融科技产业含义

金融科技产业，指的是，金融和科技这二类极其重要的生产要素或生产力，结合起来特别是融合一起，将二者原来作用，在融合中形成为一个整体，创新动力明显活跃、运作效益明显扩大，并且成本明显减小。这种作用能够赋能经济人、经济主体、经济部门持续发展、产生新的价值。

金融科技在实际生活中显现为现代科技驱动支持金融创新变

革，以新的金融产品、服务、业态，为广大客户服务。

金融科技产业在国内外发展迅速。

全球金融科技产业规模迅速增长，成为影响各国经济与金融高质量发展的关键。

我国的金融科技一直保持良好的增长势头，无论从市场规模、融资金额，还是从企业发展、技术专利来看，都走在前列，特别是在零售支付领域的广泛应用。

我国各个地区也都在积极规划、出台金融科技相关政策，建立竞争优势。

上海作为中国金融体系最发达、要素市场最完备的城市，正全力推进国际金融中心建设，向着卓越全球城市的目标稳步前行。

从金融端出发看，每一项金融都吸收不同类的现代科技；而从科技端出发看，每一项前沿科技都赋能于不同类别的金融、经济和社会生活。

金融的科技化是基本趋势，金融科技从不同维度促进我国金融行业发展进入一个全新的时代。

奋力推动我国金融科技产业迅速前进

金融科技中的智能金融技术，利用大数据及人工智能技术来帮助传统金融行业节省人力成本，减少员工重复劳动。我国人工智能技术研究中的一些领域，比如算法研究，已处于国际前列，借助这一力量发展金融科技，更有利于与实际问题相结合，最终提升金融机构生产效率。

实现民生普惠

随着大数据金融、互联网金融以及区块链技术的普及，金融科技的应用和发展可以让更多的人尤其是贫困人口以更低成本、更为便捷地获得金融服务，分享更多实实在在的改革成果。

从产业角度观察分析金融科技发展及趋势

金融科技，一般指技术带来的金融创新，能够创造新的模式、业务、流程和产品。金融科技的最初形态是分布在美国硅谷和英国伦敦的互联网技术创业公司，通过技术创新降低获客成本，提供营销获客、身份认证、风险定价及资金流转等环节的技术支持。今天大家正进一步了解、参与和共享金融科技的发展历程以及在我们国家的发展进程。

0-9　金融风险管控以及反垄断创活力

风险管控加强在2018年前后突出体现

2018年，整个金融科技行业经历了风险相对集中爆发以及管控和治理的空前加强。这个年头，经历了P2P的行业动荡，一些金融创业者失败、亏损，一些金融科技企业裁员与倒闭，一些企业挣扎在生死边缘，断臂求生。但是也挣扎着在废墟中重建。

"2018年，刚好是净化之年"。挺过一个经济周期的金融企业，好不容易地迈出成功的一步。

在寒潮与希望中交织而行的2018年，似乎关键词是"轮回"。10年一轮回，从2008年全球性金融危机爆发，刚好10年。2018年没有急遽的危机，风险缓慢释放，是泡沫逐渐破灭、良币驱逐劣币的一年。2018年冷吗？不少人说，行业冷，反而能起到净化作用，沉淀出好的企业。

21世纪第二个十年互联网金融速度广度深度明显增加，风险管控更需严格，国家金融安全更需维护。

习近平总书记在2017年7月的全国金融工作会议上反复强调维护国家金融安全的重要性，并指出金融安全是国家安全的重要组成部分。

十九大报告明确指出要"健全金融监管体系，守住不发生系统性金融风险的底线"。传统模式下事后的、手动的、基于传统结构性数据的监管范式已不能满足金融科技新业态的监管需求，有效防范金融风险为目标的监管科技（Regtech）正在成为金融科技的重要组成部分。可见，监管科技将依托于监管机构的管理需求和从业结构的合规需求，进入快速发展阶段，成为金融科技应用的爆发点。

平台经济反垄断文件出台　创业者活力有望被激发

2020年11月10日，国家市场监管总局发布《关于平台经济领域的反垄断指南（征求意见稿）》（下称《反垄断指南》），矛头直指近年来平台要求商家"二选一"、对消费者进行大数据"杀熟"等互联网平台企业乱象，而平台企业利用规则、算法、技术、流量分配等无正当理由拒绝进行交易等行为也将被认定为"存在垄断行为"。

《反垄断指南》实际上是研究多年的成果，针对的是国内互联网产业垄断阻碍创新的客观现实问题。

激发创业者活力

《反垄断指南》提出的原则之一是激发创新创造活力，维护平台经济领域公平竞争，引导和激励平台经营者将更多资源用于技术革新、质量改进、服务提升和模式创新，构筑经济社会发展新优势和新动能。

经济运行中的创新往往来自于小企业，《反垄断指南》的一个重要作用是推动科技型企业创新发展。

反垄断的根本目的是为了促进市场公平竞争，在巨头形成市场支配地位之后，中小企业创新能力会被压制，甚至被剽窃，这对于激发创新保护创新都具有消极影响。因此，加大反垄断执法力度，有助于进一步激发市场活力。

一般认为，1997－2007年是中国互联网发展的黄金十年，因为这段时期是一个非常典型的自由竞争时期，市场上没有垄断者，市场主体充分释放了活力，所以中国互联网企业获得了很好创业机会和空间，一批互联网龙头企业都是在这一段时间涌现出来的，但近年来大企业的垄断实际上阻碍了创新。

《竞争法》的目标在于鼓励市场有充分的竞争，只有市场上有充分的竞争、没有壁垒的情况下，市场主体才会不断发展，才会有新的产品和服务问世，消费者才能得到最大的福祉。

0－10   新时期金融科技磅礴走势及开拓空间

随着技术的加速发展，金融科技的应用正逐步落地，2020年疫情的到来更是加速了这一进程。数据赋能强化、经济区域化加快、数字经济接受度攀升，金融科技发展显现出新动向。

在科技驱动和支持下，金融服务受众的数量、层次和效果极大提高。过去金融专注20%的人群，而以科技和数据为支撑的新金融将服务80%的大众，让普通人和小微企业也能享受到社会上一般人应该和可能享受到的金融服务。

"在疫情暴发前，推动普惠金融服务就已经是全球各国的头等大事。而疫情暴发以来，这项任务正变得更紧迫。"国际货币基金组织（IMF）总裁格奥尔基耶娃认为，疫情对无法获得金融服务的群体造成了沉重打击，包括低收入家庭、小微企业和妇女。在此背景下，金融科技将起到重要作用，帮助大众抓住机遇，避免陷入贫困。因而，这位国际货币基金组织总裁呼吁在全球范围内加快推进金融科技发展。"随着金融科技不断发挥实效，我们能够更好地控制风险，更快地创造发展机会。科技的发展将开启共享繁荣的新时代。"格奥尔基耶娃说。

对于未来金融科技的发展，数字金融仍需要新的、强有力的国际政策、法规、标准和公司管理，以支撑行业健康蓬勃的发展。"现在是最好的契机，各国应积极推动全球合作，充分利用数字金融的力量，更好地向前发展。"

0-10-1　云、库、链成当今支撑新金融的核心技术

面向未来，新金融带来服务对象、服务核心和服务方式三个变化：首先，过去金融专注 20％ 的人群，新金融服务 80％ 的大众，让普通人和小微企业也能享受到有钱和有权人一样的金融服务；其次，服务的核心从以钱为中心到以人为中心，如过去的金融是人找钱、企业找钱，那么新金融是让钱找人，钱去找企业。最后，新金融服务更加个性化、智能化、场景化，不仅千人千面，还像血液一样，和肌肉骨骼融为一体，和场景密切结合，更好的服务社会经济和民生发展。

建设新金融体系必须要以科技和数据为支撑。过去的技术架构是信息时代的中心化思想，新金融的架构则是数字时代的分布式思想，未来以云计算、分布式数据库和区块链为代表的"云库链"会成为支撑新金融的核心技术。过去的金融是利用信息互联网处理"钱"，未来新金融是以区块链建设价值互联网，流转的是数字资产。

小微企业不缺信任，缺的是发现信任的技术。2020 年以来，在疫情之下，小微企业依旧保持 98％ 的高守约率。

区块链等技术或成为穷富人的"破壁机"

金融科技不仅方便和改进人们日常生活，而且极大地提升乃至从根本上改变人们一直习以为常的习惯性生活。在将金融科技引入人类社会的开拓者、未来预想家或鼻祖凯文·凯利的设想中，未来 AR（增强现实）和 AI（人工智能）将让金融科技变得看得见、摸得着。比如智能眼镜帮助大众在衬衫上看到交易和资金信息，人工智能帮助投资者聪明投资，区块链技术帮助人们实现可信的公共账本。

很早就提出网络作业和新金融等命题及见解，如今又出席外

滩大会的"世界互联网教父"凯文·凯利表示，目前，金融科技的力量才发挥了一点点，智能手机、二维码等移动支付方式，仅仅只是个开始。

"世界上会有更多人接触到以前只有富人和高层人士才能接触的事物。"凯文·凯利称。

他认为，金融科技的"超能力"还远未用足，未来或许可以成为穷人和富人之间的"破壁机"。许多新事物都是旧金融无法做到的，只有科技才能够让我们掌控事物的金融维度。这就是金融科技的未来超能力。金融业开始跨越抵押文化走向信用文化。抗疫斗争加速了上述进程。

0－10－2　行业范式转移：金融科技风向标

各行各业的范式转移日益成为当今金融科技风向标

范式，简单来说，就是从事某一科学的研究者群体所共同遵从的世界观和行为方式；而范式转移，这个名词最早出现于美国科学史及科学哲学家库恩的代表作《科学革命的结构》之中。

范式转移就是冲出原有的束缚和限制，让人们的思想和行动开创新的可能性。

区块链，这一金融科技的重要内涵，凭借其独有的信任建立机制，开始在这一领域发挥新的范式。新的范式的出现往往改变着诸多行业的应用场景和运行规则。

构建国贸平台 Trusple 让中小企业"卖全球"

Trusple 是基于蚂蚁链技术，构建的全新数字化国际贸易和金融服务平台，旨在助力实现贸易全链路的数字化升级，为中小企业提供贸易综合服务。

19 年前的 2001 年，面对外贸交易中买卖双方互相不信任的问题，阿里巴巴 B2B 公司曾尝试用类似中间担保的模式解决，但由于企业和企业之间的交易比个人之间要复杂很多，付款方式和物流方式均有很大差异，这种方式当时无疾而终。直到 2003 年，这个模式用在了交易流程相对简单的 C2C 业务淘宝中，这也是支付宝诞生的原点，并推动整个电子商务行业的蓬勃发展。

如今，数字化发展使得企业贸易变得容易，但 B2B 国际贸易的流程复杂度并没有降低，买家卖家间的信任问题仍然是阻碍当下跨境贸易的核心障碍。不过，区块链的出现提供了新的技术解法。

在 Trusple 平台，当买家和卖家产生一笔贸易订单后自动上链并开始流转，银行会基于订单约定的付款条件自动进行支付，避免了传统模式下卖家需督促买家去线下操作转账，同时也能防止屡有发生的恶意拖延付款时间现象。而买家也可以基于上链的真实订单获得账期等金融服务，大大提升了资金利用率和采购效率。

而对买卖双方来说，在 Trusple 上的每一次成功交易都是一次"链上信用"的沉淀。当企业产生融资需求时，金融机构可以向 Trusple 平台提出验证请求，来确定企业的贸易真实性。

这一方面降低了银行等金融机构的金融服务风险，另一方面也盘活了中小企业的生存和营运能力，进一步实现"让天下没有难做的生意"，激活数字经济。

在浙江义乌经营外贸生意的袁女士是 Trusple 平台首笔交易商家，她同时也是阿里巴巴国际站的用户，她通过该 Trusple 把公司主打的水晶饰品销往墨西哥，并在次日就收到货款，这在以前，仅交易的时间就往往需要一周。"有了它，明年生意至少能实现 30％的增长"，袁女士说。

0-11　金融科技中，最短时间内便能充分落地，广泛使用的内容

金融科技中，最短时间内便能充分落地，广泛使用，最实在、广泛、大众，最下沉到工厂基层、车间仓库和居民社区的基础作

业和日常生活的，究竟是什么？

一般认为，万物网即是重要内容之一，

万物网（IoTinternet of Things）的问世和运行便是明显事例。

万物网即物物相连的互联网

最早由麻省理工学院的 Kevin Ashton 教授提出，其定义是，通过射频识别（RFID）、全球定位系统等信息传感设备，按约定的协议，把任何物品通过物联网域名相连接，以进行信息交换和通信，实现智能化识别、定位、跟踪、监控和管理的一种网络概念。

根据国际电信联盟（ITU）的解释，物联网主要解决物品与物品（Thing to Thing，T2T）、人与物品（Human to Thing，H2T）、人与人（Human to Human，H2H）之间的互连。而这些连接主要是通过嵌入式计算机系统及传感器装置与物品产生连接，而不是通过 PC 或者服务器。

物联网的这种特性，给万物都加上了通信与数据传输的功能，并带来更为便利的生活形态。如可穿戴设备、环境监测、虚拟现实设备、智能家居、智能出行、智能监控、物流管理、公共服务等都是物联网在时下最热的应用。

因而，在物联网的全局运作中，是一个很大的信息交互与数据处理的过程。

核心技术的不断发展，加上网络运能的提升与运用生态的不断完善，都将从整体上提升物联网的普及。目前，我国的物联网技术还在飞速发展的进程当中。

区块链可以有力地推动 IoT（Internet of Things 万物网）的使用。

根据德勤发布的针对全球 1386 名企业管理者的最新研究《2019 年全球区块链调查》，80％的被访企业将区块链升级为战略重点。

53％的受访企业高管表示，区块链在 2019 年成为公司的优先战略，相比 2018 年增长了 10％。

83％的受访者表示，区块链应用已经成为必须。总而言之，各个企业对区块链技术的整体态度有所改善。

但是报告也察觉到，看法和做法之间仍然存在差异。

基于区块链的供应链协同，将供应链上各参与方、各环节的数据信息上链。典型的采购和销售供应链阶段包括：生产采购订单、仓库备货、物流运输、收货确认、商品销售等环节。

通过供应链上各参与方数据信息上链，数据加密存储保证数据隐私，智能合约控制数据访问权限，做到数据和信息的共享与协同管理。

根据统计，目前国内供应链管理和物流成本高达 20％，远高于欧美国家 8％的平均成本，还有很大的改善空间，而这正是供应链协同发挥作用的地方。

在供应链应用之外，工业互联网也是区块链－IoT 值得探索的方向。

工业互联网的本质和核心是把设备、生产线、工厂、供应商、产品和客户紧密地连接融合起来，形成跨设备、跨系统、跨厂区、跨地区的互联互通。

区块链技术是一种具有多中心、数据不可篡改、可溯源等特性的全新基础架构与分布式计算范式，因此在工业互联网领域的创新应用前景广阔。

新技术总是能带来新机遇，关键在当事人是否善于把握。

区块链的应用已由金融领域，延伸到新能源交易、工业互联网、供应链管理等多个领域，区块链－IoT 所构建的可信机制，或将改变当前社会商业模式，从而引发新一轮的创新与变革。

0-12 金融科技在世界各地区发展

0-12-1 欧美地区金融科技领先

美国

巨大金融科技独角兽撬动着越来越多的资金。

在美国，金融科技初创公司持续吸引着越来越多的关注和资本。2018年，美国最大的金融科技公司估值暴涨。

据 CB Insights 报道，2018年，美国金融科技公司筹集了124亿美元的资金，比2017年增加了43%，全美金融科技风险投资金额增长超过30%。

福布斯评选出2019年美国十大金融科技独角兽，前5名为：1. Stripe、2. Coinbase、3. Robinhood、4. Rippl 和 5. SoFi

SoFi 成立于2011年，起初专注于在线学生贷款再融资，后来扩展到了为富裕的千禧一代提供包括抵押、智能投顾和保险等其他服务。

英国

英国在金融科技领域与美国暗较高下。

《英国金融科技国家报告》（UK Fintech State of the Nation）显示，目前英国有超过1600家金融科技创企，预计到2030年这一数字将翻一番。

2019年上半年，英国金融科技公司共融资29亿美元，创历史纪录。毕马威国际与金融科技风投机构 H2 Ventures 联合发布的《2018 Fintech100》中，英国上榜12家，仅次于美国的18家。

0-12-2 亚太地区金融科技发展的成就和特色

新加坡金融科技

新加坡金融科技的发展成就明显，具有自己特色。

新加坡几大金融科技平台业绩良好，金融科技事业获得政府、行业和学术界的支持，金融科技领域开展了国际合作，金融科技的监管得到重视和有效进行。

印度

印度国家研究院的报告显示，2017 年是印度数字支付的一个转折点，印度消费者金融科技服务的使用率高达 52.9％的比例，仅次于中国，居全球第二。

印度曾一度在金融科技领域停滞不前，但是近五年的爆发式增长，近千家金融科技创企纷至沓来，诞生了一批"独角兽"企业。

印度金融发展不均衡的现象较为严重，大多数国民仍然不易享受到完整的金融服务。

接下来的十年，这个国度能否用金融科技撑起其经济之城的梁柱，人们拭目以待。

0-12-3　拉美地区金融科技发展的沃土

拉美已经成为金融科技沃土，这里瞄准中小企业用户，金融科技迎来新一轮发展热潮。

巴西，南美洲第一大国，金融科技正冉冉升起。

0-13　金融科技产业未来发展趋势

金融科技未来七大发展趋势

《中国金融科技前沿技术发展趋势及应用场景研究报告》在"2018 中国金融科技产业峰会"上发布，报告详细讲解了人工智能、区块链、云计算、大数据等四大技术发展趋势及在金融行业的落地应用方案，预测了金融科技未来发展基本大趋势。

1. 金融科技前沿技术中的四大技术悄然改变金融行业

随着云计算、大数据、人工智能和区块链等新兴技术在金融行业的深入应用，科技对于金融的作用被不断强化，创新性的金融解决方案层出不穷，金融科技发展进入新阶段。

2. 金融科技发展趋势

随着，金融与科技的不断融合，金融科技前沿技术应用将出现如下重要发展趋势：

（一）云计算应用进入深水区，将更加关注安全稳定与风险防控；云计算技术发展已经进入成熟期，金融云的应用也正在向更加核心和关键的"深水区"迈进。

（二）大数据应用走向跨界融合，标准与规范是未来发展关键。

（三）人工智能应用加速发展，从计算向感知与认知的高阶演进。

（四）区块链从概念走向应用，前景广阔但仍在克服多重制约中。

（五）监管科技正得到更多关注，将成为金融科技新应用爆发点。

（六）行业应用需求不断扩展，将反向驱动金融科技持续创新发展。

金融科技应用在推动金融行业转型发展的同时，金融业务发展变革也在不断衍生出新的技术应用需求，将实现对金融科技创新发展的反向驱动。这种驱动可以从发展和监管两条主线上得到显著体现：

一是发展层面，新技术应用推动金融行业向普惠金融、小微金融和智能金融等方向转型发展，而新金融模式又衍生出在营销、风控和客服等多个领域的一系列新需求，要求新的技术创新来满足。

二是监管层面，互联网与金融的结合带来了一系列创新的金融业务模式，但同时互联网金融业务的快速发展也带来了一系列的监管问题，同样对金融监管提出了新的要求，需要监管科技创新来实现和支撑。从未来的发展趋势看，随着金融与科技的结合更加紧密，技术与需求相互驱动作用将更加明显，金融科技的技术创新与应用发展将有望进入更加良性的循环互动阶段。

（七）新一代信息技术形成融合生态，推动金融科技发展进入新阶段。

云计算、大数据、人工智能和区块链等新兴技术并非彼此孤立，而是相互关联、相辅相成、相互促进的。

从未来发展趋势看，云计算、大数据、人工智能和区块链等新兴技术，在实际应用过程变得越来越紧密，彼此的技术边界在不断削弱，未来的技术创新将越来越多的集中在技术交叉和融合区域。尤其是在金融行业的具体应用落地方面，金融云和金融大数据平台一般都是集中一体化建设，人工智能的相关应用也会依托集中化平台来部署实现。新一代信息技术的发展正在形成融合生态，并推动金融科技发展进入新阶段。

0-14　金融科技在抗疫与发展两手硬重任中的危与机

抗疫及复工对我国经济社会发展产生着重大深刻影响。

2020年迅速卷来凶猛的疫情。如何正确应对抗疫及复工二者，既是一次大战，也是一次大考。

武汉疫情背后潜藏五大商业机会：传统的线下生意正在被线上的所渗透、融合或替代，传统的公司正在加速解体，传统的监督机制发生重大变化，商业竞争的核心加速转移。

习近平总书记带领全党全国人民实现两手硬的战略指导思想和布局。习近平指出以科技创新催生新发展动能，以人民为中心推动经济和社会发展。

在两手硬中创造新发展格局。国际机构评估疫情下中国经济逆势增长。

金融科技助力城市和地区经济复苏如武汉、上海及全国各地。

金融科技为抗疫及经社发展锄危与觅机。

区块链担当着全民抗疫和金融拓展的"信任的机器"。

《锄危觅机》聚焦"双循环"。

构建国际国内双循环新发展格局。

聚焦后疫情为一带一路赋予新内涵：共同战"疫"中，"一带一路"朋友圈的守望相助。

危机中育新机，变局中开新局。这个大命题下包括着内涵因子：

金融科技，这是生产力元素，最基本的元素，当然还有劳动力、人才、土地等等。

两手硬，抗疫和经济及社会发展，这是国家当前和之后相当一个时期的重大任务和目标。

主体：经济人、自然人、公司、团体、政府等等。

平台、场所、渠道等等：市场、社区、环境、生态等等。

危与机：指客观事物和主观行为在发展运转过程中的处境，有害的或有利的，正向的或逆向的。

以唯物辩证的观点方法手段，在事物发展进程中施加不同影响，呈现出矛盾、斗争、转化、融合等等。

课题开展的研究就是对于上面各种主体，携带运用各种因素在各种平台上运转的过程和结果进行观察分析。

0－15　上海滩与金融街

上海外滩与上海外滩大会

外滩大会，扬起上海驶向金融科技中心之帆

浦江之畔，外滩肥地，2020 年 9 月下旬，一场金融科技的盛会——"外滩大会",在此拉开帷幕。这是一个当代极其专业性前沿性又高度实用性的盛会,讨论的都是有关金融科技的议题。它是迄今为止全球范围内影响最大的金融科技大会:大会设置主论坛和40多场分论坛,全球超过500＋金融科技大咖、顶尖学者、行业领军者,聚焦未来金融科技,碰撞思想火花,畅想金融科技的明天。

以"外滩大会"命名的外滩,对上海而言,意义非凡。其中历程和含意,因为时间关系不可能细细道来。

上海外滩经历了:19世纪中叶的上海开埠,于是便出现了外滩的开发利用和繁忙、兴起了附近一带如南京路、天津路、宁波路等一批经营各类金融业务的钱庄、票号、银行和各种名目的金融机构的林立。

20世纪中叶国民党腐败统治时期的金融乱象在这里集中体现。

上海解放初期对于金融乱象的紧急治理。

20世纪50年代的银行,继承了解放区财政货币工作基本经验,又模仿苏联银行模式。

20世纪60年代经济困难中的总结和应对,重视价值规律、流通、货币。

1978年党的十一届三中全会胜利召开,使沉睡已久的中国金融业开始复苏。随着改革的深入,金融在国民经济中的地位和作用发生了重大变化。2012年11月8日,中国共产党召开第十八次全国代表大会,为我国金融体制改革的进一步深化指明了方向并确定了改革的基调。

70年代中期的改革开放,开始了解欧洲的德国、英国、比利时、美国和日本的银行和金融;90年代开始进一步了解调查研究银行金融,德国汉堡与上海相关部门的对口交流合作,从请进来到走出去以及双向交流,国别上从欧洲各国到日本,再到美国,

从学者等的理论学术为主尽力结合实际到专业部门的中外对口专业交流

进入 21 世纪初，中国的银行和金融改革开放扩大深化，开拓发展和风险管控兼顾。结合入世，更具体更实际地进行金融改革开放；这一时期相关的联系实际的领域更多，如何认知和应对：资本如流水，"可以载舟，亦可覆舟"，再如资本的脾气或特性如何掌握等等。上海提出建设为国际金融中心后，改革开放步伐加速、加深，并且实际目标更具体细致。

当进入建设有中国特色社会主义的新时代，金融在和科技的融合下，上海又在新的战略目标下奋勇前进。

新时期金融科技大有可为

凡是生长在伟大祖国的土地上，每一位中华儿女，无论是在百花灿烂的春天，还是在稻谷喷香的秋季，尤其是在播新种、出新果的具有历史和时代转折性的当口，更是满怀豪情，越走越来劲，越走越有信心。

2020 年 9 月下旬在上海举行的外滩大会，是上海加快推进国际金融科技中心建设的重要举措，将永久落户上海。

我们走在金融科技的大道上，理想与憧憬交错相映中的新境界，在于两畔前沿金融科技树壮果硕，脚下遍铺嫩芽绿叶，人们浇灌培育的激情早被激起，创新图强，意气风发，排荆除棘，不辞艰辛；可能不需要太久，两岸猿声啼不住，轻舟已过万丛山。当然，这只是表明一个既定的重要的行程或里程碑的抵达，而新的行程还会等待着我们。

我们走上了金融科技的幸福道路，也可以说是乘上了金融科技的幸福大帆船。但是帆船，不管其是大是小，都需要靠岸、靠滩。因此，中国的金融科技大帆船就和上海外滩结上了不解之缘。"顶级金融科技外滩大会 2020 年会"便是在上海的外滩隆重开幕和进行。还有，上海外滩被确定为金融科技年会的终生会场。上海将与之同存共荣。当然。上海外滩也好，金融科技幸福大帆船也好，它们都是属于全中国的，这是中央和全国人民的信任和委托，上海一定要也一定会不辜负重托。

第 1 章
金融科技的定义、兴起及发展

1-1　金融科技的定义

根据金融稳定理事会（FSB）的定义，金融科技（Fintech）是指技术带来的金融创新，它能创造新的模式、业务、流程与产品。"金融科技"是对金融业务的根本性变革，包括业务形态和组织形态。金融科技包含互联网金融，但影响更为深刻、彻底。

根据《"十三五"国家科技创新规划》的定义，"科技金融"属于产业金融的范畴，落脚点在金融，与其并列的概念是三农金融、消费金融，是金融服务实体经济的典型代表；而金融科技落脚点在于科技，与其并列的概念是军事科技、生物科技，意在科技为金融服务赋能。

1-2　金融科技源远流长

从金融科技发展历史看，它不是新概念、新名词，而是由来已久、源远流长。金融科技是指将新的科技成果应用于金融领域，是金融与科技融合、创新发展的过程，从而对金融产生重大影响。在世界上有金融和科技之后，就出现了科技在金融上的应用。金融科技不断完善、进化，逐步改变金融的业务模式、产品、服务和流程。每个时代的金融科技都具有鲜明的时代特征，今天的金融科技是漫长金融科技发展史上的一个重要阶段。

中国周代用青铜器记载地契交易。公元八至十世纪，中国敦煌和西域的借贷契约使用纸质文书了。宋代发明了世界上最早的纸币，金融创新走在了世界前列。中国宋代交子乃至山西票号的密押同一基本道理，都依靠密码技术。

中国的第一家票号是诞生于山西平遥的日升昌票号，享有汇通天下的美誉。当今的金融博物馆搭建了日升昌票号场景，精致的雕花门窗、金字大招牌，完全按照平遥的旧址仿制。大门内的投影，对票号的产生、发展、业务种类、经营理念以及防伪秘押等知识作了详尽的介绍，令人充分领略票号的风采。

中国算盘诞生于汉代，它极大提高了计算效率和准确度，直至 20 世纪 80 年代还是中国银行业的主要计算工具。中国是珠算的故乡，在钱庄里，那可是小伙计安身立命的基本功。在如今博物馆的钱庄里设置有一个手持算盘的掌柜先生铜雕塑，下方的桌子里是一个多媒体屏，观众可以根据提示，了解珠算知识，做做随堂小测试，跟掌柜一比高低。

金融业的历史并不短，有息借贷已超过三千年历史了。古巴比伦、古希腊和之后罗马的神庙是当时从事借贷的"银行"。14 世纪意大利金匠及兑换业的"长凳"至今还作为银行名称。古代科技推动了冶金、造纸、印刷业发展，也应用于金融领域。两河文明时代的贷款合同只能用楔形文字写在泥版上。古希腊时代已有汇款业务，西塞罗儿子留学就通过汇款而不需携带现金。15 世纪威尼斯出现的复式簿记，今天仍应用于金融业会计核算。机械式计算机的商业应用始于 1820 年代。最早商业化使用者就是银行与保险机构。20 世纪 20 年代，美国 NCR 公司生产出银行专用机械记账机，至 40 年代上海银行业已广泛使用一直至 80 年代才退出。

近几十年来，人类所取得的科技新发明成果，比过去几千年的总和还要多。金融科技发展突飞猛进。1946 年电子计算机在美国宾夕法尼亚大学发明，这台机器改进后的最早使用者是保诚保险公司。1948 年美国银行开始使用 IBM604 型计算机。20 世纪 50 年代银行已用可编程计算机及开发磁性记录识别技术自动处理支票。1971 年微型计算机问世，之后光纤和超级计算机诞生，金融业都是最早、最积极的用户。金融业的高速发展阶段与现代科技尤其是计算机的快速发展阶段恰好衔接，逐使金融业产生了革命性的变化。50 年代诞生的信用卡背后是磁条技术及以后发展的芯片技术；60 年代银行业的 ATM、POS 和电话服务，背后是计算机、通讯、机电一体化技术支撑；70 年代的集中清算和 SWIFT 系统、信用打分、客户评估、自动转账服务，与数据库、存储器技术密不可分；80 年代的企业和家庭银行、客户关系管理、分类管理、衍生产品、EDI、网上银行、数据集中、金融市场和商品市场高频交易，又与大规模计算机、远程通讯、安全技术、数据库分析、挖掘技术、互联网技术、图像处理、加密技术的进步有关。卫星通讯技术、光纤通讯、电话语音技术发展推动了电话银行中心和金融业务集中处理的发展。互联网技术、计算机视觉、语言、云技术、大数据分析处理、人工智能的发展，推动了 21 世纪金融科技新一轮革命，对金融业正在并继续产生极其深远的影响。

所有上述这些千真万确的历史事实至今还完好地保存在相关国家和地区的博物馆和行业历史陈列馆里，并为当今不少的银行、金融、科技的专家和从业人员以及博物馆陈列馆的专业人士保管、整理以及进一步发掘着新品和新的例证。

中国金融业的科技革命，一直在不停顿地进行。全国性改革开放不断推动和加深着金融和科技的结合以及深度融合。20 世纪 70 年代中期银行引进国外小型机进行试点，80 年代初期开始的联机实时处理，最早在上海南京路一条街 6 家储蓄所进行联网。当时这台小型机的容量还不如现在一台笔记本电脑。从 80 年代的小型机、90年代的中型机到大型计算机。从内部交易、核算、存储和办公信息化，到 ATM、POS、自助银行、电话银行及前后台联机操作等大幅替代人工。此后又在通讯网络、清算系统、业务创新、证券交易、保险业务和金融市场等方面跃上科技新台阶。大幅改变了金融技术构成。伴随着中国金融业的管理需求提升，2000年后数据大集中完成，大型数据仓库的建立，一代代新应用系统开发升级，互联网银行和直销银行平台推出。强大的硬件基础、便捷的通讯设备、友好的客户界面、安全的防范技术，使金融业在业务创新、内部管理、风险控制和客户服务等方面的能力大幅提升。进入了从金融信息化到信息化、数字化金融的全新阶段。

一部金融发展史就是金融不断创新的过程。金融科技革命已经引发了货币形态从实物货币向虚拟货币方向发展；银行概念从支付融资中介向信息中介方向发展；柜台服务从人人对话向远程移动互动方向发展。金融与科技具有天然的耦合性，两者记载和处理的核心都是"符号＋数字"。金融主动拥抱科技，是金融竞争推动的结果，探寻新的商业模式和新的增长点是金融创新的直接诱因。随着现代科技的进步，金融和科技的结合越来越紧密，几乎所有的金融创新背后都可以找到技术因素的支撑。金融业利用科技创新产品和服务，也对科技提出了个性化要求。科技优势也成为新型金融科技企业打入金融圈的利器。近年来随着移动互联网的发展，大量跨界机构进入金融领域。它们以强大的信息收集、处理和学习能力及对特定市场聚焦，通过降低成本、提供便利、重造业务流程、创新金融模式，推进了金融竞争及金融普惠。金融业和新型金融科技企业从两端驱动，加速了金融与科技的融合，有利于改进金融效率、改善社会福利、更好地服务社会经济。

1-3 金融和科技深度融合的现状和未来

进入2020年，疫情席卷全球，世界经济陷入空前危机。之前，全球金融业的发展面临着经济周期、行业周期和科技周期三个周期叠加的影响，还处在一个再平衡、再定位、再整合的过程中。同时以云计算、移动互联、区块链和人工智能为代表的金融科技风起云涌，金融创新呈现出蓬勃生机。进入了金融和科技深度融合的新阶段。

这一过程对传统金融经营模式甚至中介功能提出了挑战。20年前的互联网金融主要体现为互联网对金融功能的沿袭，通过技术改造把金融业务搬到网上，把"砖头"变成"鼠标"，但没有创造出新型的金融形态。今天的金融科技本质上是一场关于金融信息的传输、接收、分析、处理技术的革命，它借助数据技术优势，从掌握商品流、资金流、信息流数据，延伸至支付、融资、投资等金融核心业务领域。在金融与科技融合过程中实现了商业模式创新。如银行业支付清算、资产转化、风险管理和信息处理四大功能出现融合趋势，不再是单一地发挥作用，形成了场景金融，创造出新的金融业态。传统的金融行业界限和市场格局被打破。信用卡业务被无卡支付、手机扫码所分流，柜台业务被移动线上支付所替代，支付账户与资金理财结合，兼顾流动性、便利性和效益性，争揽金融机构负债来源。融资业务领域也呈现多元竞争格局。社会对金融的传统认识有所改变，金融业原有的规模、地域、网点等优势正在减弱。市场正在分化并快速演进，消费者较大程度地掌握了信息的主动权，他们主动地寻找自己想要的产品和服务。他们愿意学习和尝试新的金融科技。巨大的市场容量和宽容的市场监管成为推动中国金融科技快速发展的关键。

金融机构自身的变化同样巨大，利用金融科技实现了工厂化、集约化运营，提升了效率和降低了成本。同样的机构人员，承担了比二十年前增长了几十倍的业务量。大量员工从中后台转移到前台服务和营销岗位，人力资源潜能得到释放。金融服务移动化、智能化和便捷化，导致金融消费与渠道发生了变化，客户离店化趋势已不可阻挡。中国银行业目前电子银行业务替代率普遍达到90％以上，客户到银行柜台办理业务的比例逐年递减，70％以上业务是在智能设备完成的，柜面人工办理只占30％以下。新的金融市场格局正处于大变革、大整合、大演化的阶段。金融机构借助大数据技术，形成客户状况的全景视图，通过挖掘分析客户行为特点和交易习惯，识别真实需求，为精准营销提供数据支持。数字化信贷通过对异常信息的准确识别，使风险控制从单客户、单品种、局部化、碎片化的管理方式，向业务关联、上下游联动、跨账户交易的数据风控方式转变。实现了资产安全转换、风险定价和资本配置。金融科技改善了长尾客户的服务供给和适应了小微企业小额高频、期短急迫的融资特点。世纪之交，曾有人预言传统金融业将成为21世纪的恐龙，会在金融脱媒和网络技术的双重挤压下走向灭亡。可是十多年时间过去了，金融业依然发挥着资源配置的主导地位。这在于金融业持续变革与转型，归功于金融科技深入而广泛的应用，使得金融创新服务和风险管理模式的重构成为一种可能。大部分金融创新门槛并不高，关键在于认识、决心和执行，在于商业模式的创新，在于应用场景的创新。但在复杂、多样、多变的经营环境下，金融业不是高枕无忧的，金融科技所带来的金融竞争越来越激烈，传统的经营方式、风控模式和数据应用也越来越不适应外部变化了。不学则殆、不进则退，金融业既有的信用、信息和风控的传统优势，既有的支付中介、融资中介和信息中介优势地位，应该持续巩固，而且必须在现代潮流中奋力创新发展。

1-4　国家关于金融科技的战略政策措施

制定金融科技发展规划，首先做好顶层设计。

2019 年 8 月 22 日，央行发布消息，近日中国人民银行印发《金融科技（FinTech）发展规划（2019－2021 年）》（以下简称《规划》），明确提出未来三年金融科技工作的指导思想、基本原则、发展目标、重点任务和保障措施。

金融科技是决定金融业未来转型创新的关键变量。金融业本质上属于服务业，提供的是关于人与人服务价值交换的业务。在过去，金融机构构建了以网点为主要形式的渠道体系，通过员工与客户进行面对面的交流，从中发掘和满足客户需求。而金融科技的飞速发展，突破金融服务的时空束缚，批量地且更个性化地服务客户。对于深处服务价值链高端的金融，这无疑将带来深刻影响。

《规划》提出，到 2021 年，建立健全我国金融科技发展的"四梁八柱"，进一步增强金融业科技应用能力，实现金融与科技深度融合、协调发展，明显增强人民群众对数字化、网络化、智能化金融产品和服务的满意度，推动我国金融科技发展居于国际领先水平，实现金融科技应用先进可控、金融服务能力稳步增强、金融风控水平明显提高、金融监管效能持续提升、金融科技支撑不断完善、金融科技产业繁荣发展。

《规划》确定了六方面重点任务：

一是加强金融科技战略部署，从长远视角加强顶层设计，把握金融科技发展态势，做好统筹规划、体制机制优化、人才队伍建设等工作。

二是强化金融科技合理应用，以重点突破带动全局发展，规范关键共性技术的选型、能力建设、应用场景以及安全管控，全面提升金融科技应用水平，将金融科技打造成为金融高质量发展的"新引擎"。

三是赋能金融服务提质增效，合理运用金融科技手段丰富服务渠道、完善产品供给、降低服务成本、优化融资服务，提升金融服务质量与效率，使金融科技创新成果更好地惠及百姓民生，推动实体经济健康可持续发展。

四是增强金融风险技防能力，正确处理安全与发展的关系，运用金融科技提升跨市场、跨业态、跨区域金融风险的识别、预警和处置能力，加强网络安全风险管控和金融信息保护，做好新技术应用风险防范，坚决守住不发生系统性金融风险的底线。

五是强化金融科技监管，建立健全监管基本规则体系，加快推进监管基本规则拟订、监测分析和评估工作，探索金融科技创新管理机制，服务金融业综合统计，增强金融监管的专业性、统一性和穿透性。

六是夯实金融科技基础支撑，持续完善金融科技产业生态，优化产业治理体系，从技术攻关、法规建设、信用服务、标准规范、消费者保护等方面支撑金融科技健康有序发展。

"金融科技在重塑金融业的同时，也对金融稳定带来一定影响。金融科技是技术驱动的金融创新，由于其电子化、虚拟化等特点，延展了金融业风险管理内涵，使风险更具隐蔽性、传染性和外溢性"，董希淼指出。

相信在《规划》的指引下，我国金融机构、金融科技公司和监管部门各司其职、齐心协力，充分发挥金融科技赋能作用，不断增强金融风险防范能力，进一步推动我国金融业高质量发展。

1-5 中国金融科技行业迅速发展

1-5-1 金融科技行业发展历程

从 2015 年互联网金融行情到 2019 年金融科技行情，金融与科技融合已经从第二阶段步入第三阶段。互联网金融侧重金融产品，金融科技侧重技术，科技属性增强，人工智能、区块链、云计算、大数据等技术不断落地；科技与金融业务融合程度加深，从聚焦于前端服务渠道的互联网化到强调业务前台、中台、后台的全流程科技运用变革。

金融科技可以理解为运用人工智能、区块链、云计算和大数据等技术，重塑传统金融行业：除了提高效率之外，金融科技可以帮助传统金融机构转型升级，提供更多差异化、精准化、智能化、高壁垒的新产品与新服务，服务长尾客户，为金融机构创造更多的盈利点。

随着金融和科技的融合不断深入，金融科技行业的竞争格局也逐渐清晰。金融科技行业竞争者众多，根据主导因素（技术和金融）和规模大小，金融科技行业可以划分为四类：

（1）Fintechs（规模大，金融服务主导）：主要指传统金融机构，正在通过技术投资降低成本、提高服务质量，应对竞争威胁和捕捉投资合作机会。目前面临主要挑战是研发投入不足、研发人员占比较低。

（2）Fintechs（规模小、技术主导）：主要指金融基础设施供应商，帮助金融机构变革技术堆栈，实现数字化和智能化，帮助金融机构降本增效。目前面临主要瓶颈是金融机构议价能力高，压缩利润空间。

（3）FinTechs（规模小，金融服务主导）：主要指颠覆者，试图通过技术和模式创新进入金融服务领域。意图是打造类银行的经济模式。目前面临主要挑战是获客成本较高。

（4）FinTechs（规模大、技术主导）：主要指互联网巨头，凭借在互联网积累大量用户，以流量优势切入金融业务中，实现流量变现。目前面临主要挑战是受政策监管的影响较大。

1-5-2　政策制度：顶层设计与监管沙盒

随着金融和科技的融合不断深入，金融风险不断暴露，随着顶层设计的出台，监管沙盒也将循序渐进地推广，助力金融科技行业规范发展。我国央行在 2017 年 5 月 15 日成立了中国人民银行成立金融科技（FinTech）委员会，为加强金融科技工作的研究规划和统筹协调，也肯定金融科技对金融行业发展的重要作用。2019 年 8 月，中国人民银行印发《金融科技（FinTech）发展规划（2019－2021 年）》，这是央行层面出台首份针对金融科技的顶层设计文件，指引行业未来三年的发展。

同年 7 月 13 日，在由 CF40 和金融城举办的"第四届全球金融科技峰会"上，央行科技司司长李伟表示，人民银行还会同相关部委，在北京、上海、广州等十个省市开展金融科技应用的试点，这次试点也叫做"中国版监管沙盒"。

之后的 10 月 30 日，央行上海总部向辖内金融机构印发《关于促进金融科技发展支持上海建设金融科技中心的指导意见》，指导意见给出了 40 条政策为支持上海建设金融科技中心，其中包括金融科技沙箱监管机制。

1－5－3　技术发展：从概念技术到产品应用

新一代信息技术不断融合，形成金融科技新生态。人工智能、区块链、云计算、大数据等新兴技术并非是相互独立的，而是相互关联、相辅相成的，共同推动金融发展，人工智能、区块链、云计算、大数据已经逐步从概念技术走向产品应用。目前大数据、云计算已经进入大规模商用阶段，而人工智能、区块链正在步入大规模商用阶段。

完整的金融云市场包括公有云、私有云或混合云基础设施，以及面向金融行业的云平台、云应用解决方案（软件＋服务）两大部分。2019 年中国金融云解决方案市场可望达到 9.3 亿美元，预期同比增长 40％，是金融行业整体 IT 解决方案市场的 2 倍。到 2023 年市场规模将达到 35.9 亿美元。阿里云位居金融云解决方案市场第一，市场份额为 12.2％。中科软科技、腾讯份额紧随其后，分别为 6.7％和 6.3％，市场逐渐拉开差距。

从行业发展来看，我国金融科技行业快速发展，并吸引了大量投资。2018 年，中国金融科技投资总额达到了 205 亿美元，约等同于中国金融科技 2013 年到 2017 年 5 年间的投资总和。其中，以蚂蚁金服、京东金融、度小满等为代表的金融科技公司进入高速成长期，各自均完成了金额庞大的融资：蚂蚁金服完成 140 亿美元 C 轮融资，京东金融和度小满分别完成 20 亿美元和 19 亿美元的战略融资。

而从我国金融科技的应用领域来看，中国金融科技服务在移动支付、网络信贷等领域发展最为突出，预计仍将是未来几年行业的发展趋势。在移动支付领域，以手机支付为代表的新型移动支付已经成为中国消费者应用最普遍的支付方式，号称中国"新四大发明"之一。我国移动支付持续保持快速增长态势，在支付宝、微信等支付方式普遍流行的背景下，2018 年我国移动支付交易规模达到 277.4 万亿元，较 2017 年增长了 36.7％，位居全球首位。

人工智能方面，机器学习、知识图谱、自然语言处理、计算机视觉等技术帮助金融行业实现智能化，目前人工智能已经在投研、投顾、风控、客服、营销等多个场景落地。

1-5-4 需求增加：从金融需求看金融科技发展

（1）资金端的财富管理需求

随着我国居民可投资资产的增速加快，居民的财富配置结构也在变化，从整体来看，我国居民财富配置主要集中在存款和房地产，比例超过 60％，2014 年到 2018 年，存款、股票占比有所下降，投资性房地产、银行理财产品、股票、信托和基金占比有所提升。

传统理财服务模式无法满足人们个性化、多样化、智能化的理财需求，智能投顾应运而生服务财富管理长尾人群。智能投顾近年来在金融市场发展迅速，相比国外，我国起步较晚，处于早期发展阶段，但是增速快，2016 年中国智能理财服务市场规模为300 亿元，2018 年提升到 2546.9 亿元，年复合增长率为 191％，预计 2022 年，中国智能理财服务市场规模将达到 7370.5 亿元。

（2）资产端的融资需求

中小企业贡献了 50％的税收、60％的 GDP、70％的发明专利和 80％的城镇就业岗位，在市场主体中占比超过 90％。在各规模企业中，我国小型企业的贷款需求指数最高，自 2007 年开始，当我国小微企业融资需求以每年 10％以上的增速增长的同时，需求缺口扩大的速度也达到每年 13％左右。在经济下行的背景下，银行对于中小微企业的贷款支持力度不足。我国主要金融机构对小微企业的贷款增速从 2017 年 9 月开始下滑，截至 2018 年 9 月，增速降低至 10％左右，同期金融机构各项贷款余额增速为 13.2％。

（3）金融机构提质增效、创新盈利模式需求

以经纪业务为例，传统经纪业务模式，是在牌照的保护下，赚交易佣金，客户交易越多，经纪收入越高。佣金率下降，经纪业务收入降低，使得以佣金收入为主的传统模式走到了转型的关口。券商经纪业务（代理买卖证券业务）收入在 2015 年 6 月到达1584 亿元的历史小高峰以后，就一路下滑，2018 年上半年只有360 多亿元，是 2015 年同期的 1/4 不到。经纪业务收入占券商收入的比重也明显下滑，2015 年之前，占比基本在 40％－50％之间，最高时超过 54％，最低时也有 38％。2015 年之后，占比急转直下，连续三年低于 30％，2018 年上半年占比低于 20％。

1－6　中国金融科技发展的历程、投资、技术和业态

1－6－1　金融科技发展历程

（1）从电子化到金融科技的全面融合

从金融行业对科技的应用来看，金融科技的发展历程可以分为三个阶段：

第一阶段：金融电子化时期（1993 年－2004 年）。1993 年，国务院发布《有关金融体制改革的决定》，明确指出要加快金融电子化建设。中国人民银行和银行业金融机构开始探索行业电子化建设之路，通过构建自身的 IT 系统，来实现办公和业务的电子化、自动化。2001 年之后，金融机构在利用现代通信网络技术的基础上，更加注重数据库技术的应用，将数据逐步集中汇总，提升服务和管理水平。代表性应用包括 ATM、POS 机、银行的核心交易系统、信贷系统、清算系统等。

第二阶段：互联网金融时期（2004 年－2016 年）。互联网金融时期呈现的特点是金融机构或互联网公司搭建在线业务平台，汇集海量用户，利用移动互联网技术对传统金融服务进行变革，对接金融的资产端、交易端、支付端和资金端，实现渠道网络化。如网上证券开户、网银系统、P2P、移动支付等。

第三阶段：金融科技时期（2016 年至今）。与互联网金融时期不同的是，金融科技的范围更广。除了互联网技术，更多新兴技术如大数据、云计算、人工智能、区块链被融合到金融业务中，传统金融企业、金融行业的新进入者和科技类企业利用科技手段对传统金融产品和服务进行变革或催生新的金融产品或服务，降低交易成本、提升运营效率。代表性应用除互联网金融时期的应用外，还包括大数据征信、智能投顾、供应链金融等。

1-6-2　全球金融科技投资高涨，中国金融科技后来居上

2018 年全球金融科技投资增长逾一倍，达到 553 亿美元。其中中国投资额达 255 亿美元，同比增长 9 倍，占据全球总投资额的半壁江山，几乎相当于 2017 年全球金融科技投资额。

2018 年 5 月，蚂蚁金服获得 140 亿美元融资，占中国金融科技投资额一半以上，是 2018 年全球融资额最高的企业；排名第二为中国的度小满金融，该公司于 4 月份从百度中分拆出来，通过两次单独交易筹集了 43 亿美元以支持其消费金融业务。2019 年 3 月，中国平安在其 2018 年度业绩报告中披露，旗下陆金所已完成 C 轮融资，融资额超过 13 亿美元，参投机构包括卡塔尔投资局、春华资本、麦格理资本、软银集团等全球知名机构、国家主权基金、知名私募等，投后估值达 394 亿美元。

2018Fintech100 榜单，排名前十的公司中，中国有 4 家。蚂蚁金服位居榜首，京东金融位居第二，度小满金融排名第四，陆金所排名第十。50 强榜单中有 9 家中国公司入选，体现了中国金融科技行业在全球范围内的迅猛发展态势。

传统金融服务的覆盖面尚窄（普惠金融供给不足）、互联网基础设施的超前发展以及政策支持为中国金融科技的发展创造了条件，使得中国金融科技发展后来居上。

美国等发达国家金融业发展成熟，金融服务覆盖率高，金融科技的作用在于为消费者提供更加便捷的金融服务，提高已有业务的效率。

而中国金融服务覆盖率低，传统金融机构对小微企业的贷款占比仅在 30％左右，2018 年四季度，银行业金融机构小微企业贷款余额 334923 亿元，同期银行业金融机构贷款余额 1050169 亿元。目前，小微企业贷款尚存在大量未开发市场，金融科技的作用在于覆盖更多的长尾用户，实现普惠金融，发展潜力巨大。

以云计算、大数据和通讯技术为代表的基础设施的发展为各个行业提供动力。以 BAT 为代表的互联网公司，不断加大科技金融的研发及相关领域的投资。中国拥有庞大的市场和消费者，使得中国互联网渗透率和使用率以及线上消费、电子支付等科技应用处于全球领先地位。

我国出台了一系列政策鼓励金融科技的发展，如党的十九大报告指出要推动互联网、大数据、人工智能和实体经济深度融合，为金融科技创造了有利条件。

1-6-3　金融科技的关键技术：ABCD 赋能金融行业

云计算（CloudComputing）、大数据（BigData）、人工智能（AI）、区块链（BlockChain）等新兴技术逐渐成为金融行业发展的核心驱动因素。

1）云计算作为底层设施，可以降低金融公司的运营成本或满足复杂运算分析需求。

2）大数据为金融行业带来不同种类、不同领域的大量数据，能帮助金融机构提供差异化服务，实现精准营销，增强客户粘性，加强风险控制。

3）人工智能可以代替人的程序化工作，提升工作效率和用户体验。

4）区块链推动了"去中心化"的模式重构，提高交易处理效率，增强安全性。四种技术彼此之间相互依赖、相互促进（如人工智能需要大数据来感知、认知、分析和预测世界，人工智能提高数据采集和处理的速度和质量），共同推动金融行业的变革。

四项技术赋能金融行业：

1. 云计算：提供基础设施，发展较为成熟

云计算是一种基于互联网的计算方式，计算资源存储在云端进行计算，可以按需求提供给计算机和其他设备，需求方按照计算使用量付费。金融行业经常面临产品创新层出不穷、交易量峰值无法预测的挑战，所以对 IT 设备的需求迭代越来越快。云计算能够将 IT 资源按需提供给金融机构，可以让金融机构像使用水、电、煤一样使用 IT 资源。

　　云计算能够根据金融机构的业务量需求向其提供合适的计算资源。在银行领域，电子银行用户规模不断扩大，客户在电子银行上产生的小额高频的需求来源常常是多点同时触发的，很难事先预料；在证券、基金领域，交易已全面实现电子化，再加上中国个人投资者较多，占比大，也容易导致交易终端出现多点触发的情形。因此，金融机构对于 IT 基础设施的计算资源弹性的要求很高，若完全依靠自身资金和技术来满足此需求，不仅成本高而且易造成闲置资源的浪费。云计算良好的计算弹性能够按需向金融机构提供计算服务，有效降低成本、改善运营。具体来看，云计算可以在降低成本、改善运营、防范风险和数据集中化管理等方面推动金融行业的发展。

　　2. 大数据：由前端业务向风控、流程改进等领域延伸

　　金融行业数据资源丰富，业务开展离不开海量数据的处理。大数据技术有力促进了金融行业的发展，对于大数据的应用分析能力，正在成为金融机构未来发展的核心竞争要素。大数据技术在金融行业的应用逐渐深入，从前端业务产品设计、销售向更为复杂的领域如风险控制、流程改进等不断延伸。产品设计方面，大数据技术在金融领域融合的过程中不断衍生出服务与业务模式的创新，为不同的客户群体提供差异化定制产品，优化客户体验，提高客户粘性。销售方面，大数据技术可以帮助金融企业实现精准营销。风控和流程改进方面，大数据可以显著提升金融企业的运营效率，节约成本，保障合规。大数据技术在不同的金融领域表现出不同的应用场景。

　　3. 人工智能：应用方向广泛，智能投顾最受关注

　　人工智能在金融领域的应用主要包括五个关键技术：机器学习、生物识别、自然语言处理、语音识别、知识图谱。目前，人工智能技术在金融领域应用的范围主要集中在智能客服、智能投

顾、智能风控、智能投研、智能营销等方面。其中，智能投顾最受金融投资领域的关注。

智能投顾，也可以称为"机器人理财"，利用投资者的投资目标、风险偏好、财务状况等各种信息，使用算法自动推出资产配置组合。智能投顾在金融投资、资产管理领域备受关注，被认为是变革传统投资管理模式的基础创新。目前，已有许多智能投顾产品及服务落地。国际上，2016 年 Aidyia 推出一支基于人工智能技术的对冲基金，通过自动分析各种市场数据，自主做出市场预测，做出最佳投资决策。我国智能投顾领域也有所突破，同花顺与泰达宏利合作推出的大数据基金产品，是我国首个智能投顾的落地产品。

4. 区块链：处于发展初期，或带来颠覆性突破

区块链是随比特币等数字货币而兴起的一种全新技术。区块链技术通过建立一个共同维护且不可被篡改的数据库来记录过去所有的交易记录和历史数据，所有数据都是分布式存储且公开透明的。区块链技术基于非对称加密算法进行了信用机制的重构：在金融交易系统中，参与者之间无需了解对方的基本信息，也无需借助第三方机构的担保，直接进行可信任的价值交换。区块链的技术特点保证了系统对价值交换的活动记录、传输、存储的结果都是可信的，具有以下三个优势。

第一，去中心化有效解决中间成本问题。区块链的信用机制基于非对称加密法，使得陌生的交易双方能够进行可信任的价值交换，交易成本几乎为 0，并且非对称加密法是纯数学加密方法，也保证了交易双方的隐私安全。因此，区块链技术能够在保证信息安全的情况下，高效低成本的进行价值交换。

第二，信息完备且公开透明，便于数据追踪及验证。传统技术中，信息可能在多次传递中出现失真的情况，而区块链的数据

块中包含所有的交易数据，且不可篡改，任何的交易数据都可以被追踪、验证。

第三，分布式存储，保证数据安全可持续运行。区块链中所有数据都是分布式存储且公开透明的，每个存储数据的节点都具有相同的权利，不存在中心节点。因此，即使受到攻击，数据库也可正常运转。

基于以上三个优势，区块链架构带来更加安全、可信、高效、低成本的交易网络和更加灵活的交易工具，将催生更加复杂、多样化的金融业务模式。利用区块链构建金融行业的底层基础设施，将为金融业务带来颠覆性的突破，由于去中心化的特性，区块链可以承担诸如银行等金融中介机构的相同功能，各类交易将不再需要第三方信用中介的背书。但目前区块链仍处于发展初期阶段，值得进一步探索。

1-6-4 金融科技催生新兴金融业态

1. 网络借贷：集中度提升，消费金融潜力巨大

根据 2015 年 7 月中国人民银行、工信部等联合发布的《关于促进互联网金融健康发展的指导意见》，网络借贷包括个人网络贷款（即 P2P 网络借贷平台）和网络小额贷款。其差别在于 P2P 网贷平台的性质为信息中介，提供信息撮合、信用审核的中介服务，收取服务费、管理费等，而网络小额贷款通过网络获取借款客户，综合运用网络平台积累的数据（客户经营、网络消费、网络交易等行为数据）、即时场景信息等，分析评定借款客户的信用风险，确定授信方式和额度，提供放贷服务，实现息差收入。

网络借贷能够补充传统金融机构服务能力的不足，符合监管层提倡普惠金融的理念。依托于互联网和大数据技术的发展，网络借贷定位于商业银行覆盖不到的中低收入人群，具有单笔授信额度小、服务方式灵活、申请流程简便、贷款期限短以及到账迅

速等特点，是传统金融服务的有力补充。

风险控制是P2P借贷的核心竞争力，科技助力其高效健康成长。大数据、云计算、人工智能等技术的发展为网络借贷的发展提供了条件，大数据征信能够解决网络借贷的痛点，将多维度、碎片化的信息进行整合、分析和过滤，通过数据共享为行业搭建黑白名单数据库，消除信息不对称，打破了传统征信成本高和低时效的局限性。云计算、人工智能等技术能够简化审批流程，加快贷款速度，实现风险动态定价以及自动化决策。

2. 消费金融：金融科技带来消费金融大发展

消费金融一般指提前消费或信用消费，其本质是借贷。消费金融通过互联网、大数据等与特定消费场景结合，满足消费者的即时、多样化需求。所以，消费金融作为一种新兴业务模式，可以说是金融科技和传统金融服务不足的产物。目前，开展消费金融服务的主体主要有三大类，分别为银行、持牌消费金融公司、互联网消费金融公司。

根据智研咨询发布的《2019—2025年中国金融科技行业投资潜力分析及发展前景预测研究报告》数据显示：截至2019年4月，我国居民消费贷款规模达39.7万亿元，占住户贷款的比重为79.04％，其中短期消费贷款和中长期消费贷款规模分别为8.81万亿元和30.89亿元，占境内贷款的比重分别为61.5％和17.54％。

居民的中长期贷款主要为房贷和车贷，所以短期贷款更能反应消费金融规模的增长趋势。2017年以来，短期消费贷款占境内贷款的比重不断攀升（中长期贷款趋于平缓），从2010年1月的1.7％增长至现在的6.1％。

但与美国等发达国家相比，中国消费金融渗透率仍然较低，未来还有很大发展空间。根据美联储统计，2017年底，美国消费贷款（未偿付余额）中非循环贷款（包括居民为购买汽车、度假、家居改善和教育等融资的消费贷款）扣除车贷后达到 1.7 万亿美元（约 11.4 亿元人民币），而中国短期消费贷款为 6.8 亿元（没有考虑消费者还贷金额，考虑后差距更大）。因此，中国的消费金融规模相对还比较低，还具有很大的发展空间。

3. 第三方支付增长迅速，科技推动二次加速

第三方支付是指具备一定实力和信誉保障的独立机构，采用与各大银行签约的方式，为商户和消费者提供交易支付平台的网络支付模式。根据《非金融机构支付服务管理办法》，第三方支付业务包括网络支付、银行卡收单、预付卡发行与受理以及其他。银行卡收单是指通过 POS 终端等为银行卡特约商户代收货币资金的行为；网络支付根据支付所依托的终端主要分为互联网支付（PC 端）和移动支付（移动设备端）等。

第三方支付规模巨大且快速增长，移动支付逐渐占据主导地位。自 2013 年网络支付市场兴起，第三方支付交易规模大幅提升，2017 年交易规模达 155 万亿元，增长率仍有 105％。

移动支付逐渐占据主导地位，市场规模已经从 2009 年的 3 亿元快速增长至 2017 年的 120 万亿元，同比增速自 2013 年起连续 5 年超过 100％，相对来说，互联网支付同比增速连年放缓。一方面是由于 PC 端向移动端的转移，另一方面在于线下扫码支付、NFC 支付的广泛使用推动了移动支付的大规模增长。

用户、资本和技术是推动互联网行业发展的三个重要因素，用户和资本都遵循边际递减效应，二者的促进作用将逐渐降低，而技术对行业的促进是"脉冲式"的，技术的重大改进会使行业出现跳跃式增长。目前，移动设备、二维码技术、指纹识别技术和大数据是第三方支付的基础设施。未来，人工智能、云计算、区块链会推动第三方支付二次加速。以生物识别为代表的人工智能技术将突破支付的空间限制、云计算让支付更加便捷、区块链

让支付更加安全。

4. 供需两侧双驱动，金融科技加速征信格局形成

从需求侧来看，消费金融、第三方支付的兴起、应用场景的丰富，对征信行业提出了更大的需求，以央行征信中心为主导的征信体系已经无法完全满足金融市场运行的需求。特别是在个人征信领域，截至 2019 年 4 月，央行个人和企业征信系统已采集 9.9 亿自然人、2591.8 万户企业和其他组织的信息，分别接入机构 3564 家和 3465 家，年度查询量分别达到 17.6 亿次和 1.1 亿次。

消费金融是个人征信的基本使用场景，近年消费金融规模的增长极大地刺激了个人征信的需求。此外，从传统的金融机构、政府部门、公共服务等场景向各类生活化、日常化场景拓展（租车免押金、住宿免押金、先试后买的购物模式），也推动了个人征信需求的崛起。

从供给侧来看，互联网、大数据、机器学习、区块链等新兴技术的发展催生了市场化征信机构的出现。金融科技推进征信数据的可得性，使得征信模型信用评价更加精准。居民的生活与互联网的关系日益密切，其行为数据在互联网上沉淀，使得衣食住行等日常生活行为逐步实现信用化。金融科技的运用使金融机构通过互联网数据（包括电商交易数据、社交类数据和网络行为数据等）充分了解客户，弥补央行个人征信覆盖面的不足。

1-7　我国金融科技将呈现六大发展趋势

2019 年 08 月，中国人民银行印发《金融科技（FinTech）发展规划（2019—2021 年）》（以下简称《规划》）。这是我国金融科技第一份科学、全面的规划，是金融科技发展进程中的里程碑。在我国金融科技发展进入新阶段之时，出台《规划》既回应市场需求，也符合监管需要，具有现实和长远的意义。《规划》将对金

融科技发展起到引领和促进作用，推动金融科技迈上高质量发展之路。

1. 确定未来三年六大任务

从全球视角看，金融科技正处于蓬勃发展时期，新的产品、业务和模式层出不穷。目前，全球对金融科技尚无权威的定义。2016 年 3 月份，全球金融治理的牵头机构——金融稳定理事会（FSB）发布《金融科技的描述与分析框架报告》，第一次在国际组织层面对金融科技给出了初步定义——金融科技是指通过技术手段推动金融创新，形成对金融市场、机构及金融服务产生重大影响的业务模式、技术应用以及流程和产品。巴塞尔银行监管委员会（BCBS）将金融科技分为支付结算、存贷款与资本筹集、投资管理、市场设施等四类。这四类业务在发展规模、市场成熟度等方面存在差异，对现有金融体系的影响程度也有所不同。在我国，从 2014 年 3 月份李克强总理首次在政府工作报告中提到"互联网金融"开始，互联网金融发展迅猛，金融科技主要表现为互联网金融。但无论是金融科技还是互联网金融，本质上都是技术驱动的金融服务和模式创新。

从根本上看，金融业属于服务业。在过去，金融机构尤其是商业银行构建了以网点为主要形式的渠道体系，通过员工与客户进行面对面的交流，从中发掘和满足客户需求。而金融科技的飞速发展，突破金融服务的时空束缚，批量地且更个性化地服务客户。对于深处服务价值链高端的金融，这无疑将带来深刻影响。具体而言，金融科技在前端可以用于提升客户体验，使服务更加人性化；在中端可以支持各类金融交易和分析的决策，使决策更加智能化；在后端用于运营管理、风险识别和防控，使管理更加精细化。总之，金融科技是决定金融业未来转型创新的关键变量。但金融科技在重塑金融业的同时，也对金融稳定和金融安全带来一定影响。金融科技是技术驱动的金融创新，由于其电子化、网络化、虚拟化等特点，延展了金融业风险管理的内涵，使风险更具隐蔽性、传染性和外溢性。

对金融机构而言，由于缺乏统一的监管规则，部分应用不够规范；对非金融机构而言，部分创新突破底线，存在较大的风险隐患。过去几年，打着"互联网金融"旗号而进行的伪创新时有发生，侵害了金融消费者合法权益，也在一定程度上了扰乱了金融秩序，影响了社会稳定。因此，2017 年 5 月份，央行成立金融科技（FinTech）委员会，旨在加强金融科技工作的研究规划和统筹协调。2018 年 12 月份，央行会同相关部门，在北京市、上海市、江苏省、浙江省、福建省、山东省、广东省、重庆市、四川省、陕西省等 10 个省市启动金融科技应用试点，重点围绕加强金融科技应用、做好顶层信息基础设施建设、推动数据资源融合运用、强化监管科技应用等四方面为金融科技服务实体经济、提升分析计划能力提供实践经验和相关借鉴。因此，在前期试点的基础上，从国家层面研究出台统一的金融科技规划，鼓励金融科技良性创新，强化金融科技规范应用，建立金融科技监管规则体系，条件已经成熟。

《规划》的出台，对我国金融科技发展意义重大，影响深远。《规划》是一份全面系统的纲领性文件，明确提出未来三年金融科技工作的指导思想、基本原则、发展目标、重点任务和保障措施。

从指导思想看，《规划》明确了科技创新的边界和发力方向，提出了 16 字原则即"守正创新、安全可控、普惠民生、开放共赢"，尊重金融科技发展的创新性和开放性，引导金融和科技资源重点发力普惠民生领域。

从主要内容看，《规划》提出，到 2021 年建立健全我国金融科技发展的"四梁八柱"，并确定未来三年六方面重点任务，为金融科技发展指明了方向和路径。特别是，《规划》要求正确处理安全与发展的关系，运用金融科技提升跨市场、跨业态、跨区域金融风险的识别、预警和处置能力，加强网络安全风险管控和金融信息保护，做好新技术应用风险防范，坚决守住不发生系统性金融风险的底线。

过去几年，我国金融机构以金融科技为引领，开展了大量创新，极大了提升了服务能力和效率，但创新主要聚焦于个人客户（C 端），对公司客户（B 端）关注较少。而包括阿里、腾讯、京东、百度在内的各大科技公司，以服务 C 端为方向，纷纷布局金融业务。中国人口基数大，面向 C 端的业务创新相对简单，发展速度很快。而开拓 C 端市场的核心要素是流量。无论砸钱打价格战拼补贴，还是打造各类消费场景拼体验，导入流量并转化成客户就是王道。然而，随着互联网时代迈上新阶段，消费互联网进阶成为工业互联网，流量红利正在快速下降并终将消失，原有粗放的业务模式随着监管趋严难以为继，而技术进步正在催生着整个行业发生裂变。

2. 六大发展趋势展望

在《规划》印发之际，展望未来，我国金融科技将呈现出六大发展趋势。

第一，技术上，从移动互联到万物互联。6 月 6 日，工信部发放首批 5G 商用牌照。5G 不仅是新一代移动通信技术，更是经济和社会发展基础设施。随着 5G 时代到来，云计算、大数据、人工智能等将深度发展，物联网、虚拟现实/增强现实等将加速应用。这将深刻改变金融的产品和服务形态，并很人程度上将重构金融业务模式。

第二，格局上，从直接竞争到跨界融合。在我国，科技公司和金融机构的关系先后经历了不同阶段，形成了合作、竞争和竞合等不同的模式。未来，金融与非金融机构将更紧密合作，拥抱彼此，跨界融合。

第三，模式上，从金融业务到科技赋能。在金融严监管时代，对金融科技公司而言，直接从事金融业务受到诸多约束，发挥长期积累的数据和技术优势，输出科技能力或成最佳选择。无论是科技巨头还是中小科技公司，TechFin 比 FinTech 更可行。而一些大型金融机构，近年来纷纷成立金融科技公司，对外输出技术方案，赋能整个行业。

第四，重心上，从争抢 C 端到发力 B 端。在过去，C 端市场是争夺重点，在线支付、网络借贷等成为重要业务。而普华永道认为，中国互联网下一个风口将出现在 B 端，科技企业赋能 B 端服务 C 端将成为主流商业模式。而毕马威预计到 2020 年，中国相关市场规模将超过 12 万亿元，前景广阔。但服务 B 端门槛更高，需要长期持续的投入。

第五，服务上，从单维服务到无界服务。目前的金融服务无法完全满足客户需求。因此，必须以开放包容的心态打破藩篱，共建生态，真正让金融服务无处不在、无微不至。2018 年来，"开放银行"作为一种新的商业模式颇受推崇，并非偶然。

第六，监管上，从机构监管到行为监管。长期来我国实行分业监管，以机构监管为主要形式。这已经不符合金融业发展趋势，金融市场出现了一些乱象，部分乱象还横跨多个行业，相互渗透和交叉。近年来金融监管体制改革加快，更注重行为监管。未来，金融强监管将进一步常态化，并借助监管科技（RegTech）提升监管能力和效率。

2019 年 6 月份，央行行长易纲在第十一届陆家嘴论坛发表演讲时强调："未来，全球金融增长点在于金融科技，国际金融中心竞争的焦点也在金融科技。因此，我们应高度重视金融科技发展。"相信在《规划》的指引下，我国金融机构、科技公司和监管部门将各司其职、齐心协力，持续创新数字化、网络化、智能化的金融产品和服务，全面提升金融科技应用水平，充分发挥金融科技赋能作用，不断增强金融风险防范能力，将金融科技打造成为金融高质量发展的"新引擎"，更好地服务实体经济和金融消费者。

1-8　金融科技在抗疫与发展两手硬重任中的危与机

1-8-1　疫情及复工对我国经济社会发展的重大深刻影响

1-8-1-1　2020 迅速卷来的凶猛的疫情

2020 年向中国以及全球迅速卷来的凶猛的疫情对于金融科技带来了各个方面的，不同层次的，直接间接的要求，首先的最直接的便是大量资金的需要，包括抗疫战场一线的，医疗、药品、公共卫生、交通出门、社区安全、参观旅游、文艺演出、商业餐厅、学生上学，商品供应、生产活动，等等。抗疫紧急任务下的一切经济活动和日常生活需要立即改变和适应，这些变动不允许片刻迟缓。在这同时，一切都需要资金和技术，金融科技的任务和使命变得如此重要如此紧迫。不管来自何种渠道，金融，不仅是资金的大量需求，而且还有渠道畅通、品种增加、公平包容、信用确认等等，金融应对这些繁重的任务需要科技。此外，商业的、社会的、文化的、教育的许许多多的活动和领域，无不需要金融和科技，而且是面对抗疫重大担当的勇于改革和创新的金融和科技。

面对危机，必须寻找出路，而且是前所未有的，必须是改革和创新的道路。包括新道路新事物的内涵、业态、渠道、场景等等，这些便是机遇的所在。

当然，另一本方面，对于上面所说的，我们必须客观地、全面地、冷静地科学地，从理念、理论上进行观察和应对。

1-8-1-2 既是一次大战，也是一次大考

统筹做好疫情防控和经济社会发展，既是一次大战，也是一次大考。

抗疫不能丝毫放松，可是到了一定时候，经济社会发展会成为现实的必要和可能，并且抗疫和发展经济需要相互推动共同前进。再有，经济运行是个流程，它的虚弱或强劲，病态带菌或健康正常，始终有转折的时刻。对于转折的预感和领悟，虽然有早有迟，当事人一般都能领会到。这次抗疫进程中终究出现了同时进入复工的时刻。抗疫同时复工，不免带来问题和机遇。说到问题，有的是本来就有，有的只是现在才存在或发现。复工遇到的问题是什么，职工不能及时回到劳动岗位上，企业部分复工及其它原因造成成本增加；还有复工按照原有的模式进行还是寻找新的改革和创新的模式。说到机遇也是这样，该把握怎样的机遇以及怎样的模式和道路。这都得按照改革创新的方向原则去进行。新经济便是具有这样的模式、体制、方向和特点。复工、恢复生产和发展经济，则一定要在新经济开拓的领域和道路上进行。以新经济为经营运作的原则，复工、恢复与发展生产就有了更充分的动力，更符合中国社会主义市场经济方向和特色，更获得丰富的成果。因此，抗疫、复工与新经济之间是相互推动，相互得益，共同前进的。

提出"两手都要硬"严肃任务的背景——2020年2月下旬国内经济形势

2020年2月24日上午，国务院新闻办公室举行新闻发布会，介绍统筹新冠肺炎疫情防控和经济社会发展工作，并答记者问。

国家发改委党组成员、秘书长丛亮在发布会上介绍，

"这次疫情确实对我国经济运行带来了较大冲击，从开始对春

节假期消费和相关服务业的影响，到后来迟滞企业复工复产，一些企业特别是中小企业生产经营遇到了较大困难。"丛亮说。

丛亮同时强调，这次疫情对经济社会的影响，总体上是可控的，不会改变我国经济长期向好的基本面。随着疫情防控成效的逐步显现，在政策措施的有效对冲下，有信心、有能力、也有条件将疫情的影响降到最低，保持经济社会平稳健康发展。

1-8-2　武汉疫情背后潜藏五大商业机会

上述疫情背后潜藏机会的观点由"水木然学社"创始人，畅销书《工业4.0大革命》等作者所提出。他在下面文章一开始，便引用世界性历史性知名人物丘吉尔的名言，以证明他对于当今疫情带来的商业机会的论断。如下：丘吉尔提醒"不要浪费一场好危机！"——每一次危机，都隐藏着机会，危机越大，机会也就越大！

危机，对于很多人来说，却是脱颖而出的机会！真正的聪明人，决不会放过任何一次危机！那么这次疫情，我们应该看到那些机会呢？

1-8-2-1　传统的线下生意正在被线上的所渗透、融合或替代

传统的线下生意正在被加速革命所有线下的生意，要做好第一季度巨亏的准备。而线上的生意，第一季度的收入大概是平常的三倍以上。但是，这并不说明线下就彻底玩完了，因为疫情一旦过去，线下会迎来一个报复性的反弹。大家可以试想一下，被困了三四个多月的人们，一旦可以出门了，将是一种什么样的状态？但那时对线上又是新的考验，即供应链的考验。那时的线上又会是什么情况呢？我认为绝不是回落那么简单，而是在这一过程中，人们又被培养了新的消费习惯。行为心理学研究表明：21天以上的重复会形成习惯；90天的重复会形成稳定的习惯。如果

一个人待在家里，每天都用手机 APP 买菜、买肉、买米、买水果、买零食，试想一下 21 天之后，他可以出门去逛商场超市了，但是很多人依然会选择用手机买菜、买肉、买米、买水果、买零食，因为习惯了。习惯的养成是非常困难的，但是习惯一旦形成，想要改掉那是难上加难。这一次疫情，线上和线下绝不只是此起彼伏的关系，你多一点我就少一点，而产生了新的消费习惯，换句话说，是"线上"有了可以彻底改造"线下"的机会。大家要记住一句话：未来可以有"纯线上"的企业，比如各种互联网企业，但很难有"纯线下"的企业，任何一个实体企业，如果不能借助线上进行宣传、引流、获客，而完全恢复在线下，那就无法生存下去。正是有了这次疫情，线下将和线上彻底融合，促使更多的线下实体店开拓线上，中国商业将走向真正的升级。

1-8-2-2　传统的公司正在加速变化，有的出现解体

现在主流的公司形式，就是以劳动合同为约束、把大家在固定的地点、固定的时间，产出固定的工作，目的是为了最大程度地让员工给公司创造价值。这种模式虽然已经在全球流行几百年了，但是因为这种模式已经无法从根本上发挥每一个人创造性，而且稍微遭遇现实上的重大社会变故，工作就无法开展下去。这种组织结构已经不能和崭新的生产力（互联网）相适应，所以一定会被革新，未来是线上协同办公的时代，一方面每个人的独立性将被大大加强，每个人都将成为独立的经济体，另一方面大家彼此之间的协同性将大大增强。这是社会的经济越发达的必然结果，也是互联网带来的必然效应。同样，未来的企业不再是固化、封闭的组织，而要打开自己的边界，包括业务架构和股东架构，让自己成为包容性和扩展性很强的平台。我们无法再用传统的经验和逻辑看待这个世界了，传统的组织结构正在被推倒重建，传统企业的运作模式已经不再适应崭新的生产力，很多传统企业步

履维艰、日薄西山。很多公司倒下了，并不少说今后社会不需要公司了，恰恰相反，中国未来需要更多的公司，只是公司存在的形式变化了！

1-8-2-3 传统的监督机制发生重大变化

传统的监督机制迅速发生重大变化这次火神山医院的建设，是在全民的亲眼目睹之下完成的，据说有 4000 万人通过直播去做"监工"，广大网友通过直播镜头即时"监督"建设进度，成了"云监工"。而且视频还传到了国外，让国外网友感叹：中国人用 7 天就可以建一个医院，若不是亲眼目睹，都不敢相信这是真的。

其次，这次央视在武汉红十字会仓库直播，有近 2000 多万网友现场观看，但是直播才不久，央视记者和摄影师就被红十字会派来的保安赶了出去，直播不得不被迫掐断……于是大家被彻底激怒了，结果这些物品的去向被网友一路追踪，口罩去向扒了个底朝天，结果一地鸡毛……这两个事件都说明一个趋势：社会的监督机制发生了重大变化，在直播的时代，监管不再依赖某个部门，而是全民共同监督。全民目击，全民监督的时代已经到来。这一点反应在商业上就是：商品已经从"图文时代"升级到了"直播时代"！在之前的图文时代，商品的形象往往靠的是商家的 P 图能力，尤其是电商、微商等平台，我们看到的商品，往往都是被美化的，所以我们买的很多商品都和图文展示的不符。但是在今天的直播时代，我们可以全方位的、实时的看到产品的最真实面目，任何美化都是苍白的，这是根本的区别！随着 5G 和视频媒体的发展，一切都是变得可视化，直观化，未来我们每个人必须有足够的勇气直面你的消费者，你的观众。那种在商品面世之前，需要先偷偷躲起来 P 图，或者用文案去渲染产品，拼命去做营销的时代一去不返了；那种自己躲起来反复剪辑和修改内容的时代，也一去不返了。

除此之外，图文时代消费者需要看评论，需要问客服，而直播时代则可以直接互动，是全民共同参与的公共活动，随时提成各种质疑，商家必须实施解答，只要有问题就是无法回避的。3－4 各种新品牌正在加速到来品牌的传播逻辑改变了，引爆一个品牌的方式彻底变了。先来看一下这次疫情的关键词：超级传播者。世界卫生组织给"超级传播者"下的定义是：那些把病毒传染给十人以上的人。譬如非典期间，广东一男子染病 50 天，先后传染 130 余人，包括 18 位亲属及几十名医务人员。这次疫情爆发之初，钟南山院士就曾提醒社会，一定要谨防"超级传播者"，说明本次疫情的扩散，不再取决于多少个感染个体，而是取决于有多少个强势个体！这个逻辑在商业方面同样适用，未来一个品牌的口碑传播，不再取决于你有多少消费者，而是取决于你有多少个"超级消费者"。所谓"超级消费者"，就是那些能够带来深度二次传播的人，一个人可以带来 10 个以上客户，并且能帮你在小范围人群中树立品牌形象。互联网时代，一个品牌要想发扬光大，其实也很简单，你只要找到 100 个"超级消费者"就够了。每个"超级消费者"可以给你带来 10 个以上的忠诚客户，这就是 1000 个忠实客户，这 1000 个人就可以帮你实现裂变效应。我们要想迅速地推动品牌建设，必须得密切关注"超级传播者定律"：1 个超级消费者＞100 个普通消费者＞10000 个围观者＞1000000 个路人甲。也可以这样理解：1 个有实力又爱你的人＞100 个爱你的人＞10000 个喜欢你的人＞1000000 个认识你的人。记住，只要找到 100 个"超级消费者"，并且圈住他们，就可以有事半功倍、基业长青的效果。

1－8－2－4　商业竞争的核心加速转移

商业竞争的核心正在加速转移这次疫情造成的心理伤害，远远大于疫情本身的实质性伤害！首先跟非典做一个对比，非典那年只有一个社交工具QQ，而且还远远没有普及，大家接受信息都是通过电视，而这一次大家都是通过各种社交软件获知信息，各种真假新闻让人恐慌，所以这次疫情带来的影响将远远超过非典。互联网越发达，信息越透明，人们的心理越能容易影响经济的发展，因为人们的群体效应越明显，这次疫情十多天以来，就掀起了四股抢购狂潮：第一次是抢口罩，第二次是抢菜，第三次是抢双黄连口服液，第四次是抢消毒液。如果我们单独去分析每一个消费者，都是理性且聪明的，但是他们只要聚合在一起，一定会变得盲目又不理性，就会成为一群乌合之众，这是历史的铁律。而互联网加剧了人的群体效应，让人群随时产生各种"羊群效应"，比如2月3号A股一开盘就是大跌，也是这次疫情的羊群效应之一。深谙大众心理，善于从人性上影响大众，将是今后最重要的商业能量之一。消费者想要的既不是好产品，也不是价值，而是各种情绪抚慰，因此，只要讲好一个故事，能抚慰好他们的心灵，他们就会趋之若鹜，这就是制造抢购狂潮的根本逻辑。越是在关键时刻，越能窥见人心。一切商业的秘诀，都在人心、人性里。未来的一切商业竞争，都是抢占"大众心智"竞争。谁占领了社会认知的制高点，谁就能成为金字塔最顶尖的人。综上所述，每一次危机背后，都潜伏着机会。

别人贪婪的时候你退缩，别人退缩的时候你要贪婪。要知道世界上所有伟大的公司，都经历了两次世界大战，而我们现在经历了两次病毒的洗礼，我相信必然会有人抓住机会迈上新的台阶！决定一个人最终高度的，往往并非起点，而是拐点，机遇都在拐点！相信经历这一次疫情，中国一定能站在新的历史起点！

1-8-3　实现两手硬的战略指导思想和布局

1-8-3-1　习近平指出以科技创新催生新发展动能

实现两手硬的战略指导思想和布局之一

在抗疫时期，尤其在已经取得很大胜利，然而还不能马上结束，同时经济和社会发展已经显示受到一些停滞放缓阻断的负面影响，急需恢复发展时，便特别需要寻找和坚持一种正确的动力和方向。

创新就是生产力，企业赖之以强，国家赖之以盛。在2020年08月下旬28日经济社会领域专家座谈会上，习近平总书记强调要以科技创新催生新发展动能，指出实现高质量发展，必须实现依靠创新驱动的内涵型增长，要求大力提升自主创新能力，尽快突破关键核心技术，强调这是关系我国发展全局的重大问题，也是形成以国内大循环为主体的关键。

"十四五"时期我国将进入新发展阶段，国内外环境的深刻变化带来一系列新机遇新挑战。根据我国发展阶段、环境、条件变化，党中央作出了加快形成以国内大循环为主体、国内国际双循环相互促进的新发展格局的重大战略部署。在危机并存、危中有机、危可转机的新发展阶段，要加快形成新发展格局，很重要的一条就是以科技创新催生新发展动能。要看到，当前新一轮科技革命和产业变革加速演变，更加凸显了加快提高我国科技创新能力的紧迫性。只有大力推动科技创新，加快关键核心技术攻关，才能下好先手棋、打好主动仗，把竞争和发展的主动权牢牢掌握在自己手中，重塑我国国际合作和竞争新优势。还要看到，只有进一步夯实创新基础，加快科技成果转化，加快推进数字经济、智能制造、生命健康、新材料等战略性新兴产业，形成更多新的增长点、增长极，提高产业链供应链稳定性和现代化水平，才能使国内大循环活力更加强劲，塑造更多依靠创新驱动、更多发挥先发优势的引领型发展，打造未来发展新优势。

1-8-3-2 以人民为中心推动经济和社会发展

实现两手硬的战略指导思想和布局之二

进入2020年，我国经济受到疫情凶猛袭击，国际形势和世界经济受到沉重负面影响，但是坚持以人民为中心，依靠广大群众，从而战胜各种严重困难，恢复和防止由此造成的多方面的破坏或负面影响，并推动我国经济发展在危机中育新机、于变局中开新局，乘胜开启全面建设社会主义现代化国家新征程。

坚持一切为了人民。增进人民福祉、促进人的全面发展、朝着共同富裕方向稳步前进，是我国经济发展的出发点和落脚点。

人民群众是社会历史的主体、是社会变革的决定力量。在这次伟大的抗疫斗争中，全民投入，大气磅礴，极大丰富了上述根本理论，同时更加鼓舞昂扬志气，为当前和今后，落实二手硬的艰巨任务，包括充分动用金融科技的作用，发挥深厚力量。

当前，国际国内经济形势仍然严峻复杂，选择和制定正确的经济发展大政方针更加不容易。我国经济在今年上半年经受住"极限冲击"和"压力测试"证明，马克思主义政治经济学没有过时，仍然具有现实指导意义。坚持以人民为中心推动当代中国马克思主义政治经济学创新发展，将进一步指导推动我国经济发展在危机中育新机、于变局中开新局，如期实现全面建成小康社会目标，乘胜开启全面建设社会主义现代化国家新征程。

1-8-3-3　新发展格局6个要点

实现两手硬的战略指导思想和布局之三

习近平强调新发展格局6个要点，习近平反复强调的新发展格局具有深刻含义

2020年08月28日，习近平总书记在经济社会领域专家座谈会上再一次就新发展格局作出部署，为中国未来发展指明了前进方向。在即将迎来的"十四五"时期，我国将进入新发展阶段，面对更多逆风逆水的外部环境，如何形成国内国际双循环的良性互动？探索形成新发展格局的有效路径应从哪些方面着手？

新发展格局的形成有哪些基础支撑

中国经济过去40多年的发展已经为全面建立“以国内大循环为主体、国内国际双循环相互促进的新发展格局”奠定了坚实的供给基础、需求基础和制度基础。

在供给层面，中国不仅成为全世界唯一拥有联合国产业分类中所列全部工业门类的国家，同时专利申请量位居世界前列。

在需求层面上，中国拥有超大规模市场，不仅具有世界最大的人口规模，而且拥有世界最大的中等收入人群，社会消费品零售总额和进出口总额都位居世界前列。

在制度和机制层面，市场在资源配置中起到了决定性作用，政府作用得到更好发挥，全国大市场也在各类基础性改革、供给侧结构性改革和营商环境的持续优化下运转畅通

构建新发展格局，有哪些深层的考虑

面对国际形势的不稳定性不确定性，我们需要在发展的同时增强“安全”的维度，更好统筹发展与安全。中共中央政治局会议强调“实现发展规模、速度、质量、结构、效益、安全相统一”。

从人类历史上的经验来看，我们要构建安全、可控、富有弹性韧性的经济体系，就必须以内为主，在动荡复杂的世界体系中建立稳固的基本盘。

适应我国社会主要矛盾发展变化带来的新特征新要求，我们需要在发展中解决深层次的不平衡不充分问题，既要持续以供给侧结构性改革为主线，疏通国内经济大循环的断点和堵点，也要把握扩大内需这个战略基点，满足人们的美好生活需要，为国内国际双循环的新发展格局寻找到持续、安全、高效、稳定的动力源和支撑面。

扩大内需如何为加快形成新发展格局提供战略基点

我国具有扩大内需的独特优势。我国人口总量全球第一，而且形成了全球最大的中等收入群体，总人数超过4亿人，这是扩大内需的基础。

与此同时，决胜全面小康、决战脱贫攻坚，大幅减少了贫困人口，有效缓解了贫困等问题对消费率的抑制，这本身也有利于挖掘中国下沉市场潜力，促进中国市场的整合。

如果说扶贫是二次分配层面的重大政策举措，那么快速发展的数字经济则是从初次分配层面提高了劳动者收入，有利于消费增长。中国的数字经济带有很强的劳动友好型特征，例如外卖、快递等数字经济下的就业机会，收入水平比传统产业高。

新发展格局具有重大又丰富的内涵

一方面，以国内大循环为主体，绝不是关起门来封闭运行。发展国内循环和发展国际循环的着力点大致相当，一样要保护知识产权、改善营商环境、减少准入限制，一样要依托完整的工业体系和完备的基础设施等。

另一方面，国内国际双循环相互促进，可以使国内大循环的主体地位更加稳固。只有国内国际双循环相互融合，才能优化生产要素的跨国配置和扩大优质商品、服务进口，满足国内的生产和消费需求，使国内大循环更加通畅、分量更重。

奋力推动国内国际双循环的良性互动

要形成双循环的良性互动，需要维护产业链供应链安全。我国正处于由产业链中低端向中高端攀升的阶段，"卡脖子"问题在部分领域还比较严重。只有维护产业链供应链安全，强化关键领域、关键技术、关键产品的保障能力，才能为双循环良性互动提供强力支撑。

要形成双循环的良性互动，还需要培育参与国际合作和竞争的新优势。在优先解决关键领域自给自足的基础上，同时将我国超大的市场规模、完整的产业体系、完备的基础设施和数量庞大的高素质科研人员融合起来，依托集中力量办大事的制度优势，在需要超大投入的科技领域形成优势。

探索开辟新发展格局的有效路径

探索形成新发展格局的有效路径，要牢牢把握扩大内需这个战略基点。要坚定实施扩大内需战略，把满足国内需求作为推动高质量发展的出发点和落脚点，加快构建完整的内需体系，充分发挥消费的基础作用、投资的关键作用，使提振消费与扩大投资有效结合、相互促进。

探索形成新发展格局的有效路径，要大力推进科技创新。要对标世界一流，加强前沿探索和前瞻布局，大力推进科技创新及其他各方面创新，加大关键核心技术攻坚力度，加快科技成果转化，加快推进数字经济、智能制造、生命健康、新材料等战略性新兴产业，形成更多新的增长点、增长极，提高产业链供应链稳定性和现代化水平，培育新形势下我国参与国际合作和竞争新优势。

探索形成新发展格局的有效路径，还要发挥好改革的突破和先导作用。要依靠改革应对变局、开拓新局，坚持目标引领和问题导向，既善于积势蓄势谋势，又善于识变求变应变，紧紧扭住关键，积极鼓励探索，突出改革实效，推动改革更好服务经济社会发展大局。

1-8-4　疫情下中国经济稳健发展的基础、机遇与奋进

1-8-4-1　疫情影响下中国经济结构转型存"危中之机"

疫情对全球产业链供应链产生重大影响，稳定全球产业链供应链对中国来说也存经济结构转型的"危中之机"。此次疫情暴发，使得全球产业链和供应链面临调整新形势，抓住机遇调整中国经济结构势在必行。4月17日召开的中央政治局会议特别强调，

要支持企业出口转内销。5月14日召开的中央政治局常务委员会，首次提出"构建国内国际双循环相互促进的新发展格局"。这些工作安排和重要部署，在缓解国际疫情防控对出口企业带来短期冲击的同时，也有助于我国经济中长期结构转型。

在统筹推进疫情防控和经济社会发展中，要抓住机遇进行经济结构性调整。一方面需要减弱疫情对外贸出口企业的冲击，抓住维系全球供应链体系的关键点，重点对外贸地区、龙头出口企业、主要出口产品进行支持。关注龙头出口企业这个供应链关键环节，维护产业链合作关系和市场秩序。降低出口市场风险，针对受疫情影响的出口企业，用足用好出口退税政策以及聚焦短期的合规出口保险工具，适度放宽承保和理赔条件，帮助出口企业做好风险管理。另一方面，支持出口企业转内销，要着眼短期进行政策调整、立足长期优化制度建设。短期可以从税收优惠、平台支撑、信息服务等方面，对出口转内销给予政策性调整和帮扶。长期则要加力推进内贸流通体制改革，加强知识产权保护，优化贸易监管体系和标准，不断降低出口转内销的制度性交易成本。

新冠肺炎疫情在全球范围肆虐，给中国和世界经济运行带来巨大挑战。客观辩证地认识疫情对中国经济产生的影响，在看到中国经济面临下行压力的同时，也要看到中国应对疫情冲击所具有的雄厚经济基础和显著制度优势，特别要看到疫后稳定全球产业链供应链背景下中国经济结构转型的新机遇。

中国有应对疫情的经济基础和制度优势

中国具有"集中力量办大事"的显著制度优势，这是经济基础在疫情防控中起作用的关键制度保障。为缓解疫情对经济运行产生的影响，中央着眼于从供需两侧发力，聚焦复工复产达产、稳产业链供应链、保就业扩内需等重大问题，在宏观、产业、区域及微观等领域综合施策，经济恢复已有十分明显的成效。中国的国家治理体系和治理能力，在应对疫情中彰显出有目共睹的体制性优势。

1-8-4-2　国际机构评估疫情下中国经济将逆势增长

全球化智库（CCG）与世界银行 2020 年 6 月联合举行发布会，世界银行前景预测局局长阿伊汗·高斯在会上解读世界银行 2020 年《全球经济展望》报告。报告预测，受新冠肺炎疫情影响，2020 年全球 GDP 将萎缩 5.2%，发达国家萎缩 7%，但中国将逆势增长 1%，成为唯一正增长的经济大国。

近期北京出现聚集性疫情，令人猝不及防。短短几天内，北京已经对 35.6 万重点人群进行了核酸检测，日均核酸检测采样约 40 万人。北京吸取前段时间各地的防疫经验，并通过大数据等技术，形成了全方位的抗疫格局，通过精准分辨风险分布情况，阻击病毒进一步传播。如权威专家所说，与新冠疫情进行常态化、长期性斗争，或将成为世界各国不得不面对的现实。在此背景下，在常态化疫情防控和社会经济发展之间找到合适的平衡点尤为重要。

中国经济在第二季度呈现明显复苏态势。国家统计局发布 5 月份最新经济数据显示，在供给端，我国工业增速有所提升，服务业也有所回暖，服务业生产指数同比增长 1%；在需求端，5 月份社会消费品零售总额同比降幅比上月收窄 4.7 个百分点，投资降幅也有所收窄。这些数据均表明，中国经济在疫情造成的艰难境况下仍表现出积极的一面，经济恢复和发展不应因疫情在局部地区复现而停滞不前。

面对疫情，中国各地和社会各界既要科学应对，坚决遏制疫情蔓延，也要按照促进发展、深化改革的总体要求，助推中国经济持续稳定高质量发展。

新冠肺炎病毒具有传染性较高、致死率较低的特点。当疫情发生或出现反复，科学研判疫情形势对维持社会平稳运行、减少防疫阻力十分关键。首先，政府部门要加速排查疫情，保证信息透明度，保障基本物资供应，稳定社会预期，防止社会恐慌情绪发酵。北京市政府发现疫情后迅速通报，在组织大批人员进行核酸检测的同时，不断向社会更新信息，防止不实信息散播。这对提振市民的信心，赢得市民支持、配合政府工作，以最快速度进行检测排查起到了重要作用。

其次，应更多地运用科技手段，创新精准抗疫模式，寻求经济发展和疫情防控之间的平衡点。北京之所以能在几天之内完成了几十万人员的核酸检测，一方面离不开较强的核酸检测能力，另一方面，大数据、云计算等互联网技术的运用也发挥了重要作用。通过"北京健康宝"等小程序，市民可以对自己感染新冠肺炎的风险作出大致判断，这些小程序也为身体健康民众的正常出行提供了便利，避免出现"一刀切"等极端现象。这种运用大数据、云计算等互联网技术进行精准抗疫的模式，应当进一步优化升级，为大中小学生回归校园、上班族正常通勤和民众进行日常消费活动保驾护航。

再次，企业和民众应配合政府工作，保持积极心态和坚定信心。抗击疫情虽有政府部门作主导，但企业和民众作为社会发展的主体，同样也是抗击疫情的主体。疫情发生之初，各地企业和民众迅速行动起来，纷纷发挥自身特点和所长，为抗击疫情贡献力量。如果疫情出现反复，企业和民众更应从自身做起，一边加强科学防护，积极参与常态化疫情防控，一边立足实际做好本职工作，为社会经济恢复和发展尽一己之力。例如，企业应严格执行对员工健康状态的监管措施，保障企业正常运营，并主动承担社会责任，个人应按要求做好防护措施，不信谣传谣，积极服从服务于政府的抗疫安排。

近期举办的中非团结抗疫特别峰会上，国家主席习近平在讲话中表示："团结合作是抗击疫情最有力的武器"。目前，全球疫情仍在持续发展，少数国家和地区疫情还有加重的迹象，中国在做好国内常态化疫情防控的同时，还应加强国际合作，参与抗击全球疫情。中国有着丰富的抗疫经验，在疫苗研制方面取得了重要突破，中国的抗疫经验和取得的成果，对其他国家具有重要的参考借鉴价值。

全球疫情一天没有结束，中国就存在"被输入"和疫情反复的危险，而随着更多国家开始复工复产复市复学，全球面临着疫情反复的更大风险。全球抗疫合作不应随着疫情曲线的平缓而停滞，各国之间加强抗疫经验交流，进一步巩固国际联防联控，对彻底遏制全球疫情具有重要意义。

新冠肺炎疫情是人类进入 21 世纪后遇到的最大挑战之一，这场全球性公共卫生危机或许将在相当程度上改变人类社会发展轨迹。中国社会不会因为疫情而出现倒退，中国经济不会因为疫情而长期陷入困境。面对疫情的挑战，我们需要迎难而上，用科学的态度和方法沉着应对，以日渐成熟强劲的常态化疫情防控，推动中国经济在高质量发展轨道行稳致远。

1－8－5　金融科技助力城市和地区经济复苏

1－8－5－1　金融科技助力武汉经济复苏

疫情期间，大数据、线上办公、网上银行、数字生活、远程教育等成为了我们新的生活方式，为金融科技发展奠定了非常好的基础，武汉市民遇到最多的金融科技应用场景就是在线支付，购买生活物资。

金融科技是技术驱动的金融创新，旨在运用现代科技成果改造或创新金融产品、经营模式、业务流程等，推动金融发展提质增效。金融科技关键在于创新驱动，强调将技术创新作为服务金融发展的手段，以维护金融稳定和安全、防范金融风险为前提，在具体应用和发展过程中，需遵循金融市场的基本规律。

金融科技相关新技术我们一般认为是：人工智能、区块链、大数据、云计算、物联网、5G 等，今后随着新技术发展还会不断应用。当前每一项技术都有非常高的技术壁垒，都不是简单掌握就可用好，尤其是金融领域的技术更需要安全与成熟稳定，任何一个组织与个人全部掌握都是不可能的。只有采取社会化协同、依托生态链才能融入现代化金融体系的发展。从目前看大数据应用场景比较普遍，已经成为一种普及性技术，要掌握会用。区块链因其金融特性与信任、透明、溯源、加密安全等特点正在快速发展，已经产生更多金融应用场景及服务模式。

武汉在金融科技领域更是具备得天独厚的优势。浙江大学互联网金融研究院（浙大 AIF）司南研究室联合浙江互联网金融联合会在荷兰阿姆斯特丹 2018 年发布了全球金融科技中心指数（Global Fintech Hub Index，简称 GFHI），武汉在全球金融科技核心城市综合榜上排名第 21 位；其中金融科技体验排名全球第 6 位，武汉是唯一上榜的中部城市，排在前 5 位的城市分别是：杭州、深圳、广州、北京、上海。

武汉人民抗击疫情经济上面临前所未有的压力。政府、企业、个人都在寻找应对的措施。

湖北中财资信科技有限公司董事长认为：

结合多年来参与政府项目投融资、金融与科技板块投资与实践的经验，就金融科技助力武汉经济复苏发表意见认为：

第一、未来金融的竞争焦点将在金融科技，细分到零售银行、借贷和融资、消费金融（消费券）、交易与支付、金融财富管理、保险、市场与交易、供应链金融等多个应用领域。对于武汉经济而言，金融科技能够提升金融普惠度，缓解个人以及中小微企业现金流短缺、融资难、融资贵等问题。近期来讲，疫情出台的各种金融支持政策，都可以借助金融科技手段，让资金实实在在、高效的流向实体经济。这在促进武汉金融产业优化升级方面，金融科技将发挥重要作用，是促进武汉经济复苏的重要驱动力。

第二、抢抓金融科技产业发展的大机遇，加大金融科技产业布局，大力推进以区块链等新技术为基础的自主技术研发、应用创新。新技术将推进金融和科技的深度融合，随着云计算、大数据、人工智能和区块链等新兴技术的发展，科技对金融行业升级的助推作用被不断强化，类金融机构、传统金融机构紧跟时代步伐不断强化业务转型，通过和第三方金融科技公司合作，助推业务系统运营升级。金融科技公司科技手段的强化应用，使金融科技企业技术赋能属性进一步增强。

第三、鼓励设立金融科技政府引导基金，参与本地金融科技企业培育、投资，重点培育创新创业企业。

第四、策划以金融科技为主题的产业园投资项目，选择政府投资、ppp 模式、招商等不同模式新建或盘活存量，引入具有金融科技资源的服务机构运营管理，做好产业发展；同时，金融安全是金融科技发展焦点，从监管的角度，也有利于"监管沙盒"逐步落地实施。

第五、打造和培育金融科技政产学研创新平台，做好武汉金融科技整体发展规划、政策研究工作，加大对金融科技领域企业、高校、智库大力扶持和资金支持。借助武汉科教优势，做好基础研究、协同攻关、产业生态、人才队伍培养。大力鼓励和支持武汉高校加速金融科技学科建设和课程重构，加强金融科技人才培养。金融科技的快速发展和专业人才供给不足导致金融科技人才紧缺，从源头上解决金融科技人才供给不足的难题。

1-8-5-2　金融科技助力城市和地区经济复苏

各地广大人民在共产党领导下奋力夺取疫情防控和经济社会发展"双胜利"

地方上如江苏省宜兴市夺取疫情防控和经济社会发展"双胜利"

宜兴市人民政府召开庆祝中国共产党成立 99 周年大会暨抗疫先进事迹报告会，动员激励全市广大党员奋进夺取"双胜利"

市委书记沈建动员激励全市各级党组织和广大党员更加紧密团结在以习近平同志为核心的党中央周围，学习先进典型、弘扬抗疫精神、砥砺奋进动力，为夺取疫情防控和经济社会发展"双胜利"、加快打造两个中心城市、争当全省高质量发展领跑者、建设"强富美高"新宜兴提供政治保证、凝聚强大合力。

他表示，今年初，一场突如其来的新冠肺炎疫情，给人民生命安全和身体健康带来严重威胁，给经济社会发展带来巨大冲击。宜兴上下认真贯彻习近平总书记对疫情防控工作的重要指示批示精神，紧紧按照党中央和上级部署要求，迅速响应、积极应对，上下齐心、群防群控，坚决守住了阻击疫情输入、蔓延的防线，圆满实现了"确诊患者零死亡、医务人员零感染"的目标，为防疫大局作出了宜兴贡献。这其中，全市各级党组织和广大党员，牢记人民利益高于一切，冲锋在前、担当在先，充分发挥"一个支部一座堡垒、一个党员一面旗帜"的模范带动作用，无所畏惧投身防疫一线，过细过实做好防控工作，在大战中践行初心使命，在大考中交出优异答卷，展现出了伟大的抗疫精神。全市上下要向受到表彰的先进代表们学习看齐，学习他们对党忠诚、坚守使命的政治品格，以人为本、群众至上的为民情怀，恪尽职守、担当负责的优良作风，不怕疲劳、连续作战的战斗精神，进一步坚定信心、昂扬斗志，锐意进取、担当实干，统筹推进疫情防控和经济社会发展工作。

他要求，全市广大党员干部要切实增强"四个意识"，坚定"四个自信"，坚决做到"两个维护"，矢志不渝走中国特色社会主义道路。自觉在思想上政治上行动上同以习近平同志为核心的党中央保持高度一致；要以先进典型为榜样，以抗疫精神为引领，冲锋在前、担当示范，奋力推动宜兴高质量发展不断向前。要在产业强市建设中带头示范，加快推进经济运行、项目建设、服务保障、"六保""六稳"等方面工作，努力确保完成各项目标任务，为宜兴产业强市建设作出更大贡献。

他最后强调，广大党员干部要主动当好"主心骨""责任人"，大力弘扬担当作风、斗争精神，敢破难题、敢为人先，在常态化疫情防控中加快高质量发展，夺取疫情防控和经济社会发展"双胜利"。

会前，与会人员集中观看了抗疫专题片《陶都战"疫"党旗红》。会上，4位抗疫先进作事迹报告，表彰通报荣获"优秀共产党员"、"优秀党务工作者"、"先进基层党组织"荣誉称号。

1-8-5-3　上海边奋力抗疫边建设人工智能"上海高地"

抗疫和人工智能产业在上海不仅二手硬，而且相互推进融合。

"中国正致力于实现高质量发展，人工智能发展应用将有力提高经济社会发展智能化水平，有效增强公共服务和城市管理能力"……3年前，习近平总书记致信在沪举办的首届世界人工智能大会的期许，正在成为上海人工智能发展的清晰路径。

上海把人工智能作为重点布局的三大产业之一，着力建设人工智能创新策源、应用示范、制度供给和人才集聚的"上海高地"，构建一流创新生态。

新冠疫情挑战，上海人工智能产业化危为机，实战练兵。智能服务机器人、智能CT设备等被运用在方舱医院，通过零接触诊疗、智能陪护等，有效控制了医护人员感染率……

疫情初期，上海有关技术专业机构联合发布业内首款胸部 CT 新冠肺炎智能评价系统，提升了新冠肺炎定量诊疗效率。

在线新经济领域，人工智能发挥了重要主导作用。疫情发生以来，上海智能制造成果突出，工业机器人、智能装备逐步应用，智能工厂建设推广，多家企业实现"无人生产"或"不碰面生产"，以机器代替人工，保障了生产效率及应急防疫物资产能，极大减少人员流动和聚集，解决了疫情期间工厂用工。

上海 AI 运用到实际抗疫和培育"在线新经济"的"战场"上，为 AI 造福人类发挥重要作用。

无论交通卡口、社区小区、科技园区还是商务楼宇，上海市民已习惯出示"随申码"。通过数据建模，分析评估，在沪人员风险状态分红、黄、绿三种，一目了然。

在上海工作生活，"随申码"无处不在。"随申码"可以支撑每秒至少 10 万＋的并发查询，这离不开负责上海市数据共享交换平台构建的星环科技——提供大数据存储和计算能力的基础平台。2 月 7 日深夜接到研发"随申码"任务，团队仅用 3 天就基本完成从研发到压测、联调的一系列工作，随申码开始灰度上线。

此前，市民觉得人工智能很遥远疫情改变了社会认知。特重症智能远程医疗诊断机器人、送药送饭智能机器人、智能物流机器人、社区智能管理系统、健康码智能疫情监测系统不断涌现。

上海在线新经济行动方案提出，未来三年，上海将引导人工智能、5G 网络、大数据等新一代信息技术与制造业融合发展，建设 100 家以上无人工厂、无人生产线、无人车间，加快高端装备、汽车、生物医药、电子信息等行业智能化转型。

这一目标底气十足。数据显示，上海集聚了 1100 余家重点人工智能企业和全国约三分之一的人工智能人才。大数据是催化人工智能发展的"燃料"，上海已建成覆盖 2400 万常住人口、200 多万家企业以及涵盖全市域人口、法人、空间地理基础数据库，医联数据共享系统拥有 250 亿条数据，交通数据流量每日新增 30GB，上海大数据交易中心日均数据交易量占全国半壁江山。

新型基础设施加快布局，一批人工智能示范应用场景初步形成全国影响力

上海临港新片区。洋山港智能重卡启动示范运营，在洋山港物流园、东海大桥、洋山一期码头，实现集装箱智能转运，这是国际上首次实现 5G＋自动驾驶重卡商业化落地。

上海已培育形成包括张江人工智能岛、洋山港智能重卡、进博会国网电力智能巡检、上海电气"AI＋工业互联网"肿瘤医院、市高院智能司法审判、市西中学智慧教育等具有影响力的场景。

张江人工智能岛集聚 AI 龙头企业，建设安防巡检、垃圾分类、智慧消防等应用场景，打造集成 30 多种应用场景的 AI 体验中心，成为人工智能创新应用标杆"试验场"。

把握在线新经济趋势，优化行业生态和基础保障，上海正在汇聚行业创新主体，发挥人工智能联盟、全球高校人工智能学术联盟、青年 AI 科学家联盟等作用，建立行业内龙头企业、投资机构、独角兽企业和黑科技发明者交流平台，举办内容丰富的各类活动，汇集人才、资本、载体、项目信息，不断扩大更新。

1-8-6　金融科技为抗疫及经社发展锄危与觅机

1-8-6-1　区块链担当着全民抗疫和金融拓展的"信任的机器"

区块链含义与结构

区块链与互联网

区块链与互联网有着历史渊源和现实功能的紧密联系，但是两者又有着很大的差异。互联网实现了信息的转移和分享，区块链则保证了价值的转移和安全。区块链不仅仅是互联网底层技术

层面的结构再造，也导致金融和经济应用领域广泛和深刻的革新，而且更是人类社会交往与思维模式的重要突破。

区块链含义区块链是分布式数据存储、点对点传输、共识机制、加密算法等计算机技术的新型应用模式。

简言之，区块链是一种按照时间顺序将数据区块以顺序相连的方式组合成的一种链式数据结构，并以密码学方式保证的不可篡改和不可伪造的分布式账本。

基础架构模型一般说来，区块链系统由数据层、网络层、共识层、激励层、合约层和应用层组成。基于时间戳的链式区块结构、分布式节点的共识机制、基于共识算力的经济激励和灵活可编程的智能合约是区块链技术最具代表性的创新点。

创新区块中本聪创造全球第一个区块，即"创世区块"，时间为2009年1月3日。

抗击疫情推动区块链迅速应用发展

区块链的巨大功能或迷人魅力，在于从技术、经济、社会乃至心理的角度，解决大规模复杂协同活动中的关键性基础性要求，也就是"信任"的建立。

区块链被称为"信任的机器"。凡是需要进行或办理一项或一类重要又迫切的事务或任务，而且后者流程复杂，涉及相关方面众多，参与者彼此陌生甚至存在疑虑，在这样条件下往往期望能够出现一架机器，召之即来，看不见却能使得动，而且运作成本又不那么昂贵，能生产出一种无形的产品或服务，凝聚所有参与者的意志和力量，这种产品或服务便是"信任"，"信任"的生产者即为"信任的机器"。任何一项重大或紧迫任务参与者一旦获得了彼此以及对总体的"可信度"，就可以团结一致奋力办成目标中的事情或任务。这种"可信度""信任"显得多么亟切需要和可贵啊。区块链就是这样的一架巨大又精密的机器，随时可以被运用，从而可以产生这样的重要作用或巨大后果。2015年10月份的一期《经济学人》杂志的封面文章的标题即为"信任的机器"。

在全民抗疫中，信任对于各条战线、各个机构或众多主体，都极为重要。事实上，在"全民抗疫"战中，从采集信息、疾病防控到物资调配，许多领域都应用着区块链。

面对疫情迅猛袭来，区块链的有关监测与防控的技术、产品、服务及设备应运而生。区块链所提供的不可篡改、可信、可监督的特色和能力，正可以应用在各个阶段应对疫情的协同工作上来。如在线健康咨询、问诊，后台支持技术，新冠风险筛查系统，区块链能够对病例的访问管理，进行严格监控，等等。

在抗疫时期的社区治理中，上海静安区临汾街道上线的"智慧临小二"平台，经电子存证能够让相关信息被有效记录，同时也可以溯源。社区工作人员的繁杂工作变得有序。20多个社区、688个商户及2万余人次的口罩预约、回沪登记、健康打卡、访客登记、社区关爱服务等，都可以通过这一系统完成。

使社区防疫更精准高效

在广东省广州市南沙区，疫情防控协同系统将疫情数据、资源调度、重点关注人员等数据汇总在一起，通过疫情防控指挥中心、防疫物资管理、企业复工管理、疫情防护信息上报等模块，实现可视化管理，让物资、床位、交通、企业经济等关键信息得以快速支持决策。系统内的数据全程可追溯，为疫情防控提供可信数据化支撑，为政府部门精准施策提供决策辅助。

物资调配在抗疫紧张时期，区块链的应用显得极为重要。今年2月5日，由浙江省卫健委、经信厅主导，蚂蚁区块链和CityDO集团共同开发的防疫物资公共服务平台在支付宝上线。该平台采用了区块链技术，对物资的需求、供给和运输等环节进行信息审核并上链存证。利用区块链技术不可篡改的特点，解决一线物资供给信息的同步以及可信问题，能够避免黑箱操作的产生。捐助信息与区块链结合的作用和优点在于，一是破解碎片化的难题，将捐赠全过程，从物流、仓储、分发、派发等数据以全链路的方式进行存证；二是数据可信，全程可溯源，不可篡改，存证之后会存到联盟链上面去，再跟公链进行对接；三是机构公开透明，数据存证之后，全社会可以公开查询。

区块链具有应用的广阔空间

在奋力抗疫、拓展金融及相关任务方面需要服务的对象及领域是非常广阔的，也可以说是大有用武之地的。2019 年中国各类市场主体数量已经超过了 1 亿户，其中企业超过 3100 万户。和当年 SARS 疫情时相比，已经不在同一个数量级别上。

区块链技术对于疫情下受到波及的企业经营，有着重要作用。当然，核心还是落在"信任"上面。

先以企业开展业务时最常见的签约场景为例，中国人讲"见面三分亲"，生意到了签署合同的时候，总是要双方坐到一起，既是为了有仪式感，也是为了彻底打消疑虑。但疫情之下有些合同的签署不得不在线上进行，或者通过开具不可抗力证明进行延期。

2 月 7 日，成都市贸促会出具了首批新冠病毒疫情的不可抗力事实证明书，帮助企业减免延期履约或不能履约的违约责任，为企业挽回受到疫情影响的经济损失。各地有关部门也都在推进文书的出具工作。如果能够让各环节都上链，进行信息确认，就能以很低的成本保证真实性，并且可以溯源。

重要文书出具之外，在政企招投标领域，区块链技术也在发挥作用。

近日，甘肃省公共资源交易局联合蚂蚁区块链、阿里云、甘肃文锐等，利用区块链和云计算等技术开展公共资源交易活动。

企业招投标过程对于保密性和安全性都有很高要求，在此之前，远程开标大多采用视频直播＋在线提交加密文件的方式，难以满足实时监督、可追溯的要求。据了解，目前在蚂蚁区块链等多方合作下，甘肃目前已经上线"区块链＋远程在线开标系统"，并已有项目通过该系统完成了招投标工作。

区块链在慈善捐赠、物资流转等方面发挥重要作用。

各地在抗"疫"行动中，依据区块链的去中心化、公开透明、信息可追溯等技术特点，在慈善捐赠、物资流转、疫情防控等方面发挥了重要作用。

让捐赠"在阳光下"运行

由中国雄安集团数字城市公司和趣链科技公司牵头的多家企业联合倡议发起一款基于区块链技术的慈善捐赠平台上线。该平台利用联盟区块链网络，可以实现捐赠流程全部上链公开，防篡改、可追溯，接受公众的监督。

这一慈善捐赠管理溯源平台主要针对慈善捐赠以及抗击疫情中"需求难发声、捐赠难到位、群众难相信"三大难题，致力于打通慈善捐赠的全流程，包括"寻求捐赠——捐赠对接——发出捐赠——物流跟踪——捐赠确认"的全部环节，确保捐赠在阳光下运行。

区块链技术在其中是如何发挥作用的？从该平台上发现，每项已完成捐赠和待捐赠的项目中，平台均为其"配发"了相应的区块信息、区块高度、存证唯一标识及上链时间，并明确标识该项目"已在趣链区块链存证"。

专家表示，区块链技术所具有的分布式、难篡改、可溯源等特点，能够有效解决传统慈善公益项目中复杂流程和暗箱操作等问题，每一笔捐助的流通数据都被存储并固化，方便监管机构进行追溯和监管。

此外，支付宝也在疫情防控时期上线防疫物资信息服务平台，利用蚂蚁区块链技术，对物资的需求、供给、运输等环节信息进行审核并上链存证，物资所到之处的每一个环节、经手人的每一处确认都在链上显示。

区块链与金融结合，特别在抗疫及复工时期，更有助解决企业融资涉及信用的问题和难点。

今年二月初，北京市政府出台重要文件，《关于应对新型冠状病毒感染的肺炎疫情影响促进中小微企业持续健康发展的若干措施》中明确提出，要建设基于区块链的供应链债权债务平台，为参与政府采购和国企采购的中小微企业提供确权融资服务。

供应链金融的信任问题本来就很突出，中小企业没有足够的传统观念中的可抵押资产，不容易获得银行授信，然而产业上下游的账期错配又是客观情况，企业资金周转产生困难成为普遍问题。区块链技术与供应链金融相结合，有望解决"萝卜章、假合同"的弊端，并且降低企业融资的授信成本。

世界银行 2018 年发布的《中小微企业融资缺口》报告显示，中国 40％的中小微企业信贷困难，有近 12 万亿元的融资缺口。而核心企业依靠体量和品牌优势，却可以在获得银行授信上有非常明显的优势。

实际上，业内普遍认为，供应链金融想要取得突破，区块链技术的应用是必由之路。2019 年，蚂蚁区块链开放了"双链通"产品就是针对供应链金融难题而开发，核心企业可以灵活按照对供应商的了解，搭配不通过账期，供应商也能快速贴现融资。

区块链的应用为各地复工减少"后顾之忧"

防控疫情开始，工信部部署运用新一代信息技术支撑服务疫情防控和企业复工复产工作。其中，区块链发挥了相当重要作用。

复工前提是对人员的有效管理，其中最关键的便是"穿透式"的实时数据管理能力，而区块链的一大重要功能就是助力实现穿透式监管和精细化治理。

各地在复工复产进行过程中,利用和实行了能够防篡改、多节点同步等优势的区块链技术,解决了远程在线填报、跨地市跨部门快速同步以及备案数据安全可信等问题,避免现场人员聚集,提高备案效率,为政府复工复产备案解除后顾之忧。

上述操作充分利用区块链技术的申报平台,对企业备案信息和核准信息全部上链保存,企业、防控指挥部门、业务主管部门和监管部门等多节点均可同步查询链上记录,确保公平、公正、公开。通过平台,企业可一键实现备案、主管部门可一键核准,监管部门可以随时查看全省多种复工复产数据统计,实时掌握进度,满足快速复工的需要。

金融需求特别是复工企业可通过区块链获得实现。2 月 7 日,北京市海淀区启用基于区块链的中小企业供应链金融服务平台,并对开展确权融资业务的企业给予基准利率 50% 的贴息。

外汇需求管理通过金融区块链服务平台实现

为了应对疫情,国家有关机构关于外汇需供的服务管理事务,以区块链等技术手段为支撑,构建并加强跨境金融区块链服务平台建设,便利中小微企业跨境贸易投融资和外汇结算业务,缓解中小企业融资难、融资贵问题。今年 1 月,国家外汇管理局将湖北纳入跨境金融区块链服务平台试点范围,湖北辖内涉外企业,尤其是中小企业,也将在出口贸易融资等金融信贷支持方面享受更多的优惠便利条件。

金融供应问题通过区块链平台获得解决良好途径

平时已经存在而疫情防控时期更加突出的金融供应问题通过区块链平台获得解决良好途径。

疫情之下,中小微企业的金融难题更加凸显,对区块链技术的推广来说是机遇,也是巨大的挑战。

借助双链通等产品的落地，上面提到的供应链金融这一融资困境及解决途径和模式已经开始得到解决，包括政策措施性的，以区块链为基础的技术性的，平台性的，等等，多方并举，总体上激活，信贷可得性以及融资覆盖面也得到提升。全国有275家注册担保机构，预计能够覆盖1000万家以上小微商家。根据艾瑞《区块链＋供应链金融行业研究报告》预测，至2023年，区块链可让供应链金融市场渗透率增加28.3%，将带来约3.6万亿市场规模增量。

区块链未来广阔灿烂前景

按照国际知名咨询机构Gartner的技术成熟度曲线，整体来看，区块链科技还没有达到成熟阶段，大多数企业的区块链项目仍然处在实验性模式之中。Gartner预测，区块链技术可能还要5～10年的时间来产生更加广阔深入的变革性的影响。

中国有发展区块链的顶层设计决心和战略部署，也有遍布机会的土壤。目前以蚂蚁区块链为代表的一批中国区块链技术服务商，已经处在全球第一梯队。

以蚂蚁区块链为例，根据公开信息，蚂蚁区块链全球专利申请量已经达到1005件，连续三年位居全球第一，在蚂蚁金服的区块链专利中，62%是偏向底层基础技术的核心专利，比如共识算法、密码、跨链、隐私保护、管理、存储等；38%是基于业务逻辑和商业应用。

身处阿里经济体的蚂蚁区块链有诸多得天独厚的优势，比如在2019年的"双11"和2020年的"555买买买"活动中，蚂蚁区块链技术就为天猫商城巨额跨境商品进行了溯源存证。

如果回溯支付宝的所以会诞生，其实就是为了通过引入第三方担保交易的方式，解决网络交易的信任问题，也因此，蚂蚁区块链团队在推广和应用区块链技术上有更好的基础与机会。

疫情让人们从活生生的现实中领会到区块链在抗击疫情和拓展金融经济中的巨大功能，未来前景一定会更加广阔灿烂高效！

习近平总书记指出，区块链技术应用已延伸到数字金融、物联网、智能制造、供应链管理、数字资产交易等多个领域。目前，全球主要国家都在加快布局区块链技术发展。我国在区块链领域拥有良好基础，要加快推动区块链技术和产业创新发展，积极推进区块链和经济社会融合发展。（2019 年 10 月 24 日主持政治局学习时讲话）

1-8-6-2　中国发行数字货币涉及面对世界货币金融的危与机

金融科技为抗疫及经社发展锄危与觅机

中国发行数字货币是面对世界货币金融的锄危与觅机。

中国中央银行发行数字货币是 2020 年世界货币金融，也是金融科技领域的最大的危与机。危在于面对国际货币的本身危机以及美国的外溢祸水。机则在于拓展中国货币人民币的国际空间的进攻性机会。2020 年 8 月 28 统计数字显示，人民币兑换美元汇率以及对 24 种货币连续第三周走高。

央行数字货币为全球准备的世界货币

未来的财富不是美元，也不是黄金，一定属于区块链数字资产；数字资产将成为金融体系的新宠，成为全球经济变革大趋势。

在 Facebook 发行加密货币 libra 天秤币成为互联网全球金融市场焦点的同时，中国人民银行打造的数字货币 DCEP（Digital Currency Electronic Payment）也正式从幕后走向台前。对比 Libra 币与中国拟发行的央行数字货币 DCEP，不禁惊呼，这难道是中国为全球各经济体准备的"新世界货币"吗？

央行数字货币将会取代现钞，那么在央行数字货币呼之欲出的背景下，会有哪些市场机会值得我们去关注呢？它的发行特点是什么？

1. DCEP 具备"世界货币"所需的一切条件

对比 DCEP 与 Facebook 推出 Libra 币可以发现，二者在安全性、架构、理念等方面十分相似。不同的是，DCEP 在保有 Libra 优点的同时，针对 Libra 币无法成为世界货币的设计缺陷，DCEP 给出了近乎完美的答案：

（1）DCEP 与人民币可以 1：1 自由兑换，支持连接中央银行；

（2）DCEP 采用商业银行和中央银行的双层制度，适应国际上各主权国家现有的货币体系；

（3）DCEP 是主权货币，是纸质人民货币的替代，可以确保现有货币理论体系依然发挥作用；

（4）DCEP 可以基于特殊设计，可以不依赖于网络进行点对点的交易。

总之，DCEP 不仅仅可以实现世界货币美元所有功能，还可以节省发行资金，更准确地计算通货膨胀率和其他宏观经济指标，更好地遏制洗钱、恐怖分子融资等非法活动，更便利的在全球范围内进行汇兑流通。

需要特别指出，DCEP 的设计开始于 2014 年，远远早于 Libra 币提出的 2019 年，DCEP 是中国中央银行在数字货币领域多年研究的结果。回顾中国数字货币大事件：2014 年央行成立法定数字货币专门研究小组；2016 年在原小组基础上设立数字货币研究所；2018 年 6 月、成立深圳金融科技有限公司；2019 年 8 月，中央发文在深圳开展数字货币研究和移动支付试点。在庆祝中华人民共和国成立 70 周年活动新闻中心首场新闻发布会上，中国人民银行行长易纲表示：央行的数字货币将替代部分现金，这些都足以说明在数字货币研究领域，中国一直走在科技金融的前沿。作为中国人，此刻是满满的自豪感。

2. 数字货币 DCEP 的流通渠道已具备世界最顶级的搭建

央行数字货币研究所所长穆长春表示："央行数字货币采用双层运营体系，所谓的双层运营体系就是指中央人民银行和商业银行这两层的运行体系，上面一层是人民银行对商业银行，下面一层是商业银行或商业机构对老百姓。"

目前国内除了各大商业银行，还有两大互联网商业巨头：2004 年，谁也预料不到一个名叫支付宝的小公司，能在 2019 年给世界带来如此大的改变：

（1）截止 2018 年，支付宝已经可以在 200 个国家和地区使用；

（2）支持美元、英镑等 20 余种货币的直接交易；

（3）可以在全球主要 38 个国家和地区跨境支付；

（4）支付宝在中国将现金交易降低到不足交易总量的 2%、并正在世界范围内逐步取代现金交易。

在支付宝之外，我国另一支付巨头平台（微信支付）也正在快速扩张，截止 2018 年 3 月，已经合规地接入 49 个国家和地区，可以在 20 个国家和地区跨境交易，支并持 16 种货币直接交易。

支付宝和微信支付平台必将成为 DCEP 在全球自由流动的最佳途径，很好的为 DCEP 成为世界货币提供助力，因为 DCEP 的设计，一开始就遵循与支付宝与微信等第三方支付平台无缝衔接的原则，并且要满足无需联网情况下也可使用。

相较于我国的移动支付平台（支付宝）2004 年上线，美国移动支付工具 Apple Pay 在 2014 年上线，韩国的三星 pay 在 2015 年才上线，这保证了在数字货币流通渠道方面，DCEP 的经验积累和技术水平领先世界其他数字货币。

至此，我们可以自信地告诉世界，DCEP 作为新世界货币的流通渠道完全具备世界一流的搭建。

3. DCEP 正为成为"新世界货币"蓄力

2019 年 7 月 17 日，Libra 币负责人马库斯在 Libra 币发行听证会上说："我相信，如果美国不引领数字货币和支付领域的创新，其他人将会这样做，特别是中国。"

他说的其实有点晚，毕竟中国央行在 2014 年已经开始了科技金融领域的创新，时至今日，数字货币和移动支付技术已经世界领先；DCEP 比 Libra 币上线运营条件更具备、技术更成熟。现在不上线的原因，只是在积蓄力量，等待经济实力问鼎世界第一以后，DCEP 以新世界货币的姿态屹立于世界之巅。

可以假设一种情形：Libra 币得到美国政府全力支持、Libra 币协会确定由美国几个大企业管理、libra 币信用背书的一揽子储备货币中不包含人民币且 50％以上是美元。相信 DCEP 一定会迅速上线，通过发行数字货币，推进人民币国际化，抢占成为"新世界货币"的制高点。经济战的最高形式是货币战，具有先发优势的中国，怎会轻易让出领先地位、输在起点。

央行数字货币研究所所长在一次采访中说，在 Libra 币没有发布时，我们研究所的工作制是 996，在六月份 Libra 币宣布在 2020 年上线后，我们的工作制已经变成是 8107。为央行数字货币研究专家的辛苦工作点赞！

2019 年 8 月，中央发文在深圳推进人民币国际化和数字货币先行示范区。或许这是 DCEP 作为"新世界货币"最后的演练：在试行中发现问题、解决隐患、确保 DCEP 数字货币在作为世界货币的流通中，放得出、看得见、管得住。

中国央行数字货币全球领先据国际清算银行

国际清算银行最新报告：中国的央行数字货币全球领先

2020 年 8 月

尽管 CBDC 的概念上世纪八十年代末就已被提出，但直到近两年才引起全球广泛关注，Facebook 发布 Libra 正是一个临界点。

同时，疫情也加速了支付方式的数字化趋势。

2020 年 8 月，国际清算银行（BIS）发布题为《央行数字货币崛起：动因、方法和技术》的报告，分析了全球央行数字货币（CBDC）的技术设计和政策立场，认为在手机使用率较高、创新能力较强的辖区，CBDC 项目指数更高，各国 CBDC 在动机、经济和技术设计上都存在明显差异，包括中国的央行数字货币 DC/EP 在内的三种先进设计对其他司法管辖区具有借鉴意义，并表示"目前最先进的 CBDC 项目可能是中国人民银行的项目"。

报告认为，非正规经济规模较大的经济体倾向于零售型 CBDC，而金融发展水平较高的经济体则倾向于批发型 CBDC。批发型 CBDC 的使用限于中央银行和金融机构之间，不面向公众，零售型 CBDC 则面向公众。例如，中国人民银行的 DC/EP 为零售型，加拿大银行的 Jasper 项目、新加坡金管局的 Ubin 项目、日本银行和欧洲央行的 Stella 项目为批发型。

BIS 数据显示，截至 2020 年 7 月中旬，全球至少有 36 家央行公布了零售或批发 CBDC 工作，厄瓜多尔、乌克兰和乌拉圭已经完成零售 CBDC 试点，6 个零售 CBDC 试点正在进行中，包括中国、巴哈马、柬埔寨、东加勒比货币联盟、韩国和瑞典。2020 年互联网上对央行数字货币的搜索量已超过比特币和 Libra，越来越多央行行长在公开演讲中对 CBDC 持正面态度。

全球央行数字货币竞赛白热化

早在 2014 年，厄瓜多尔央行就启动了名为"Dinerolectrónico"的数字货币项目，该项目允许个人通过中央银行运营的系统进行移动支付，然而由于该系统未能吸引大量用户，项目于 2016 年中止。

随着比特币和分布式账本技术（DLT）的普及，许多央行启动内部研究工作，以更好地了解分布式账本技术及其在货币中的潜在应用。2015 年，荷兰国家银行使用基于 DLT 的货币"Dukaton"进行内部实验，英格兰银行、新加坡金管局、加拿大银行等央行也在该时期进行了类似的内部实验。

从 2016 年起，许多中央银行针对特定目的启动了数字货币研究项目。加拿大银行于 2016 年初启动了"Jasper"项目，最初致力于研究基于分布式账本技术的银行间大额支付结算。新加坡金管局也于同年底在推出了"Ubin"项目，同样侧重于银行间支付。

2017 年后，香港金管局推出"LionRock"，欧洲中央银行和日本央行与 Stella 项目共同推出首个 CBDC 合作案例。沙特阿拉伯、阿拉伯联合酋长国、泰国也陆续宣布了关于批发型 CBDC 的跨境工作。

全球首个公开宣布的零售型 CBDC 来自瑞典央行 2017 年推出的"e-krona"项目，2020 年 2 月，瑞典央行宣布将与埃森哲公司开展一个试点项目，试验将持续到 2021 年 2 月。

虽然宣布时间并非最早，但 BIS 的这份报告指出，目前全球最先进的 CBDC 项目可能是中国人民银行的"DC/EP"项目，它已经开始在中国的四个城市进行试点。

与此同时，加拿大央行宣布目前尚无零售型 CBDC 的案例，但在现金使用突然下降或广泛采用私人数字货币的情况下，它正在开展零售型 CBDC 应急计划。东加勒比央行已经启动了一个名为"DXCD"的试点项目，巴哈马央行也启动了一个名为"Sand Dollar"的试点项目，于 2020 年下半年正式推出。

疫情的冲击更加速了支付数字化的转变。报告指出，社交隔离、公众对现金可能传播病毒的担忧、政府对个人支付救济金的计划都在加快数字货币提上日程，例如美国国会财政刺激措施法案的早期版本曾提及"数字美元"，作为政府快速支持个人的手段，以替代信贷转账或耗时的支票，美联储也在对零售型 CBDC

进行研究。

2020 年 7 月以来，日本、韩国、立陶宛等国也在数字货币布局中动作频繁，7 月 20 日 G7 已宣布将在 8 月底或 9 月初的 G7 峰会上就发行央行数字货币的合作事宜展开讨论。

中国的央行数字货币走在世界前列

在目前全球所有 CBDC 项目中，BIS 的这份报告认为，中国人民银行的项目处于最先进阶段。

CBDC 在中国的发展至少可以追溯到 2014 年。在去年底，中国人民银行宣布将开展零售 CBDC 的试点研究，即"DC/EP"项目。2020 年 4 月 20 日，中国人民银行发言人证实，将在深圳、苏州、成都、雄安和北京的"2022 年冬奥会办公区"进行试点。

报告认为，在世界上人口最多的第二大经济体引入 CBDC 可能会产生深远的影响。除了为目前交易使用的现金提供便利的补充，CBDC 还将打破中国目前支付宝和微信支付的移动支付双头垄断格局，这两家公司共同控制了 94% 的移动支付市场，DC/EP 或会为现有支付行业带来重新洗牌的机会。

目前 DC/EP 试点的架构属于"混合型 CBDC"模式，即双层运营体系，中国人民银行将发挥提供核心基础设施的作用，而商业银行、其他支付服务提供商和电信等中介机构将向公众提供服务。这种模式可以防止风险集中在央行，同时防止现有金融机构资源的浪费。

DC/EP 基础设施的主干将是一个混合系统，包括传统数据库和分布式账本技术。考虑到 DC/EP 作为货币体系中 M0 的替代定位，为了应付中国庞大的零售交易量，任何系统都必须能够每秒处理 30 万笔交易，纯分布式账本技术对于如此大规模的应用还不够成熟。例如，2018 年双十一期间网联的交易峰值达到每秒 92771 笔，而比特币是每秒 7 笔，Libra 白皮书显示其交易也仅支持每秒

1000 笔。

账户方面，基于松耦合特征，用户可以在日常交易中匿名使用 DC/EP 进行交易，运营商及时向央行提交交易数据，这样既能保证用户之间保持匿名，又能让央行"掌握必要的数据，以实施审慎监管，打击洗钱和其他刑事犯罪，同时缓解商业银行的工作量。"

BIS 的这份报告认为，通过分享有关央行数字货币驱动因素、方法和技术的信息，各国央行可以相互学习，进而补充这一领域的国际政策工作。对人类的未来而言，诸如新冠肺炎疫情等危机已经凸显了多样化支付手段的价值，任何支付方式都需要具有包容性，同时又能抵御广泛的威胁。虽然很难预测未来的挑战，但各国央行应继续着眼于长远，仔细考虑 CBDC 在未来一系列潜在情景中的作用。

1-8-7　《锄危觅机》聚焦"双循环"

聚焦"双循环"新发展格局

突如其来的新冠肺炎疫情终将使 2020 年成为中国和世界经济史上一个特殊节点。近期，中国谋划的"以国内大循环为主体、国内国际双循环相互促进"的新发展格局引发广泛关注。

1-8-7-1　如何理解"双循环"

1. "双循环"理论提出背景

自 2018 年美国对中国发动贸易战以来，中国国家主席习近平已多次号召自力更生。过去一年来，北京和华盛顿的关系一直在恶化，新冠疫情的暴发导致世界各国纷纷采取封锁措施，严重破坏了全球供应链。

新冠肺炎疫情造成了全球环境更大的不确定性，加速了传统国内国际循环模式的终结。

首先，疫情加速了百年未有之大变局，新旧世界秩序裂变时期已经到来。在国际秩序新平衡达到之前，外部世界不确定性会非常强。

第二，美国对中国的打压进一步升级。5 月 20 日白宫发布了对华战略报告，否定了过去 40 年对华接触政策，要对中国开展长期战略竞争。

第三，西方国家要求制造业本地化的战略诉求更强烈，不但强调高端制造业回流，防疫等广义安全产业也要求本地化。

第四，疫情期间全球的经济运行都不正常，造成外需的进一步萎缩，全球供应链也不稳定。

正是在这一背景下，中国领导层最近发出了对经济重点进行战略调整的信号。

一个名为"双循环"的理论日益流行。根据官媒对这一理论的解释，中国的设想是构建"以国内大循环为主体"、国内国际双循环相互促进的新发展格局。

在全球局势充满不确定性之际，中国政府重新强调通过升级国内消费和产业来促进国内循环是有道理的。

5 月 14 日，在中共中央政治局常委会的会议上，中国领导人首次提出了"双循环"理论。

2."双循环"提出的时间脉络

2020 年 5 月 14 日，中央政治局常务委员会会议提出，要充分发挥我国超大规模市场优势和内需潜力，构建国内国际双循环相互促进的新发展格局。

7 月 21 日，习近平总书记在主持召开的企业家座谈会上强调，要逐步形成以国内大循环为主体、国内国际双循环相互促进的新发展格局。

7 月 30 日，中央政治局会议释放出"加快形成以国内大循环为主体、国内国际双循环相互促进的新发展格局"的信号。

至此，可以理解为"形成国内大循环为主体、国内国际双循环相互促进新发展"的格局，不仅体现了中央发展战略转型的内涵，也适应了国内基础条件和新冠肺炎疫情发生后国际环境变化的特点，是中华民族伟大复兴战略全局和世界百年未有之大变局下修复经济均衡的应对之策，更是长远驱动内外经济均衡水平的跃升，让我国从经济大国迈向经济强国的重要一步。

3. "双循环"的全局性战略意义

从"国内大循环""国内国际双循环"这两个概念不断清晰、完善、深入的时间线上，可以看出中央的决策部署是全局性战略。

化繁为简地把握中国经济"双循环"的核心脉络，有助于更准确地理解这一新格局的本质内涵、全局思路和战略定位。

无论是"内循环"还是"外循环"，均将蕴含双维度的动态演进。其一是循环的内部变动，指向了"行稳"目标。其二是循环的整体变迁，指向了"致远"目标。由此衍生出"双循环×双演进"的四条主脉，共同构建起中国经济在新发展格局下的动态运行体系。

基于这一体系，中国"双循环"不仅是全球百年变局下修复经济均衡的应对之策，更有望长远驱动内外经济均衡水平的跃升，赋予中国经济金融以富含稀缺性的全球配置价值。

下一步，各级政府和企业要深刻领会、认真贯彻，不断提高驾驭复杂局面、处理复杂问题的本领，以更高效的资源流动和要素配置打通国内国际双循环"血脉"，逐步形成以国内大循环为主体、国内国际双循环相互促进的新发展格局，加快培育新形势下我国参与国际合作和竞争的新优势。

4. 国内大循环≠"闭门造车"

对于"国内大循环"的理解，一些海内外舆论解读为"中国要停止开放""中国发展将向内转"……不难看出，这里隐藏着担忧与怀疑：中国是否会停下改革开放的脚步，关起门来封闭运行？

事实上，习近平总书记在企业家座谈会上，已经针对上述疑虑旗帜鲜明地给予回应："以国内大循环为主体，绝不是关起门来封闭运行，而是通过发挥内需潜力，使国内市场和国际市场更好联通，更好利用国际国内两个市场、两种资源，实现更加强劲可持续的发展。"

中国是在开放环境下构建完整的内需体系，绝对不会也不能把国内国际"双循环"割裂开。"以国内大循环为主体，以扩大内需为战略基点，不是要闭关锁国、主动与国际脱钩，而是要进一步扩大高水平对外开放，特别是要从商品和要素流动型开放走向制度型开放，打开国门搞建设，要以高水平的开放助推国际经济大循环。"中国"一带一路"倡议从提出到近年来的执行，走的正是这样一条路。

中国拥有 14 亿人口、4 亿中等收入群体的超大市场，随着人均 GDP 突破 1 万美元，潜在的经济活力和发展余地、空间还非常大。国内大循环的真谛是"开放"。通过释放国内经济和消费潜力，结合保护知识产权、改善营商环境、减少准入限制，吸引跨国企业把产业链、工厂、店面继续留在中国，分享中国消费市场的蛋糕。

面对新冠肺炎疫情下的困难形势，以国内大循环带动国际循环，国际循环促进国内大循环，两个循环畅通互动，经济运行才能有条不紊。

5. "双循环"战略从五个方面理解

一是中国经济现在应从过去完全依靠"国际大循环"到现在国内国际"双循环"。二是国内国际"双循环"不是完全隔离的，而是相互交融的。国内循环也要嵌入到国际循环，但在遇到紧急情况必要的时候，国内循环也能够运行下去；国际循环也要包含国内循环，服务于国内循环。三是"双循环"的基础是供应链和产业链，以及在此基础上的价值链。四是产业链有扩散机制，要利用国内国际两种市场和两种资源，发挥比较优势和规模经济，如中国超大规模市场优势和内需潜力，来形成"双循环"。五是打造"双循环"，要通过产业升级，适应第四次技术革命的发展潮流，促进产业基础和产业链的现代化。

6. "双循环"如何有效运行？

中央政治局会议在部署这一新发展格局时，提到了"持久战"一词。这意味着"双循环"的新发展格局已被提到了中长期战略高度。那么，"双循环"又将如何运行？动能在哪里？重启中国经济增长，需要兼顾国内外的环境变化，需要兼顾短期和中长期的考虑，需要充分发挥国际经济循环的有利条件，从多个角度保障中国经济增长行稳致远。

所谓经济"双循环"是指国内经济循环与国际经济循环之间有机联系的交互联系与沟通，是两个市场、两种资源利用关系平衡的新意境。

就外部循环而言，首先，维护和改进以WTO为代表的经济全球化平台，是后疫情时代仍然要做好的事情。过去几年中国与经济全球化结为了命运共同体。即使在疫情发生之后个别国家出现了去中国化的声音，中国在作出调整提出国内大循环的同时强调国内国际双循环，便是进一步明确了该继续开放的需要继续开放的态度。未来的中国，将同时积极参与WTO以及联合国等国际性组织的机制改革，并将经济全球化的理念从经济共同体提升到安全共同体、健康共同体、卫生共同体、坏境共同体的新高度。与经济全球化结伴而行。

尽管目前的形势表明，美国阻止中国经济增长的意图已经分外明显。但是中国的经济增长从来不是由美国决定的。这是因为，其一，经济全球化的主导力量不是政府而是市场力量，其中关键的力量是跨国企业和全世界的消费者。美国政府设置的种种阻碍经济全球化的栅栏都可以被市场力量所消融和化解。

其二，世界经济联系已经极其广泛而深刻，形成你中有我、我中有你的复杂格局。除非是世界经济格局大洗牌重组，否则一些技术性、战术性手段是难以割断彼此之间的联系的。

其三，经济全球化给几乎所有国家和人们都带来了利益好处，中国固然是受益方，其他各方包括美方在内也是受益方。功利主义、实用主义是西方的文化传统，这种文化传统会超越意识形态，过去是与社会主义的苏联合作交往的基础，今天依然也是与社会主义中国合作交往的基础。

中国从 2013 年就开始提出的"一带一路"倡议是"和平之路、繁荣之路、开放之路、创新之路、文明之路"，向世界特别是广大发展中国家贡献了中国智慧和中国方案。从 2013 年提出，到亚洲基础设施投资银行成立运营，短短 7 年时间，认同并参与"一带一路"的国家及地区已经远远超出预想。"一带一路"平台搭建起来之后，取得许多成就，如中欧班列、中国在沿线国家开展的工业园和大型项目建设等，为参与各方均带来了利益。只要按照"一带一路"开行之初定下的"五通"（政策通、设施通、贸易通、资金通、民心通）为平台建设核心去做，国内国际双循环会越做越好，道路会越走越宽。

1－8－7－2 构建国际国内双循环新发展格局面临的挑战

1. 从国内循环角度看，制约国内循环可持续进行的关键在于供需匹配失衡及创新不足

一是供给体系生产能力不足，供给难以满足需求。我国境外消费规模连续多年位居世界第一。以旅游服务为例，2019 年我国在旅行方面产生的账户赤字位居经常账户之首，高达 1583 亿美元。

国内供给体系难以满足国内消费者对于高质量产品和服务的需求。二是需求体系的收入分化，居民的消费能力增速减缓。我国社会销售品零售总额增速由 2008 年的 21％下降至 2019 年的 8％。受新冠疫情冲击，我国居民消费意愿和消费能力受到进一步限制。如何刺激国内消费增长、发展居民需求新增长点、同时提高居民收入，已经成为合理匹配消费端与供给端的重要任务。三是内部创新投入不足。我国创新体系及基础研究能力有待完善提升，全社会创新投入还有待进一步提高。相关研究报告显示，中国 2016 年研发强度（即研发经费在 GDP 中所占比重）为 2.11％，与美国 1957 年研发强度 2.15％相当；而美国 2016 年的科学研究投入比例已经达到 32.6％。2016 年中国的全部研发经费中基础研究只占 5％，一些需要长期投入的基础研究领域缺乏足够投入。

2. 从国际循环角度看，进出口产业的上下游环节匹配失衡，进出口商品技术含量存在较大差距

虽然我国对外贸易已经跨过了"出口两亿件衬衣才能进口一架飞机"的初级发展阶段，但从目前进出口结构看，我国出口产品技术层次总体仍然低于进口产品，芯片、汽车、发动机、特种钢材、精密仪器等高技术含量产品仍然处于高度依赖外需阶段。国家外汇管理局数据显示，2019 年我国知识产权使用费逆差高达 201 亿美元。出口和进口商品技术含量上的较大差距，将影响国内循环融入国际循环的程度，制约经济高质量发展。

3. 从国内国际循环的联接看，两个循环之间高效衔接存在梗阻点

一是国际合作挑战加大。在疫情持续蔓延、各重要经济体经济重启与抗击疫情之间仍然存在较深矛盾的情况下，国内国际供应链、产业链之间的联系受阻。二是对落后产能的保护。两个循环之间需要高度的市场一体化结构，而基于社会因素、利益群体

等原因导致客观存在的对于落后产能的各种程度的保护，低效益、高消耗、以规模为导向的落后产能势必与技术创新和国内消费为导向的国内循环相矛盾，从而成为国内外循环之间的梗阻点。三是垄断企业和产业持续存在。垄断企业和产业由于其在市场存在的绝对优势，势必形成贸易保护和技术封闭，垄断市场以控制价格，在一定程度上阻碍了技术交流与进步。

4. 新冠疫情加剧产供销体系紊乱，推动全球经济增速下滑甚至深度衰退

新冠疫情加剧了全球产供销体系紊乱，进而导致全球经济下滑。今年上半年，世界主要经济体都出现负增长。根据国际货币基金组织预测，2020年世界经济增速将下降4.9%；世界银行预测将下降5.2%；作为世界经济的火车头和最大引擎，中国经济将小幅下降1.6%，已经在全球主要经济体中表现最佳。随着全球疫情发展的长期性和不确定性加剧，国内外产供销联系也将长期受阻，对全球经济带也将来更深层次的不利影响；若应对不利，将可能导致全球经济深度衰退。

1-8-8 聚焦后疫情为一带一路赋予新内涵

1-8-8-1 习近平聚焦后疫情为一带一路赋予新内涵

"一带一路"国际合作高级别视频会议6月18日在北京成功举行。国家主席习近平在致辞中指出，我们愿同合作伙伴一道，把"一带一路"打造成团结应对挑战的合作之路、维护人民健康安全的健康之路、促进经济社会恢复的复苏之路、释放发展潜力的增长之路。

在全球疫情蔓延、世界经济受到严重冲击的形势下，习近平主席首次提出复苏之路、增长之路，并为合作之路、健康之路赋予新的释义，丰富了"一带一路"倡议的内涵，指明了"一带一路"倡议的现实意义。

应对疫情，中国始终呼吁世界各国走团结应对挑战的合作之路。在二十国集团领导人应对新冠肺炎特别峰会上，习近平主席建议"发起二十国集团抗疫援助倡议，在世界卫生组织支持下加强信息沟通、政策协调、行动配合"；在第73届世界卫生大会上，习近平主席呼吁"要加强信息分享，交流有益经验和做法"；在中非团结抗疫特别峰会上，习近平主席表示疫苗研发成果率先惠及非洲国家……这无一不是中国诚意和中国行动的有力见证。

面对疫情，中国也始终坚持走维护人民健康安全的健康之路。从"始终把人民生命安全和身体健康摆在第一位"，到"以民为本、生命至上"，再到"尽最大努力保护人民生命安全和身体健康"，无一不是对"健康之路"的最好诠释。此外，以高质量推进共建"一带一路"为抓手，与各国拓展在贸易投资、科技创新、基础设施建设、数字经济、医疗卫生等领域合作，同时继续坚定维护多边主义，推动贸易投资自由化和便利化，种种倡议都为促进经济社会恢复的复苏之路、释放发展潜力的增长之路指明了方向。

1-8-8-2 共同战"疫"中，"一带一路"朋友圈的守望相助

共同战"疫"中，"一带一路"朋友圈的守望相助让"合作之路"倍加温暖。

缅甸提供大米，斯里兰卡提供红茶，蒙古国捐赠3万只羊，巴基斯坦拿出全国医院库存口罩捐赠中国……

中国也已向122个"一带一路"合作伙伴提供抗疫援助，向25个国家派出医疗队，毫无保留同各国全面分享防控和诊疗经验。

……

习近平指出，各国命运紧密相连，人类是同舟共济的命运共同体。无论是应对疫情，还是恢复经济，都要走团结合作之路，

都应坚持多边主义。

——以民为本、生命至上，"健康之路"让梦想照进现实。

3月22日，北京时间15点，肯尼亚时间10点。

在内罗毕的肯雅塔国立医院和埃尔多雷特的莫伊教学与转诊医院，由中国医疗企业提供的新冠肺炎人工智能辅助筛查系统"火眼AI"、影像云系统及CT设备，正式进行当地确诊的新冠肺炎病情诊断。

这得益于入选第二届"一带一路"国际合作高峰论坛成果清单的在肯尼亚开展的健康医疗诊断集成项目。该项目为肯尼亚提供高端医学影像诊断全套解决方案，计划使76%的民众享受到"小病不出郡"的就近就医服务。

"着力深化医疗卫生合作，加强在传染病疫情通报、疾病防控、医疗救援、传统医药领域互利合作，携手打造'健康丝绸之路'。"习近平对"健康丝绸之路"的阐释正在各国积极合作中逐渐成为现实。

——疫情蔓延，阻挡不了各国走在"复苏之路"上的坚定脚步。

全球疫情之下的海运、空运遇阻后，中欧班列保持高频率发车。数据显示，今年5月，中欧班列累计开行1033列，同比增长43%，发送货物9.3万标箱，同比增长48%，单月开行列数和发送量均创历史新高。"钢铁驼队"为维持国际物流畅通、稳定国际供应链、保障抗疫物资运输发挥了积极作用。

当前，中老铁路、匈塞铁路、柬埔寨双燃料电厂、埃及新行政首都项目稳步推进，一大批暂时停工的项目最近也开始复工复产，这些都将为各国战胜疫情、恢复经济提供强大助力。

1-8-8-3　危机中育新机，变局中开新局

——"增长之路"于危机中育新机，在变局中开新局。

　　"这次疫情是一场危机，但我们要勇于在危机中抓住新机，在变局中开创新局。"观大势，谋全局，习近平主席多次强调育新机，开新局。

　　"云外交"场合，习近平主席着力推动拓展数字经济、智慧城市、清洁能源、5G等新业态合作，为各国经济发展创造更多新增长点，为全球经济复苏注入更多新动力源。

　　相通则共进。"一带一路"倡议提出近7年，中国已同138个国家签署"一带一路"合作文件，共同开展2000多个合作项目，解决了成千上万人就业，为带动世界经济发展作出了巨大贡献。

　　正如习近平主席所说，促进互联互通、坚持开放包容，是应对全球性危机和实现长远发展的必由之路，共建"一带一路"国际合作可以发挥重要作用。

　　而经过疫情考验，高质量共建"一带一路"必将有更牢固的基础，更充沛的动力，更广阔的前景。

　　相通则共进。"一带一路"倡议提出近7年，中国已同138个国家签署"一带一路"合作文件，共同开展2000多个合作项目，解决了成千上万人就业，为带动世界经济发展作出了巨大贡献。正如习近平主席所说，促进互联互通、坚持开放包容，是应对全球性危机和实现长远发展的必由之路，共建"一带一路"国际合作可以发挥重要作用。而经过疫情考验，高质量共建"一带一路"必将有更牢固的基础，更充沛的动力，更广阔的前景。

　　"世上本没有路，走的人多了，也便成了路！"这一带一路，是人类首次开创，以人为本、命运共同、同舟共济、合作共赢之路！是人类共同开创美好未来，创造人类新的辉煌之路！！！是人类发展的必由之路！！！

　　习主席的讲话为一带一路赋予新内涵，我们抓住这个机遇，构建人类命运共同体，为世界经济发展注入新动力，同世界各国紧密相连，坚决维护人民健康安全，坚持多边主义，中国国际地位会更上一层楼，中国的未来会更美好！

第 2 章
金融科技之科技

　　金融科技指通过利用各类科技手段创新传统金融行业所提供的产品和服务，提升效率并有效降低运营成本。目前金融科技中常见的技术手段主要有大数据、区块链、云计算、人工智能等新兴前沿技术，这些技术对金融市场以及金融服务业务供给产生重大影响，从来带来变革性的新兴业务模式、新技术应用、新产品服务等。

2-1　金融科技的几个发展阶段

2-1-1　金融科技 1.0

　　金融科技 1.0 阶段，也可以界定为金融 IT 阶段，即传统的金融机构以使用 IT 技术、自上而下推动、数据封闭为主，科技领先并不能带来大幅的领先优势。在这个阶段，金融机构仅仅是简单地运用 IT 软硬件来满足机构业务电子化、自动化，提升服务效率的需求，IT 公司并没有直接参与到机构的业务当中去。在整个金融体系内部，IT 系统也只是一个典型的成本部门。银行信贷系统、清算系统的 IT 升级改造就是这一阶段的典型代表。

　　金融科技 1.0 阶段的代表产业包括软件服务商、硬件服务商、短信、外呼、传统数据（工资单、银行流水、征信）等。传统金融机构在软件服务商和硬件服务商这两块的投入占整个科技投入的 60％以上。

其中，传统金融机构硬件不仅仅包括服务器，还包括计算机、存储、网络设备、ATM 及其他硬件等。金融软件服务商是指由专业的软件企业运用成熟的 IT 技术，依照银行的业务及管理要求，提供应用软件开发及相关技术服务以提升业务处理效率、改进业务流程，实现 IT 技术对银行决策、管理、业务等方面的支持。

传统金融机构的 IT 部门通常较少完全独立开展软件产品应用开发业务，大多会与专业的银行软件厂商进行合作开发，以提高管理及开发效率。在二者合作过程中，银行 IT 部门通常负责项目监督、进程跟踪及业务开展情况的检查，软件供应商的业务团队通常按照银行的各项要求或合同约定的开发目标负责实施项目各环节的具体开发工作及技术服务工作。

综上所述，金融科技 1.0 时代也可以视为以 IT 服务外包为特点的科技发展阶段。

2-1-2 金融科技 2.0

随着移动互联网技术、大数据、云计算、人工智能和区块链等技术的快速发展，金融科技从 1.0 时代发展到 2.0 阶段，智能化得到极大的提高，应用场景也更广阔。1.0 时期的科技与金融结合主要出现在传统金融机构中，随着互联网技术的成熟发展，金融科技 2.0 开始进入千家万户，并改变人们日常生活中的金融活动模式。

所以，金融科技 2.0 时代又可称作 Social FinTech，即社会化的金融科技。该阶段由三股力量共同推动，我们通过三个英文单词来解释它。

Socialise——以前科技虽然与金融结合较为紧密，但更多是传统金融机构在使用，就算各家银行都推出了网银，但使用频次并不高，随着移动互联的出现，金融科技开始进入千家万户，最简单的一个例子是大家出门都不用再携带钱包。

Financial——在 2013 年前后民间金融同时爆发的代表业态有 P2P、网贷、理财、众筹、第三方支付、消费金融等，民间金融的爆发同时也为广大百姓普及了一次金融理念，即除了传统银行储蓄贷款之外，还有多样化的投资及筹资渠道。

Technology——此处其实技术发生了一个小的范式创新，三股技术同时推动社会的进步，包括 MT（Mobile Technology）、CT（Cloud Technology）和 DT（Data Technology）。随着移动互联网金融的爆发，手机成为人体另一个"器官"，并且使得获取大数据中的全量数据成为可能，从而让不用面签放款成为可能。云计算大大降低了企业创立的成本，其运算的弹性也让流量峰值算力与常备算力所需的花费大大降低，有效扩展了互联网金融企业及上下游服务企业的服务能力，让业务呈指数级增长成为可能。

金融科技 2.0 的特点表现为互联网金融机构引领科技潮流，传统金融机构选择性跟进，自下而上推动（许多互联网金融机构管理十分扁平）。由于为多家企业服务，出现了一批打通数据的优秀第三方服务公司，当然业务井喷之后也出现了一定的乱象，该阶段整体监管环境较为宽松。

金融科技 2.0 阶段的代表产业包括风控建模、第三方支付、大数据风控（黑名单、设备反欺诈、活体识别、位置信息）、在线仲裁、电子签章、聚合客服系统、云计算、网络安全等。在金融科技 2.0 阶段，金融科技被普遍使用，金融科技企业对数据的使用更开放、大胆。

2-1-3　金融科技 3.0

金融科技 3.0 时代又可称作 Intelligent FinTech，即智能金融科技。具体来看，在金融方面，随着国家金融体制改革和对金融监管的日益完善，金融行业的经营将以持牌为主。智能是金融科技 3.0 阶段的主题，在科技方面，5G、物联网、AI、区块链等也将在基础设施完善之后井喷而至。

5G 是物联网也是区块链的基础，5G 成熟后许多现在需要大量实时同步数据传输来远程完成的事情都可以快速实现了，物联网的完善将极大推动整个供应链的效率，供应链金融中商流、物流、信息流、资金流可以做到四流合一。而作为一种去中介的新型社会组织方式，区块链被称为"信任机器"，它将极大地改变现在金融机构作为中介的运作方式。AI 技术现阶段的两大瓶颈在于数据不足和算力不足，但随着基础设施的健全，AI 技术应用将会迎来爆发期，从而极大地推动金融行业变革。

金融科技 3.0 的特点表现为：经营智能化（金融作为一个完全数字化的产业，有许多环节都可以使用科技手段替代）、监管智能化（中国的监管现状为混业经营和分业监管，分业监管既有历史原因也有 IT 手段不足、混业监管成本高的原因，随着万物互联人工智能的介入，监管也会迎来一个新的阶段）、大量无法使用新技术的传统金融企业生存艰难。

2-2　基于人工智能的金融服务

人工智能：是计算机科学的一个分支，它企图了解智能的实质，并生产出一种新的能够以与人类智能相似的方式做出反应的智能机器。人工智能在某些领域将彻底改变人类目前的生产模式，取代更多人、更多重复性工作，劳动密集型工作将完全由机器人来完成，人力将投向更具价值的事情。

而金融行业具有牵涉面广、高度信息化、海量大数据、高频交易、安全级别要求高、监管要求严格等特殊性，在业务流程中如果人工环节较多，容易产生操作风险与道德风险。因此，金融行业也是较早开始探索人工智能技术，并已经在智能客服、远程身份认证、智能化运维、智能投顾、智能理赔、反欺诈与智能风控、网点机器人服务等场景中进行应用，从而加快产品创新的周期，节约系统建设和运维成本，实现系统的快速迭代与升级等。

从广义上看，人工智能是运用计算机工具替代传统人力，从事复杂工作的技术应用。机器学习是人工智能的一部分，主要是指通过机器不断学习的方式，建立符合目标要求模型算法的过程。在金融领域可用于信用评分、投资者管理、金融市场宏观/微观分析、合规科技与监管科技等。

在业务合规方面，国内外的一些大型金融科技企业已开始布局将人工智能技术应用于金融合规领域。主要是运用自然语言处理（Natural Process Language）或其他机器学习途径，将相应监管规定转化为共识语言，在分析处理后导入相应的风险分析模型或风险报告系统，推出各种具有针对性的合规方案，如金融风险建模、反洗钱监控和客户需求监测整理等，帮助机构达到合规要求。目前，国内已有企业开始尝试通过人工智能技术自动学习大量监管法规，向市场化机构提供金融合规方案，以及防止和应对金融犯罪的方案。此类运用大大减少了企业在法规理解与运用、业务性质判断等环节所耗费的大量资源。此外，通过机器学习积累经验还可以帮助识别违规交易，帮助合规人员提高决策效率。

人工智能和机器学习在KYC（Know Your Customor）过程中的使用，有助于提升用户体验。KYC业务流程在一定程度上会占用大量人力、物力和时间资源，因此，一些金融机构已开始布局远程KYC的智能化升级，主要是利用人工智能开展客户信息识别和预检验：一是进一步提升远程图像的识别匹配能力；二是初步测算企业风险，并自主决定是否对客户开展延伸审查；三是在获客领域运用，帮助机构在大量客户资源中初步筛选出符合监管要求的目标客户群体。国内一些机构采用机器学习开展KYC，通过不断积累的投资行为等数据进行实时动态调整，以充分反映用户风险承受能力的变化，进而按照相应的规则提供投资建议，优化资产配置。

现有的人工智能使金融行业服务模式更加个性化、智能化。人工智能技术将大幅改变金融现有格局，使金融服务（银行、保险、理财、借贷、投资等方面）更加个性化和智能化；

使金融大数据处理能力大幅提升。长期以来，金融行业沉淀了大量数据，通过运用人工智能的深度学习系统，金融行业有足够多的数据供机器进行学习，并不断完善甚至能够超过人类的知识回答能力，尤其在风险管理与交易这种对复杂数据的处理方面，人工智能的深度神经网络技术的应用将大幅降低人力成本并提升金融风控及业务处理能力，这在实践应用中已经得到了检验。

2-2-1　人工智能的技术原理

2-2-1-1　通用技术

人工智能是个"大"领域，它涵盖了大数据、机器学习、AR/VR 等广泛的技术，也应用于工业 4.0、O2O、智能家居等广阔的生产、生活领域。人工智能是一个三层技术架构：基础资源层、核心算法层、仿生感知层。

基础资源层——类似于人的大脑器官。（1）数据工厂。海量的数据是机器学习的基础，是形成机器"思维逻辑"的基础资源。大数据技术和应用发展，为人工智能奠定了基础。（2）运算平台。负责数据的存储和计算。海量数据的"存储"形成人的"记忆"。超级计算能力满足对数据的处理能力。近年来，云计算的发展，让数据的存储和计算能力达到较高水平，为人工智能提供了坚实的技术基础，同时成本大幅下降。

核心算法层——类似于人的神经网络。（1）机器学习。机器学习是决策树、贝叶斯网络、聚类等核心算法，模拟人处理问题的决策逻辑。（2）深度学习。通过更多的机器模型和海量数据训练，模拟人的特征，提升分类和预测的准确性。预测人的行为是模拟人的重要特征。根据接收的信息，做出判断，然后行动，这是"机器人"的完整逻辑。

仿生感知层——类似于人的感知器官。（1）自然语言处理—耳朵。包括语音识别、语义识别、自动翻译。实际上是让机器听得见、听得懂，接受外部指令或者沟通语言。语言成为机器和人沟通的一种重要通道。（2）AR/VR—眼睛。AR/VR作为计算机视觉的一种，是目前比较热的人工智能领域之一，目标是能像人一样立体的观察世界，适应自然。（3）自动控制—手。自动控制系统是机器根据指令模拟人的行为，也是人工智能应用的表现形式。

三层结构是人工智能技术运转的工作逻辑。人工智能逻辑可以应用于广泛的应用场景，重塑生产智造、智能生活、在线教育等领域。围绕着这些应用，带动人工智能产业生态圈的快速发展。

2-2-1-2　核心技术

人工智能包括众多的基础理论、技术的分支和不同的应用领域等。人工智能的核心技术总体上可以分为5个大类：问题求解，知识与推理，学习与发现，感知与理解，系统与建造。

（1）问题求解技术

一般来说，一个智能体有多个未知评价的直接选项的时候，可以首先检验各个不同的能导致已知评价的状态的可能行动序列，然后选择最佳序列。寻找这样的序列的这种过程被称为搜索。搜索是问题求解的核心技术，其又可以分为针对无信息问题的搜索和有信息问题的搜索。对无信息的问题，常用的搜索策略包括广度优先搜索、代价一致搜索、深度优先搜索、深度有限搜索、迭代深入搜索和双向搜索。对有信息的问题，可以采用启发式的策略进行搜索，常用的策略有贪婪最佳优先搜索、存储限制的启发式搜索。此外，对于大规模的问题，无法使用系统化的全局搜索方法，则需要采取局部搜索策略，常见的局部搜索方法包括爬山法、模拟退火法、局部剪枝法、遗传算法等智能算法等。

基于智能计算方法的问题求解技术，经过几十年的发展和沉淀，已经延伸到了我们生活中的方方面面。几乎可以说，我们的衣食住行处处都有人工智能的求解技术在发挥作用。问题求解技术的发展动力，主要来自求解问题规模的爆炸式增长和对求解速度的要求的不断提高。以求解铁路机车头的调度问题为例，英国利兹大学 Anthony Wren 团队自 20 世纪 60 年代起首次使用计算机解决该问题。历经几十年的发展，求解技术能够处理的问题规模已今非昔比。为了在求解效果和速度间取得平衡，今天的求解方法也变得更加复杂。

总体来说，如今的问题求解技术可以分为两大类，第一类将启发式方法和数学方法进行融合，第二类采用纯粹的启发式方法。第一类求解技术常见于生产制造领域，当变量和约束规模异常庞大时，普通的启发式方法求解的效果无法令人满意。因此，在启发式的求解框架内，使用了数学规划方法，提高求解过程的收敛速度。当原始问题的模型结构较为复杂，难以构造为集合覆盖或切分的模型，或是约束的结构较为复杂，如带有非线性、条件概率等时，难以使用数学方法作为求解过程的辅助，则更多的是使用第二类纯启发式方法进行求解。

当今，用来求解大规模复杂问题的启发式方法通常采用了多种仿生、随机、记忆的策略，来保证快速、收敛和避免局部最优，这类方法通常被称为演化计算。常见的演化计算方法有遗传算法、模拟退火算法、禁忌搜索、粒子群算法、蚁群算法等。

（2）知识与推理技术

　　知识是智能的基础和来源，推理是人脑的基本功能。在涉及部分可观察的环境中，知识和推理同样扮演着至关重要的角色。基于知识和智能体，能够将常识和当前的感知结合起来，从而在选择行动之前推导出当前状态的隐藏部分。常用的知识表示模型有谓词逻辑、产生式表示、语义网络、框架法等，推理方法包括自动推理和不确定推理等。

　　众所周知，科学家们每天都在面临着纷至沓来的新信息、新科学报告、全新的试验结果，而这种信息爆炸给研究者带来了压倒性的挑战。但是通过阅读评估文献以及经验的综合，应用认知计算可以解决这些问题。例如，IBM Watson 是认知计算系统的杰出代表，也是一个技术平台。认知计算代表一种全新的计算模式，它包含信息分析、自然语言处理和机器学习领域的大量技术创新，能够助力决策者从大量非结构化数据中揭示非凡的洞察。人工智能知识与推理技术的发展，实现了对大量知识和信息的高度融合和推理，在极短的时间内得到想要的结果，大大降低了时间、人力、物力和财力成本。

　　（3）学习与发现技术

　　机器学习是近年来较为热门的学习方法，机器学习是指机器通过对自身行为的修正或性能的改善，使计算机具有学习能力，自动获取新的事实及新的推理算法。机器学习的研究重点在于学习过程的认知模型、机器学习的计算理论、新的学习算法，以及综合多种学习方法的学习系统，涉及的主要技术则包括符号学习、连接学习和统计学习等。而机器发现客观规律的过程被称为知识发现，主要从大规模数据集或数据库中，发现知识或模式。知识发现的方法主要有统计方法、粗集和模糊集、智能计算等。知识发现的任务分为数据总结、概念描述、分类、聚类及相关性分析等。

类神经元网络，是一种重要的学习与发现技术。Google Alpha Go 在人机围棋比赛中以 4：1 战胜李世石，便是透过深度学习掌握更抽象的概念，而这种学习与发现技术是运用了类神经元网络。其实，早在 1943 年，Warren Mc Culloch 以及 Walter Pitts 便首次提出神经元的数学模型。到 1958 年，心理学家 Rosenblatt 提出了感知器的概念，在前者神经元的结构中加入了训练修正参数的机制，此时的类神经网络的基本学理架构正式搭建完成。

传统的类神经网络技术，是透过随机指派权重，然后透过递归计算的方式，根据输入的训练数据，逐一修正权重，来让整体的错误率可以降到最低。不过人类很快就遇到计算能力的不足的难题。所以到 20 世纪 80 年代后期，整个类神经网络的研究进入寒冬。这个寒冬一直持续到 2006 年，在 Hinton 以及 Lecun 小组提出了一篇关于深度学习的论文之后，终于有了复苏的希望。其提出的方法是利用神经网络的非监督式学习，来作为神经罗王初始权重的指派，更为重要的是指出了"深度学习"这一新概念。类神经网络技术的诞生与发展，推动了人工智能学习与发现技术的飞速提升。

（4）感知与理解技术

机器感知，涉及图像、声音、文字等信息的识别问题。模式识别的主要目标是用计算机模拟人的识别能力，运用知识表达和推理方法，从图形、图像和语音中抽取模式，表征或刻画被识别对象类属特有的信息模型。模型识别钱，先提取样例模式，通过模式辨识或机器学习识别出分类知识，并对新的待识别模式进行类似判决。

目前，主要存在基于模式、基于判别函数、基于统计决策、神经网络、自适应等模式识别的方法。而对自然语言、图形和图像的理解，是智能系统进行交流的关键。自然语言理解需要大量知识表示方法和推理技术，需要在机器翻译和语言理解程序等方面，进行长期努力。而机器视觉在图像处理基础上，需要模式识别、机器学习理解视觉对象，由低层视觉提取对象特征，通过机器学习理解视觉对象。

在过去几年中，深度学习在解决诸如视觉识别、语音识别和自然语言处理等很多问题方面都表现出色。在不同类型的神经网络当中，卷积神经网络是得到最深入研究的。早期由于缺乏训练数据和计算能力，要在不产生过拟合的情况下训练高性能卷积神经网络是很困难的。而标记数据和近年来 GPU 的发展，使得卷积神经网络研究大规模涌现并取得一流结果。

（5）系统与建造技术

自从 1965 年第一个专家系统 DENDRAL 问世后，出现了各种实用的系统。专家系统的发展依托大量知识表示技术和推理技术，是最早发展的智能系统。其中，Agent 系统便是典型的分布式智能系统，由多个智能个体协作或竞争体现智能，是比群智能高级的社会智能。Agent 系统综合应用了知识表示、推理、机器学习、模式识别等领域知识，而最为直观的，智能机器人便是一个具有感知机能、运动机能、思维机能、通信机能的 Agent 系统，需要 Agent 理论和多 Agent 协同系统的技术支持。机器人是人工智能标志性研究成果，是一个实用的 Agent 系统，是人工智能多个基础应用的综合。

Agent 概念最早由麻省理工学院的 Minsky 教授在 Society of Mind 一书中被正式提出，他认为社会中的某些个体经过协商之后可求得问题的解，这些个体就是 Agent。随着计算机技术的日益发展，IT 界对 Agent 理论和技术的研究不断深入，其应用也在不断扩大，但对其却始终未形成一个确切的定义。在众多定义之中，以 Wooldridge 和 Jennings 提出的定义最为流行。他们认为 Agent

必须具有四大基本特性，包括自主性、交互性、反应性和主动性。

　　经过多年的发展，Agent 技术早已从人工智能中拓展开来，并与许多其他领域相互借鉴和整合，呈现出不俗的表现。其作为一门涉及和开发软件系统的新方法，已经得到了学术界和企业界的广泛关注。目前，对 Agent 的研究大致可分为智能 Agent、多Agent 系统和面向 Agent 的程序设计三大方面，这三大方面相互缠绕、相互关联。Agent 技术的每一次发展和飞跃，都提高了人工智能系统和建造技术的能力。而随着信息化技术越来越多地覆盖人们的生活，针对 Agent 技术的研究和应用越来越广泛，Agent 技术与计算机等其他技术间的合作越来越紧密，人工智能技术的发展空间也相应扩发，应用领域日趋广泛。

2-2-1-3　金融领域内主要使用的人工智能技术

　　在金融领域里，人工智能主要包括了五个关键技术：机器学习、生物识别、自然语言处理、语音技术以及知识图谱。

　　（1）机器学习

　　机器学习是一门多领域交叉学科，涉及统计学、系统辨识、逼近理论、神经网络、优化理论、计算机科学、脑科学等诸多领域。通过研究计算机怎样模拟或实现人类的学习行为，以获取新的知识或技能。通过知识结构的不断完善与更新来提升机器自身的性能，这属于人工智能的核心领域。基于数据的机器学习是现代智能技术中的重要方法之一，研究从观测数据（样本）出发寻找规律，利用这些规律对未来数据或无法观测的数据进行预测。Alpha Go 就这项技术一个很成功的体现。

　　根据学习模式将机器学习分类为监督学习、无监督学习和强化学习等。根据学习方法可以将机器学习分为传统机器学习和深度学习。

　　在金融领域中，监督学习用于对历史数据进行分析与挖掘，寻找数据集的规律，对未来趋势进行预测；无监督学习用于尝试解析数据的结构，并确定其背后的主要规则。其中聚类分析可将金融数据集基于某些相似性概念将其进行分组，而因子分析旨在识别金融数据中的主要内在规律或确定数据的最佳表示方法，在复杂投资组合中，因子分析可提取数据的主要成分；深度学习方法通过深度网络的表示从大数据学习各种规律，可用于金融交易各个阶段；而强化学习则使用算法来探索和寻找最有利的交易策略。

（2）生物识别

生物识别是利用计算机运算能力和生物统计学方法将要被识别的生物特征样本和预先存储的人体固有生物特征末班进行匹配，得出相似度值，从而达到鉴别个人身份目的的技术。指纹识别、人脸识别、虹膜识别和指静脉识别是金融行业应用范围较广的四项生物识别技术。指纹识别技术涉及指纹样本采集、存储以及OCR技术，通过指纹采集设备提取指纹后经过指纹识别算法完成身份识别认证；人脸识别过程主要包括获取人脸图像、进行特征提取、根据特征进行决策分类、完成匹配识别；虹膜识别采用红外成像技术，将虹膜纹络特征输入计算机，成为可供自动识别的人体身份证；指静脉识别通过指静脉识别仪取得个人手指静脉分布图，将特征值存储，然后进行匹配，进行个人身份鉴定的技术。目前，以上生物识别技术应用于客户身份验证、远程开户、无卡取款、刷脸支付、金库管理和网络借贷等金融场景。

（3）自然语言处理

所谓自然语言处理，简单的说就是让机器去理解人的文本或语言，以弥补人类交流（自然语言）和计算机理解（机器语言）之间的差距，如机器翻译、情感分析、智能问答、信息提取、语言输入、舆论分析、知识图谱等都属于自然语言处理的范畴。多数金融行业的信息为文本形式，比如新闻公告、年报、研究报告。通过用自然语言处理和知识图谱，大大提升了获取数据、数据清洗、深度加工的效率。尤其在投研领域中，自然语言处理技术可对海量复杂的企业信息进行处理，以提取出行业分析人员最关注的数据指标，并进行投资分析总结，最大化减少不必要的重复人力劳动，帮助分析人员进行投资决策。

（4）语音技术

在金融领域应用中，语音识别通常与语音合成技术结合在一起，提供一个基于语音的自然流畅的人机交互方法。语音识别整个过程包含语音信号处理、语音切除、声学特征提取、模式匹配等多个环节。其应用遍布各大银行及证券公司的电话银行、信用卡中心、委托交易、自助缴费、充值等各项业务，以及语音导航、业务咨询、投诉申报、账户查询、政策咨询等非交易性业务中。由于金融行业带有明显的客户服务属性，加上完整而庞大的业务及数据积累，因此成为语音技术的重要应用阵地。

（5）知识图谱

知识图谱就是把所有不同种类的信息（Heterogeneous Information）连接在一起而得到的一个关系网络。知识图谱提供了从"关系"的角度去分析问题的能力。在金融行业的数据中，存在着大量的实体和关系。通过知识谱图技术将其建立连接形成大规模的实体关系网络，可以突破传统的计算模式，从"实体－关系"的角度整合金融行业现有数据，结合外部数据，从而更有效地挖掘潜在客户、预警潜在风险，帮助金融行业各项业务提升效率、发挥价值。融合了知识图谱技术的金融业务系统，自动化、智能化程度会得到质的提升，金融机构的数据抓取服务能力、风控与反欺诈能力及精准获客能力也将大大提高。

2－2－2　人工智能在金融领域的应用现状

在大数据、物联网、云计算和信息安全等技术日益成熟的基础上，随着大规模低成本并行计算的实现和深度学习算法的出现，人工智能进入加速发展阶段，开始渗透到生活的各个领域。将人工智能应用到金融领域之中，能够有效缓解金融服务智慧化不足的问题，驱动金融行业的智慧化发展。

（1）缺乏自主研发能力

金融行业关系着国家经济发展命脉，自主研发能力的高低直接决定了人工智能在金融行业的应用状况。虽然目前我国人工智能的应用范围和应用领域相对广泛，并且与发达国家之间的差距并不明显，但是我国人工智能在产业布局、品牌打造、基础研究和认证体系上依然存在明显的不足。事实上，只有掌握了高端部件的制造技术和核心算法之后，金融创新才有更强的底气，才能在激烈的市场竞争中占据一席之地。

（2）应用相对保守

传统金融机构受到传统经济发展模式的影响，其创新过程一直不太顺利。部分学者认为只要传统经营的经验和模式足够成熟，可以不必大范围应用人工智能，他们担心人工智能可能带来的不可预测风险，也担心人工智能大范围的应用将会影响个人的职业生涯和发展前途。此外，在监管机制日益严格的环境下，智能投顾的许可和牌照的发放尚在讨论范畴之内，金融界普遍对人工智能的应用持保守态度。

（3）生态系统尚未成立

人工智能在金融行业的应用还处于摸索和探索阶段，金融机构在人工智能的研发上各自为政，独立地进行生产、研发和测试，尚未建立统一的行业规范、技术标准和协同机制。人工智能是高度复杂的科技，其中牵涉的操作系统和通信协议是不可随意变更的，否则，可能影响人工智能整体的布局和拓展。金融机构单打独斗的能力是有限的，投入成本较小的金融机构根本难以形成竞争优势，很难在激烈的市场竞争中获得生存和发展的机会。

2-2-3　人工智能在金融领域的应用价值

（1）进一步提升金融行业的数据处理能力与效率

随着金融行业的不断发展，沉淀了大量的金融数据，主要涉及金融交易、个人信息、市场行情、风险控制、投资理财等。这些数据容量巨大且类型丰富，占据宝贵存储资源，而从业人员却无法对其进行有效分析以供决策。虽然大数据技术的出现对此有所改善，但在数据的有效处理与分析挖掘上仍面临较大挑战。随着深度学习技术的不断进步，金融机构尝试讲海量数据供机器进行学习，不断完善机器的认知能力，几乎达到与人类相媲美的水平，尤其在金融交易与风险管理这类对复杂数据的处理方面，人工智能有效利用大数据进行筛选分析，帮助金融机构更高效的决策分析，提升金融业务能力。

（2）推动金融服务模式趋向朱东华、个性化、智能化

传统技术模式下，金融行业通过面对面交流的方式发掘客户需求。同时，受人力资源和数据处理能力影响，金融行业只面向少数高净值客户提供定制化服务，而对绝大多数普通客户仅提供一般化服务。随着人工智能的飞速发展，机器能够模拟人的认知与功能，使批量实现对客户的个性化和智能化服务成为可能，这将对目前金融行业沟通客户挖掘客户金融需求的模式发生重大改变。整体而言，人工智能技术将显著改变金融行业现有格局，在前台可以用于提升客户体验，使服务更加个性化；在中台辅助支持金融交易的分析与预测，使决策更加智能化；在后台用于风险识别和防控保障，使管理更加稳定化。

（3）提升金融风险控制能力

在传统模式下，金融机构难以查证客户提供信息的真实性，

交易双方信息的不对称性，使得金融机构面临用户隐瞒甚至编造个人信息的业务风险。人工智能可从大量内部与外部数据中心，获取关键信息进行挖掘分析，对客户群体进行筛选和欺诈风险鉴别，并将结果反馈给金融机构。此模式不仅能够降低交易双方间存在的信息不对称性，有效降低业务风险，还能对市场趋势进行预测，为金融机构提供有效的风险预警，引导金融机构提前采取预防措施。

（4）助推普惠金融服务发展

人工智能技术能够通过降低金融服务成本、提升金融服务效率和扩大金融服务范围，来推动普惠金融服务的快速发展。智能营销能帮助金融机构精准获客，减少营销成本；智能风控能在金融业务流程中提高风险识别、预警、防范及风险定价能力，降低风险甄别成本。智能金融业务模式可以让金融可以有效延伸与普惠到最需要的弱势人群，从而推动金融的普惠化。

2-2-4　人工智能在金融行业产生的影响

人工智能技术的进步，使得复杂任务分类准确率大幅提升，从而推动了计算机视觉、机器学习、自然语言处理、机器人技术、语音识别技术等技术的快速发展。人工智能未来将会为各个产业带来巨大变革，其影响将远大于互联网对各行业的改造，在更多领域改变人类生产生活状态，并产生更多的价值。人工智能会取代更多人的工作，也会让很多现在重复性的工作被取代，让人可以从劳动密集型的工作中被解放出来，释放人力去做更具有价值的事情。而具体到金融领域，主要有以下几方面的影响。

（1）提高运营效率

金融行业于整个社会存在巨大的交织网络，沉淀了大量有用或者无用数据，包括各类金融交易、用户信息、市场分析、风险控制、投资顾问等，数据的级别都是海量单位。同时，大量数据又是以非结构化的形式存在，如用户的身份证扫描件信息，既占据宝贵的存储资源、存在重复存储浪费，又无法转成可分析数据以供分析。因此，金融大数据的处理工作面临极大挑战。通过运用人工智能的深度学习系统，能够基于足够多的数据进行学习，并不断完善甚至能够超过人类的知识回答能力。尤其在风险管理与交易这种对复杂数据的处理方面，人工智能的应用将大幅降低人力成本，并提升金融风控及业务处理能力。

人工智能能够替代金融机构业务操作中的重复劳动与冗余服务，以智能化的方式提升服务的质量和效率。以虚拟用户服务为例，传统的用户服务以电话呼叫为主，通过设置人工座席或者自动语音应答，满足用户业务咨询、信息查询、交易处理和业务推广等需求。传统的用户服务建设成本高，客服人员流动性大，专业知识难以积累，导致用户服务效率低下。基于人工智能的虚拟服务，相比于传统的用户服务，拥有更为丰富的知识库和更为高效的处理速度，能够根据用户提供的情况，快速给出解决方案。此外，虚拟服务能够同时服务多个用户，成倍提升服务效率。

人工智能在数据信息处理方面所具有的天然优势，不仅体现在能够高效处理大量数据，更体现在能够将非结构化数据有效地转化为结构化数据，并进行分析。此外，人工智能还具有自然语言处理能力，能够从语义层面上对数据信息进行分析，而不仅仅是停留在符号处理上。这便使人工智能技术能够帮助金融从业人员，从数以亿计的信息中筛选出具有较强相关性的信息，并从中提炼有价值的信息，提高从业人员的信息搜索效率。

（2）降低损失风险

纵观整个智慧金融体系，其实存在两个层次风险：一是道德风险，二是经营性风险。近几年，不断有"跑路"等负面消息萦绕在智慧金融周围，一些企业资金并没有进入到实体业务，而是进入庞氏骗局。于是，去伪存真或成为智慧金融于未来较长一段时间中发展的首要任务。智慧金融亟须对金融资本构成有效监控，将企业资金与个人用户之间的资金进行分离，有效规避风险。而这其中，离不开人工智能等技术力量的支持。

人工智能不仅能够降低交易双方存在的信息不对称性，有效降低道德风险，还能对市场进行预测，为金融机构提供风险预警功能，让金融机构能够提前采取预防措施。且金融机构很难查证用户提供的私人信息是否真实，交易双方信息不对称，容易发生逆向选择，产生道德风险。人工智能能够从用户提供和搜索到的大量信息中，提取出有用部分，对该部分进行分析并反馈给金融机构，从而降低金融机构和用户之间的信息不对称性。此外，人工智能通过知识图谱，可以将用户之间隐含的关系网络梳理清楚，能够有效识别组团欺诈。

人工智能对网络上的各种新闻事件、政府报告以及经济数据等资料进行分析，能够预测市场的走势和风险等级，为金融机构提供风险预警，使金融机构能够事先采取预防措施，控制交易规模，降低风险损失。

（3）提升服务质量

人工智能能够改善金融服务模式，为用户提供更优质的服务体验。例如，人工智能技术支持下的智能客服机器人产品，能够使客服服务更加人性化。智能客服机器人能够为用户提供24小时不间断的全方位服务，用户金融服务的获取不再受到时间或空间的限制。同时，智能客服机器人有助于降低占线率给用户带来的不便，减少用户的等待时间。更为人性化的是，智能客服机器人在提供服务的同时，能够对用户的声波和表情进行分析，感知用户情绪，根据用户情绪判断服务紧急程度，为用户提供最高质量的服务。

人工智能对金融服务质量的提升，还突出体现在帮助金融机构更了解用户需求，提供更契合的增值服务上。以智能投顾为例，智能投顾能够在投资者购买基金等金融产品时，为他们提供免费的咨询建议服务，帮助投资者选择更加符合投资目的的产品，增强投资者对于金融机构的信任度和忠诚度。

人工智能技术于金融领域的应用，使金融机构更了解用户，进而可以提供更多更具针对性的产品及服务。相应地，用户拥有了更多的自主权，及更大的选择空间。用户会在不同金融机构提供的产品、服务中进行选择，表现不佳的机构、产品或服务会失去用户，而被市场淘汰。这便激励金融机构不仅将人工智能等技术应用于金融领域，更对技术进行不断优化，以更好地提高投资能力，更契合用户需求，防止投资收益被其他机构所超越，从而使得金融行业的整体服务水平上升。

2-2-5 人工智能的金融应用场景

（1）智能支付

智能支付使用的核心技术主要有生物识别和自然语言处理。

在电子支付领域，用户身份的识别是支付起点。随着人工智能的发展，已经开始出现了利用生物识别替代原本通用的介质安全认证＋密码认证方式的趋势。包括指纹识别，人脸识别，视网膜识别，虹膜识别，指静脉识别、掌纹识别等等，已开始进入支付领域，大大方便用户。进一步通过对人"无意识"行为举止（如行走步态、打字节奏等）、"更自然"交互方式（如语音交互、脑机结合）进行特征采集，最终让人可以借助更少甚至无附属物体的情况下完成身份识别，实现"人即载体"的便利，达到无感识别。

（2）智能营销

智能营销使用的核心技术主要有自然语言处理、生物识别、大数据统计/分析。

人工智能可以通过用户画像和大数据模型精准定位用户需求，实现精准营销。智能营销在可量化的数据基础上，基于大数据、机器学习计算框架等技术，分析消费者个体的消费模式和特点，以此来划分客户群体，从而精准找到目标客户，进行精准营销和个性化推荐。智能营销相较于传统营销模式，具有时效性强、精准性高、关联性大、性价比高、个性化强的特点。

（3）智能客服

智能客服使用的核心技术主要有自然语言处理、人机交互和智能机器人、知识图谱。

智能客服主要以语音技术、自然语言理解、知识图谱等为技术基础，掌握客户需求，通过自动获取客户特征和知识库等内容，帮助客服快速解决客户问题。智能客服系统采用自然语言处理技术，提取客户意图，并通过知识图谱构建客服机器人的理解和答复体系。同时，智能客服以文本或语音等方式与用户进行多渠道交互，为广大客户提供了更为便捷和个性化的服务，在降低人工服务压力和运营成本的同时进一步增强了用户体验。

（4）智能征信

智能征信使用的核心技术主要有大数据统计/分析和知识图谱。

智能征信是指充分利用大数据和人工智能技术，有针对性地通过多渠道采集被征信对象多维度的数据，从信息中提取各种特征，利用固有的分析模型，对征集到的数据进行分析，对被征信对象进行多维度画像，并根据模型评分，对其（企业/个人）的信用进行评估。

（5）智能风控

智能风控使用的核心技术主要有生物识别、大数据统计/分析和知识图谱。

智能风控根据履约记录、社交行为、行为偏好、身份信息和设备安全等多方面行为"弱特征"进行用户风险评估。侧重大数据、算法和计算能力，强调数据间的相关关系，其在风控环节中的应用主要有三：计算机视觉和生物特征的识别，即利用人脸识别、指纹识别等活体识别来确认用户身份；反欺诈识别，智能风控利用多维度、多特征的数据预示和反映出用户欺诈的意愿和倾向；正常用户的还款意愿和能力的评估判断。对于交易、社交、居住环境的稳定性等用户行为数据，运用神经网络、决策树、梯度算法、随机森林等先进的机器学习算法进行加工处理。

知识图谱、深度学习等技术应用于征信反欺诈领域，其模式是将不同来源的结构化和非结构化大数据整合在一起，分析诸如企业上下游、合作对手、竞争对手、母子公司、投资等关系数据，使用知识图谱等技术大规模监测其中存在的不一致性，发现可能存在的欺诈疑点。在信用风险管理方面，关联知识图谱可以利用"大数据＋人工智能技术"建立的信用评估模型，刻画精准的用户画像，对用户进行综合评定，提高风险管控能力。

（6）智能投研

智能投研使用的核心技术主要有知识图谱、大数据统计/分析和机器学习。

智能投研是在金融市场数据的基础支持上，通过深度学习、自然语言处理等人工智能方法，对于数据、事件、结论等信息进行智能整合，并实现数据之间的智能化关联，为金融机构的专业从业人员（如分析师、基金经理、投资人等）提供投研帮助，辅助决策，提高其工作效率和分析能力。

对于金融机构来说，人工智能技术的介入，将使得传统投研的各个环节发生一定的优化和革新，解放大量基础的投研信息搜集类工作，而前期信息搜集的耗时性和不全面，也是传统投研中较为主要的缺陷。另外，通过结构化、模型化的处理方式，智能投研也提升了金融市场海量原始数据的效用和价值。

（7）智能投顾

智能投顾使用的核心技术主要有知识图谱、生物识别和大数据统计/分析。

智能投顾又称机器人投顾，主要是根据投资者的风险偏好、财务状况与理财目标，运用智能算法及投资组合理论，为用户提供智能化的投资管理服务。智能投顾基于机器学习算法以及信贷资产组合优化理论，来构建标准化的数据模型，并利用网络平台和人工智能技术对客户提供个性化的理财顾问服务。传统投资顾问需要站在投资者的角度，帮助投资者进行符合其风险偏好特征、适应某一特定时期市场表现的投资组合管理。智能投顾的应用价值在于可代替或部分替代昂贵的财务顾问人工服务，将投资顾问服务标准化、批量化，降低服务成本，降低财富管理的费率和投资门槛，实现更加普遍的投顾服务。

（8）智能开户

智能开户使用的核心技术主要有生物识别和大数据统计/分析。

智能开户是指利用身份证识别、银行卡识别、人脸识别技术等高新技术，通过识别身份证件与银行卡，读取相关信息并自动填写，客户确认无误后进入人脸识别环节，通过视频检测的人脸识别来确保开户人与身份证件持有人是同一人，以达到实名认证的目的，从而实现金融行业开户流程的网络化、安全化、多样化和智能化。

智能开户改变了金融领域的传统办事方式，以一种更加高效便捷的服务模式贴近用户。

（9）智能交易

智能交易使用的核心技术主要有人机交互、智能机器人和生物识别。

机器学习利用神经网络或其它学习方法完成计算机的自我学习和应用，采集各种输入信息，研究这些因素在历史层面上的相关性，并且学习到一种成千上万模型的集合，根据学习的结果给出最佳的市场预测。机器人可以不眠不休的对市场环境做出反应。并且还可以将自己的成交历史进行复盘推演，重新纳入历史数据库，不断优化自己的交易算法。

（10）智能理赔

智能理赔使用的核心技术主要有大数据统计/分析和知识图谱。

可以通过人脸识别、证件识别（还包括不属于图像的声纹识别）等方式进行身份认证，处理非结构类数据，比如将笔迹、扫描、拍照单据转换成文字，对视频、现场照片进行分类处理等等。在理赔环节，基于图像识别技术，能快速查勘、核损、定损和反欺诈识别，较比传统的人工核损流程极为节省时间，能明显提升理赔效率，降低骗保概率。采用智能理赔风险输入、加工和预警输出，能够定义风控规则进行筛查，完善理赔风险闭环管理机制。通过大数据，能提高信息搜索、流转效率与准确度，自动识别场景中的风险，对保险操作风险进行积极管理，提升服务时效和服务质量。基于人工智能建模技术的开发，相比传统的智能风控技术，模型拥有强大的自学习能力。从数据自身特点出发，以异常行为作为学习规则，通过自聚类、回归分析等技术手段对合规、合理与高风险医疗行为搭建分类器，结合健康险政策、规范化路径及医疗知识库，对案件的输出配备相应的医学和政策解释，作为核查及控费的指导依据。

（11）智能保险

智能保险使用的核心技术主要有知识图谱和大数据统计/分析。

（12）智能机具

智能机具使用的核心技术主要有人机交互和智能机器人、生物识别、大数据统计/分析。

金融领域的智能机具是随着人脸识别、静脉核验、虹膜识别等生物识别技术越来越广泛应用于金融自助设备，ATM 交易效率和安全大幅提升，随着传统 ATM 需求增速放缓，具有大额高速存取款、发卡、转账、查询、回单打印等功能，支持存折、存单、支票，可购买理财以及进行理财测评等特色业务模块的升级版现金类智能设备悄然兴起，诸如智慧柜员机、超级柜台等非现金类自助设备将越来越得到市场青睐，引领行业发展。

智能机具是实现智能银行的重要载体，智能银行业务办理高效快捷的主要原因是通过智能机具完成了大量业务凭证扫描、各种协议签订和相关信息确认等工作。为此，要实现网点智能化就应该充分利用智能机具的业务流程优势。

（13）智能安保

智能安保使用的核心技术主要有人机交互和智能机器人、生物识别、大数据统计/分析、自然语言处理。

充分利用身份识别认证、深度学习智能分析、可视化大屏显示等先进技术，联动防盗报警、身份识别终端、门禁、停车场管理等子系统，实现数据深度挖掘、网络互联以及事前报警、提升银行安保管理精细化水平。将 AI 应用于智能网点可疑人员排查、自助银行异常数据采集、软件平台消安一体化预警、AI 值守自动化等方面。集安消联动、布撤防监管、客流量统计、人脸识别、自助银行智能化防范、防护舱管理、金库远程授权、智能运维巡检、统计分析等银行业务融于一体。

2-2-6 人工智能在金融应用的发展前景

人工智能一般分为计算智能、感知智能和认知智能三个层次。从目前人工智能在金融领域的应用趋势来看，计算智能通过与大数据技术的结合应用，已经覆盖几乎所有的金融应用场景，可以认为计算智能已经成为当今金融行业发展的基石。感知智能层面，以人脸识别和语音识别为代表的生物智能技术也已经在金融领域广泛应用，特别是在智能支付、智能客服和反金融欺诈等领域的技术应用已相当成熟；未来可以预见，随着感知智能技术准确性和安全性的不断提升，其在金融领域的应用场景也将呈现快速增长态势。认知智能是当前人工智能技术领域最为前沿和火热的领域，引领了本轮人工智能技术的发展潮流；从应用领域来看，智能风控、智能投顾和智能投研等应用场景，是人工智能在金融行业应用最具潜力的领域，也是技术要求最高、应用难度最大的领域，在未来必将成为人工智能应用的核心方向。

2-3 基于大数据的金融服务

随着大数据不断在金融业的深入应用，其将为传统金融机构、金融科技公司带来更多的创新点和想象空间。金融机构可借助于新兴的大数据技术广泛收集各种渠道信息进行分析应用与风险管理，运用大数据进行精准营销与获客，通过大数据模型为客户提供金融信用，进而辅助各项业务决策等。

大数据配合云计算的算法，同时成为金融领域在降低合规成本、提升服务质效过程中的重要技术支撑。金融机构通过合规工具与风险控制系统有机结合，利用大数据技术建立数据库，并进行数据挖掘，一方面，进一步简化了数据搜集与处理过程；另一方面，通过更加深入地挖掘数据，反映业务或机构的真实现状，及时准确地帮助机构监测分析各类金融风险。此外，多维数据处理技术与可视化数据处理技术的进步将有助于机构更加直观、有效地开展风险分析和管理，也有助于其更加深入地了解监管规制的政策导向与合规意图。

目前，一些金融科技企业和银行已开始将合规科技运用于KYC和客户信用评价等业务流程之中。一些金融科技企业借助可靠的电商平台底层数据资源，通过大数据、云计算，建立风险分析模型，分析小微企业的信用记录、交易状况、投诉纠纷等相关运营数据及现金流、销售增长、仓储周转等财务数据，同时结合其海关、税务、电力等方面的可靠数据，多角度判断、印证个人或企业的信用状况。

2-3-1 什么是大数据技术

所谓大数据技术，是指伴随着大数据的采集、存储、分析和应用的相关技术，是一系列使用非传统的工具来对大量的结构化、半结构化和非结构化数据进行处理，从而获得分析和预测结果的一系列数据处理和分析技术。

大数据能够提供数据集成、数据存储、数据计算、数据管理和数据分析等功能，具备随着数据规模扩大进行横向扩展的能力。从功能角度，大数据技术主要分为数据接入、数据存储、数据计算、数据分析四层，以及资源管理功能。

数据采集：负责数据的采集、传输工作，大规模的数据经过数据采集步骤后，才能够进入大数据平台，从而进行后续处理。

数据存储：负责大规模数据的存储工作。主要利用分布式和多副本策略保证 TB、PB 量级的数据安全有效地进行存储，从而为数据分析提供底层支持。

数据计算：负责大规模数据的计算工作。利用分布式和规范化的编程框架，将单机难以处理的数据分散到多台机器上进行分析处理，从而使大规模数据挖掘成为可能。

数据分析：负责大规模数据的业务应用。与具体业务场景相结合，通过统计分析、深度学习等上层数据应用技术，将大数据转化为有价值的信息，实现业务增值。

资源管理：负责大数据平台的资源管理工作。利用调度队列，实时监测等机制，及时发现大数据平台中的服务器健康状况并自动化调度，保证集群工作质量。

2-3-1-1　大数据技术的十大核心

（1）数据核心原理：从"流程"核心转变为"数据"核心

大数据时代，计算模式也发生了转变，从"流程"核心转变为"数据"核心。Hadoop 体系的分布式计算框架已经是"数据"为核心的范式。非结构化数据及分析需求，将改变 IT 系统的升级方式：从简单增量到架构变化。大数据下的新思维——计算模式的转变。

科学进步越来越多地由数据来推动，海量数据给数据分析既带来了机遇，也构成了新的挑战。大数据往往是利用众多技术和方法，综合源自多个渠道、不同时间的信息而获得的。为了应对大数据带来的挑战，我们需要新的统计思路和计算方法。

（2）数据价值原理：由功能是价值转变为数据是价值

大数据真正有意思的是数据变得在线了，这个恰恰是互联网的特点。非互联网时期的产品，功能一定是它的价值，今天互联网的产品，数据一定是它的价值。

数据能告诉我们，每一个客户的消费倾向，他们想要什么，喜欢什么，每个人的需求有哪些区别，哪些又可以被集合到一起来进行分类。大数据是数据数量上的增加，以至于我们能够实现从量变到质变的过程。

（3）全样本原理：从抽样转变为需要全部数据样本

需要全部数据样本而不是抽样，你不知道的事情比你知道的事情更重要，但如果现在数据足够多，它会让人能够看得见、摸得着规律。

数据这么大、这么多，所以人们觉得有足够的能力把握未来，对不确定状态的一种判断，从而做出自己的决定。这些东西我们听起来都是非常原始的，但是实际上背后的思维方式，和我们今天所讲的大数据是非常像的。

（4）关注效率原理：由关注精确度转变为关注效率

关注效率而不是精确度，大数据标志着人类在寻求量化和认识世界的道路上前进了一大步，过去不可计量、存储、分析和共享的很多东西都被数据化了，拥有大量的数据和更多不那么精确的数据为我们理解世界打开了一扇新的大门。大数据能提高生产效率和销售效率，原因是大数据能够让我们知道市场的需要，人的消费需要。大数据让企业的决策更科学，由关注精确度转变为关注效率的提高，大数据分析能提高企业的效率。

竞争是企业的动力，而效率是企业的生命，效率低与效率高是衡量企业成败的关键。一般来讲，投入与产出比是效率，追求高效率也就是追求高价值。手工、机器、自动机器、智能机器之间效率是不同的，智能机器效率更高，已能代替人的思维劳动。智能机器核心是大数据制动，而大数据制动的速度更快。在快速变化的市场，快速预测、快速决策、快速创新、快速定制、快速生产、快速上市成为企业行动的准则，也就是说，速度就是价值，效率就是价值，而这一切离不开大数据思维。

（5）关注相关性原理：由因果关系转变为关注相关性

关注相关性而不是因果关系，社会需要放弃它对因果关系的渴求，而仅需关注相关关系，也就是说只需要知道是什么，而不需要知道为什么。这就推翻了自古以来的惯例，而我们做决定和理解现实的最基本方式也将受到挑战。

（6）预测原理：从不能预测转变为可以预测

大数据的核心就是预测，大数据能够预测体现在很多方面。大数据不是要教机器像人一样思考，相反，它是把数学算法运用到海量的数据上来预测事情发生的可能性。正因为在大数据规律面前，每个人的行为都跟别人一样，没有本质变化，所以商家会比消费者更了消费者的行为。

（7）信息找人原理：从人找信息，转变为信息找人

互联网和大数据的发展，是一个从人找信息，到信息找人的过程。先是人找信息，人找人，信息找信息，现在是信息找人的这样一个时代。信息找人的时代，就是说一方面我们回到了一种最初的，广播模式是信息找人，我们听收音机，我们看电视，它是信息推给我们的，但是有一个缺陷，不知道我们是谁，后来互联网反其道而行，提供搜索引擎技术，让我知道如何找到我所需要的信息，所以搜索引擎是一个很关键的技术。

大数据还改变了信息优势。按照循证医学，现在治病的第一件事情不是去研究病理学，而是拿过去的数据去研究，相同情况下是如何治疗的。这导致专家和普通人之间的信息优势没有了。原来我相信医生，因为医生知道得多，但现在我可以到谷歌上查一下，知道自己得了什么病。

（8）机器懂人原理：由人懂机器转变为机器更懂人

不是让人更懂机器，而是让机器更懂人，或者说是能够在使用者很笨的情况下，仍然可以使用机器。甚至不是让人懂环境，而是让我们的环境来懂我们，环境来适应人，某种程度上自然环境不能这样讲，但是在数字化环境中已经是这样的一个趋势，就是我们所在的生活世界，越来越趋向于它更适应于我们，更懂我们。哪个企业能够真正做到让机器更懂人，让环境更懂人，让我

们随身携带的整个的生活世界更懂得我们的话，那它一定是具有竞争力的了，而"大数据"技术能够助我们一臂之力。

（9）电子商务智能原理：大数据改变了电子商务模式，让电子商务更智能

商务智能，在今天大数据时代它获得的重新的定义。例如：传统企业进入互联网，在掌握了"大数据"技术应用途径之后，会发现有一种豁然开朗的感觉，就像在黑屋子里面找东西，找不着，突然碰到了一个开关，发现那么费力地找东西，原来很容易找得到。大数据思维，事实上它不是一个全称的判断，只是对我们所处的时代某一个纬度的描述。

大数据时代不是说我们这个时代除了大数据什么都没有，哪怕是在互联网和 IT 领域，它也不是一切，只是说在我们的时代特征里面加上这么一道很明显的光，从而导致我们对以前的生存状态，以及我们个人的生活状态的一个差异化的一种表达。

（10）定制产品原理：由企业生产产品转变为由客户定制产品

下一波的改革是大规模定制，为大量客户定制产品和服务，成本低、又兼具个性化。比如消费者希望他买的车有红色、绿色，厂商有能力满足要求，但价格又不至于像手工制作那般让人无法承担。因此，在厂家可以负担得起大规模定制带去的高成本的前提下，要真正做到个性化产品和服务，就必须对客户需求有很好的了解，这背后就需要依靠大数据技术。

在互联网大数据的时代，商家最后很可能可以针对每一个顾客进行精准的价格歧视。我们现在很多的行为都是比较粗放的，航空公司会给我们里程卡，根据飞行公里数来累计里程，但其实不同顾客所飞行的不同里程对航空公司的利润贡献是不一样的。所以有一天某位顾客可能会收到一封信，"恭喜先生，您已经被我们选为幸运顾客，我们提前把您升级到白金卡。"这说明这个顾客

对航空公司的贡献已经够多了。有一天银行说"恭喜您，您的额度又被提高了，"就说明钱花得已经太多了。

2-3-1-2　大数据技术的主流架构

当前大数据已经渗透到每个行业和领域，成为重要的生产因素。在大数据环境下，数据是海量的，且呈爆发式增长，数据类型复杂多样，除结构化数据外，还有大量半结构化和非结构化数据。大数据应用需求也很复杂，包括复杂多表关联查询、即席查询、离线数据批量处理等。传统事务型数据库是针对事务型处理设计的，采用行存储和 Shared Disk 架构，硬件方面采用小型计算机＋磁盘阵列的配置。而面对大数据的分析处理型应用，传统的数据库在处理海量数据方面表现出明显的不足。针对传统数据库处理大数据瓶颈以及大数据的应用需求，衍生了多项大数据技术。当前市面上有几种主流的处理架构：MPP 数据库、Hadoop、Storm、ApacheDrill 技术。

（1）MPP 数据库

MPP 数据库是新型数据库类型，采用 SharedNothing＋MPP 架构，通过列存储、高效压缩、粗粒度智能索引等多项大数据处理技术，结合 MPP 架构高效的分布式计算模式，完成对海量高密度结构化数据的分析类应用的支撑，运行环境多为低成本 PC Server，具有高性能和高扩展性的特点。MPP 数据库擅长处理高价值密度的结构化数据，适合大规模复杂分析，海量数据查询、关联等场景，例如数据仓库、数据集市、企业级报表、统计分析、即席查询、多维分析等，广泛应用到行业数据仓库和各类结构化数据分析领域。

MPP 数据库可以有效支撑拍字节（PB）级别的结构化数据处理。一方面，MPP 数据库具备 ACID 的特性，可以满足原子性、一致性等要求，支持关系模型，进行基于关系模型设计。另一方面，MPP 数据库使用 SQL 引擎，运用标准接口，开发效率高，应用迁移方便。又一方面，MPP 数据库基于 Share Nothing 架构，可以横向扩展数百个节点，支撑 PB 级别的数据处理。再一方面，MPP 数据库存储结构化数据，有明显的星状和雪花模型结构，便于进行 OLAP 分析、多维分析，并可基于开放的 X86 架构服务器部署，且平台建设成本低。

（2）Hadoop

基于 Hadoop 生态的大数据技术，主要针对非结构化数据的存储和计算、实时流处理等传统关系型数据库较难处理的数据和场景。Hadoop 依托于开源社区的优势，以及相关技术的不断进步和迭代更新，可支撑对于非结构、半结构化数据处理、复杂的 ETL 流程、复杂的数据挖掘和计算模型。

Hadoop 技术采取键值对存储方式，简单低耦合方式存储数据。采用分布式文件系统，基于 HDFS 的分布式文件系统，具有明显的存储优势，可以存储海量的结构化、半结构化、非结构化数据。此外，Hadoop 应用灵活的 MR/RDD 编程模式，存储结构化、半结构化和非结构化数据，实现全量数据存储。另可基于开放的 X86 架构服务器部署，扩容成本低，并具扩展性，可扩展到上千节点。

在大数据处理中，MPP 数据库和 Hadoop 技术均有其各自的优劣势以及适用的场景。在实际应用中，往往采用 MPP 数据库和 Hadoop 技术混搭的方案，充分发挥各自的优势，实现功能互补，以解决诸多复杂的需求。对于大规模的复杂分析、即席查询、多表复杂关联等场景，由 MPP 数据库处理；而非结构化数据处理、流处理以及大规模批量复杂作业，则由 Hadoop 架构负责。MPP 数据库和 Hadoop 技术的混搭方案可以实现对全量数据的处理，满足各行业对大数据的应用需求。

（3）Storm

随着大数据业务的快速增长，针对大规模数据处理的实时计算变成了一种业务上的需求，缺少"实时的 Hadoop 系统"已经成为整个大数据生态系统中的一个重要缺失。Storm 正是在这样的需求背景下出现的，并很好地满足了这一需求。Storm 是一个自由的开源、分布式的实时计算系统，它可以快速可靠地处理庞大饿数据流。Storm 很简单，支持多种编程语言，使用灵活，它为分布式实时计算提供了一组通用原语，可被用于"流处理"之中，实时处理消息并更新数据库。Storm 也可被用于"连续计算"，对数据流做连续查询，在计算时就将结果以流的形式输出给用户，它可以方便地在一个计算机集群中编写与扩展复杂的实时计算。Storm 处理速度很快，在一个小集群中，每秒可以处理数以百万计的消息。许多知名的企业诸如淘宝、支付宝、阿里巴巴、Groupon、乐元素、Admaster 等都基于它做开发。

（4）ApacheDrill

为帮助企业用户寻找更为有效、加快 Hadoop 数据查询的方法，Apache 软件基金会发起了一项名为"Drill"的开源项目。Drill 已经作为 Apache 孵化器项目来运作，将面向全球软件工程师持续推广。该项目将会创建出开源版本的 Google Dremel Hadoop 工具（Google 使用该工具来为 Hadoop 数据分析工具的互联网应用提速），而 Drill 将有助于 Hadoop 用户实现更快查系统的数据对接功能。

2－3－2　大数据的金融应用价值

（1）大数据可以提升决策效率

大数据分析可以帮助金融机构实现以事实为中心的经营方法。大数据可以帮助金融机构，以数据为基础，逐步从静态的现象分析和预测，过渡到针对场景提供动态化的决策建议，从而更精准地对市场变化做出反应。

（2）大数据平台可以强化数据资产管理能力

金融机构大量使用传统数据库，成本较高，而且对于非结构化数据的存储分析能力不足。通过大数据底层平台建设，可以在部分场景替换传统数据库，并实现文字、图片和视频等更加多元化数据的存储分析，有效提升金融结构数据资产管理能力。

（3）大数据助力实现精准营销服务

在互联网金融模式的冲击下，整个金融业的运作模式面临重构，行业竞争日益激烈，基于数据的精细化运营需求和产品创新需求日益迫切。大数据可以帮助金融机构更好的识别客户需求、打造良好客户体验，提升综合竞争力。

（4）大数据大力增强风控管理能力

大数据技术可以帮助金融机构将于客户有关的数据信息进行全量汇聚分析，识别可疑信息和违规操作，强化对于风险的预判和防控能力，在使用更少的风控人员的条件下，带来更加高效可靠的风控管理。

2-3-3 大数据的金融的影响

大数据为金融行业提供了海量实时的数据基础，为数据的整合和应用提供了便利，具体体现在以下方面。

（1）数据整合方面

金融统计工作按照工作环节可分为数据采集、数据处理和数据分析三个环节，大数据对金融的具体影响如下。

数据采集是对各个机构部门所需的原始数据进行归类汇总，是金融统计工作的首要环节和基础性环节，数据额采集工作的优劣直接关系到金融统计工作的成败。鉴于大数据的数据量巨大、数据种类多样、数据价值密度低和数据处理速度快的特点，传统的数据采集方式已经无法满足大数据的采集要求。随着金融统计数据采集对象的数量变得异常庞大，数据种类更加多样，对数据采集的人员、工具和方法等产生直接的影响，同时还会间接地影响金融统计数据采集的成果和效率。

数据处理是对金融统计数据的存储、检索、加工、变换和传输，是金融统计工作的中间环节，为金融统计分析做铺垫。数据处理是由数据处理人员依据相关的数据处理方法，借助数据处理软硬件对收集的数据进行存储、汇总和校验等，并将处理后的数据存放在特定数据库中供检索和后续的数据分析。数据量的快速增大已超过了数据处理软硬件的极限，而数据种类的多样化特别是非结构化数据的出现，也超出了数据处理方法的适用范围。数据量的巨大和数据种类的多样，直接导致数据汇总的难度增加和数据存储空间的加大。针对非结构化的数据，结构化数据的校验方法已不再适用。大数据直接影响到金融统计数据处理的难度和强度，并间接影响到数据处理的效率和数据检索的有效性。

数据分析是指根据收集到的金融统计数据对金融业发展情况进行分析，并预测金融业的发展趋势，是金融统计工作的重要环节，金融统计价值的重点提现。金融统计数据分析是在数据处理的结果上，由数据分析人员采用统计方法，借助计算机软硬件对金融运行情况进行分析和预测。大数据的数据量巨大，数据分析软硬件的计算准确性和计算速度都面临巨大挑战。对于大数据中的非结构化数据理应在数据分析中体现，但这往往超出了常用统计方法处理范围，同时如何从非结构化数据中提取有效信息进行数据分析，也是金融统计数据分析的难点。故大数据的出现直接影响到金融统计数据分析人员、数据分析方法和数据分析的配套软硬件设备，并间接影响到数据分析时间的长短和分析结果的有效性。

（2）数据应用方面

随着大数据平台安全可信性和软件通用性的提高、大数据共享交换标准的建立以及大数据挖掘和分析能力的增强，大数据在金融领域的重要性将会进一步凸显。大数据将成为金融领域的基石，为各项运营提供全面稳定实时的数据资源，以保证各项工作的顺利开展。大数据在金融领域的应用场景正在逐步拓展，在全球范围内，大数据已经在金融行业的风险控制、运营管理、利润创造以及监管等领域，都得到了全面应用。在未来的发展中，大数据将提高金融领域数据的共享程度，助力金融产业的转型升级，重塑金融领域的监管方式。

在风险控制方面，借助大数据技术对金融行业积淀的海量数据进行分析，能够有效降低信用评估、产品研发、机构运营和决策制定等环节的金融风险，大幅降低金融行业的风险损失。用户准入环节需要对用户的信用情况进行评估，大数据风控不仅考虑用户相关业务的历史数据，还会将多个与业务相关的弱变量加入风控模型。产品研发环节需要对用户需求进行精准分析，降低产品研发失败的风险，大数据产品研发通过实时持续搜集相关信息，提高产品研发成功率，降低风险损失。运营环节需要规避流动性风险，一旦金融机构的运营过程中出现流动性风险，其公信力将不复存在。

决策环节引入大数据后，能提高金融机构决策制定的科学性和精准性，降低决策制定环节的风险损失。一方面，大数据有助于金融机构实现精准营销，通过大数据能够帮助金融机构快速洞悉用户购买意愿，提升产品营销的精准度，提高金融机构的运营效率。另一方面，大数据有助于完善金融机构的服务体系。金融机构的服务体系需要随着时代的变迁和技术的发展不断完善改进，大数据已成为优化当前金融机构服务体系的关键之一。

在运营管理方面，大数据于金融运营管理方面最直观的影响，在于使抽象、繁杂的金融信息实现可视化。金融可视化是利用数学算法、网络技术、数据挖掘、计算机文本识别技术等一系列前沿科技，综合开发的信息动态集成显示成果。一个优秀的金融可视化解决方案应该包括数据搜集整合系统、基于经济管理的程序开放系统、基于图标显示技术的通信信息系统。当下，金融可视化仍基于传统的柱状图、饼状图等进行管理和判断的二维数据模型实现，并不能完全满足多维度、复杂关系的数据模型需求。未来，金融可视化应用系统将满足对金融业务及相关设备运行情况和工作效能的实时监控，成为经济分析、管理决策、绩效评价等工作的必备工具，贯穿于金融活动的全过程。

另外，在传统运营模式下，信息不对称、市场调研成本高昂等因素导致金融机构的运营效率低下，无法做出实时有效的运营决策，而大数据具备数据面广泛、处理速度快的特点，能够高效快速地提炼海量数据中蕴含的有效信息，提升金融机构的运营效率。一个传统的金融贷款业务需要两三天审批时间，而通过对历史和实时数据的挖掘，可以创造、改进数量化交易模型，使基于数据价值的自动审批方案只需要几秒钟即可完成，金融效率显著提升。

在利润创造方面，营业利润是金融机构发展的源泉。营业利润的提升一方面有赖于成本控制，另一方面有赖于产品销售。大数据有助于金融机构降低成本，金融机构借助大数据，能够获取全面细致的用户画像，以此进行产品个性化推荐和实时营销。另外，金融机构运用大数据可以建立高效快速的决策支持系统。

大数据得到企业重视，是因为其瓦解及重建了现有的产业和商业模式，具有相当大的价值，这点在金融领域最为明显。由于金融领域具备海量数据，非常适合与大数据技术相结合，因此金融大数据正受到银行、保险、证券企业的追捧。通过互联网、云计算等信息技术来处理海量数据，从而更好地了解用户、创新服务。

随着金融大数据共享程度的提高，金融机构可以更加充分地了解用户需求，这不仅有助于实现金融服务的场景化，还有助于更深层次的产品开发，退工金融产业的转型升级。一方面，大数据作为金融行业服务创新的驱动力，将进一步推动金融行业拓展产品销售的场景。从用户需求出发，运用大数据将若干场景连接，在此基础上形成某个场景下的闭环，从而更加全面精准地挖掘用户痛点，真正实现精准化、个性化营销。另一方面，大数据作为金融行业产品创新的驱动力，将进一步拓展个金融业态的触角。

在监督管理方面，传统的金融监管模式难以对互联网保险、互联网信贷等新业态进行有效监管。将金融监管与大数据结合，有助于实现金融监管的即时性和有效性。面对监管成本高昂、监管技术有限等受制因素，监管部门借助大数据技术，可实现监管渠道电子化，降低监管机构的搜索成本。针对传统的金融监管部门受制于资源有限、信息不对称等因素，只能依据几个主要指标对金融行业进行监管的现象，大数据金融监管能显著增强监管的有效性。大数据为金融监管领域带来了一系列可喜的变革，先进的信息系统可以及时监测金融市场与企业动态，而电子化的渠道可有效降低监管搜索成本。多渠道的信息数据来源可以降低监管面对的信息不对称难题，而通过机器学习可以构建智能监管监测系统。这些信息化金融监管手段来源于市场，作用于市场，检测于市场，是金融监管现代化的必由之路。

2-3-4　大数据的金融应用场景

大数据技术的应用提升了金融行业的资源配置效率，强化了风险管控能力，有效促进了金融业务的创新发展。金融大数据在银行业、证券行业、保险行业、支付清算行业和互联网金融行业都得到广泛的应用。

（1）大数据在银行业中的应用

在信贷风险评估方面，按照传统的方法，银行对企业客户的违约风险评估多是基于过往的信贷数据和交易数据等静态数据，这种方式的最大弊端就是缺少前瞻性。因为影响企业违约的重要因素并不仅仅只是企业历史的信用情况，还包括行业的整体发展状况和实时的经营情况。而大数据手段的介入使信贷风险评估更趋近于事实。

内外部数据资源整合是大数据信贷风险评估的前提。一般来说，商业银行在识别客户需求、估算客户价值、判断客户优劣、预测客户违约可能的过程中，既需要借助银行内部已掌握的客户相关信息，也需要借助外部机构掌握的人行征信信息、客户公共评价信息、商务经营信息、收支消费信息、社会关联信息等。该部分策略主要目标为数据分析提供更广阔的数据维度和数据鲜活度，从而共同形成商业银行贷款风险评估资源。

在供应链金融方面的风险控制从授信主体向整个链条转变。供应链核心企业拥有良好的资产、充足的资金和高额的授信额度。而依附于核心企业的上下游企业可能需要资金，但是贷不到款。供应链金融可以由核心企业做担保，以产品或应收账款做质押，帮助上下游企业获得资金。

与此同时，利用大数据技术，银行可以根据企业之间的投资、控股、借贷、担保以及股东和法人之间的关系，形成企业之间的关系图谱，利于关联企业分析及风险控制。知识图谱在通过建立数据之间的关联链接，将碎片化的数据有机的组织起来，让数据更加容易被人和机器理解和处理，并为搜索、挖掘、分析等提供便利。

在风控上，银行以核心企业为切入点，将供应链上的多个关键企业作为一个整体。利用交往圈分析模型，持续观察企业间的通信交往数据变化情况，通过与基线数据的对比来洞察异常的交往动态，评估供应链的健康度及为企业贷后风控提供参考依据。

（2）大数据在证券行业中的应用

股市行情预测。大数据可以有效拓宽证券企业量化投资数据维度，帮助企业更精准的了解市场行情。随着大数据广泛应用、数据规模爆发式增长以及数据分析及处理能力显著提升，量化投资将获取更广阔的数据资源，构建更多元的量化因子，投研模型更加完善。

证券企业应用大数据对海量个人投资者样本进行持续性跟踪监测，对账本投资收益率、持仓率、资金流动情况等一系列指标进行统计、加权汇总，了解个人投资者交易行为的变化、投资信心的状态与发展趋势、对市场的预期以及当前的风险偏好等，对市场行情进行预测。

股价预测。证券行业具有自身的特点，与其他行业产品与服务的价值衡量普遍存在间接性的特点不同，证券行业客户的投资与收益以直接的、客观的货币形式直观的呈现。受证券行业自身特点和行业监管要求的限制，证券行业金融业务与产品的设计、营销与销售方式也与其他行业具有鲜明的差异，专业性更强。

诺贝尔经济学奖得主罗伯特·席勒设计的投资模型至今仍被业内沿用。在他的模型中，主要参考三个变量：投资项目计划的现金流、公司资本的估算成本、股票市场对投资的反应（市场情绪）。他认为，市场本身带有主观判断因素，投资者情绪会影响投资行为，而投资行为直接影响资产价格。然而，在大数据技术诞生之前，市场情绪始终无法进行量化。大数据技术可以收集并分析社交网络如微博、朋友圈、专业论坛等渠道上的结构化和非结构化数据，了解市场对特定企业的观感，使得市场情绪感知成为可能。

智能投顾。智能投顾是近年证券公司应用大数据技术匹配客户多样化需求的新尝试之一，目前已经成为财富管理新蓝海。智能投顾业务提供线上的投资顾问服务，能够基于客户的风险偏好、交易行为等个性化数据，采用量化模型，为客户提供低门槛、低费率的个性化财富管理方案。智能投顾在客户资料收集分析、投资方案的制定、执行以及后续的维护等步骤上均采用智能系统自动化完成，且具有低门槛、低费率等特点，因此能够为更多的零售客户提供定制化服务。随着线上投顾服务的成熟以及未来更多基于大数据技术的智能投资策略的应用，智能投顾有望从广度和深度上都将证券行业带入财富管理的全新阶段，为未来政策放宽证券公司投资顾问从前端佣金收费向后端的管理费收取模式转变进行探索准备。

（3）大数据在保险行业中的应用

骗保识别。赔付直接影响保险企业的利润，对于赔付的管理一直是险企的关注点。而赔付中的"异常值"（即超大额赔付）是推高赔付成本的主要驱动因素之一。保险欺诈严重损害了保险公司的利益，为了识别可疑保险欺诈案件，需要展开大量专项调查，但往往需要耗费数月或数年的时间。

借助大数据手段，保险企业可以识别诈骗规律，显著提升骗保识别的准确性与及时性。保险企业可以通过建设保险欺诈识别模型，大规模的识别近年来发生的所有赔付事件。通过筛选从数万条赔付信息中挑出疑似诈骗索赔。保险企业再根据疑似诈骗索赔展开调查会有效提高工作效率。此外，保险企业可以结合内部、第三方和社交媒体数据进行早期异常值检测，包括了客户的健康状况、财产状况、理赔记录等，及时采取干预措施，减少先期赔付。

风险定价。保险企业对保费的定义是基于对一个群体的风险判断，对于高风险的群体收取较高的费用，对于低风险群体则降低费用。通过灵活的定价模式可以有效提高客户的粘性。而大数据为这样的风险判断带来了前所未有的创新。

保险公司通过大数据分析可以解决现有的风险管理问题。比如，通过智能监控装置搜集驾驶者的行车数据，如行车频率、行车速度、急刹车和急加速频率等；通过社交媒体搜集驾驶者的行为数据，如：在网上吵架频率、性格情况等；通过医疗系统搜集驾驶者的健康数据。以这些数据为出发点，如果一个人不经常开车，并且开车十分谨慎的话，那么他可以比大部分人节省30%－40%的保费，这将大大地提高保险产品的竞争力。

（4）大数据在支付清算行业中的应用

交易欺诈识别。目前，支付服务操作十分便捷，客户已经可以做到随时随地进行转账操作。面对盗刷和金融诈骗案件频发的现状，支付清算企业交易诈骗识别挑战巨大。

大数据可以利用账户基本信息、交易历史、位置历史、历史行为模式、正在发生行为模式等，结合智能规则引擎进行实时的交易反欺诈分析。整个技术实现流程为实时采集行为日志、实时计算行为特征、实时判断欺诈等级、实时触发风控决策、案件归并形成闭环。

数据资产变现：目前，支付服务的客户渗透率越来越高。人们大量使用移动设备进行网上小额支付。支付清算行业真正的"金矿"就是这些高价值的用户消费数据。这些数据不仅可以将应用于支付清算业务的优化，还可以直接转化成资产用于分析了解客户的"消费路径"，包括客户进行日常消费时的典型顺序、购物地点、购买内容和购物顺序。通过对数据进行关联分析，将分析结果销售给商家或营销公司，实现数据资产变现。

（5）大数据在互联网金融行业中的应用

精准营销：在移动互联网时代，客户在消费需求和消费行为上快速转变。在消费需求上，客户需求出现细化；在消费行为上，客户消费渠道多样化。因此，互联网金融企业急需一种更为精准的营销解决方案。具体来讲，互联网金融行业精准营销的主要应用目标为三点：一是精准定位营销对象。二是精准提供智能决策方案。三是精准业务流程，实现精准营销的"一站式"操作。

黑产防范：互联网金融企业追求服务体验，强调便捷高效，简化手续。不法分子利用这一特点，虚假注册、利用网络购买的身份信息与银行卡进行套现，"多头借贷"乃至开发电脑程序骗取贷款等已经形成了一条"黑色"产业链。大数据能够帮助企业掌握互联网金融黑产的行为特点，从业人员规模、团伙地域化分布以及专业化工具等情况，并制定针对性的策略，识别黑色产业链和减少损失。

消费信贷：消费信贷具有小额、分散、高频、无抵押和利息跨度极大的特点。贷款额度可以小到 100 元人民币；一家机构一天放贷数量可能达到数万到数十万笔；90％以上是纯信用贷，只能依靠数据进行审批；年化利率从 4％到 500％的都有。大数据需要贯穿到客户全生命周期的始末。基于大数据的自动评分模型、自动审批系统和催收系统可以弥补无信用记录客户的缺失信贷数据。

2-3-5 大数据引领金融创新

随着大数据技术在金融领域的运用与发展，势必为一些金融领域带来创新和变革。

（1）大数据征信

在传统央行征信体系之外，还有大比例人群没有征信数据，无法获取相关金融服务。大数据征信是新金融风控服务的关键。目前，央行征信中心依然一枝独秀，个人征信牌照试点已有两年，但始终未获得正式牌照。

（2）大数据风控

底层技术包括大数据和人工智能。只有先积累丰厚的大数据，运用机器学习等人工智能方法进行运算，才能确定用户的风险指数。大数据风控目前已在业界逐步普及，国内市场对于大数据风控的尝试比较积极。

（3）大数据消费金融

与其说消费金融依赖大数据，毋宁说，消费金融依赖基于大数据的用户征信信息。消费贷、工薪贷、学生贷等面向长尾用户的网络信贷的产生，亟需用户的相关信息数据进行信用评分和欺诈风险防控。大数据技术能够通过其开发的风控模型完成这一点。尤其是互联网商业集团通过其电商——社交——支付三大服务，获取用户数据，然后为其金融业务服务。在国内具有代表性的是京东、腾讯和阿里巴巴，国外具有代表性的 Facebook，Apple 及其支付业务 ApplePay。

（4）大数据供应链金融

由互联网供应链平台构建者主导，依据不同中小企业客户风险偏好实施有差别的金融服务。

（5）大数据财富管理

财富管理是传统金融企业的一项金融理财业务，意在为客户提供投顾建议，合理配置资产。但因为技术问题，传统金融机构仅针对少量大额客户展开财富管理服务，未能普及更广泛的长尾客户。

2-3-6　大数据在金融领域的发展前景

金融行业数据资源丰富，而且业务发展对数据依赖程度高。大数据技术在金融领域的应用起步早、发展快，已经成为金融行业的基础能力。当前，金融行业的大数据应用已经非常普遍和成熟，也取得了较为显著的应用成效。从发展趋势看，一方面金融大数据与其他跨领域数据的融合应用不断强化，金融机构将可以方便地获取电信、电商、医疗、出行、教育等其他行业的数据，通过数据融合，促使金融机构的营销和风控等服务更加精准。同时，跨行业数据融合会催生出跨行业的应用，使金融行业得以设计出更多的基于场景的金融产品，与其他行业进行更深入的融合。另一方面，适应和满足金融行业属性的大数据技术标准和应用规范，将越来越成为金融大数据应用拓展的关键点。尤其在当前，数据安全和隐私保护受到高度重视，金融数据本身十分敏感而且安全要求高，建立和完善金融大数据的技术标准和应用规范，是推动金融大数据进一步发展应用的重要保障。

一是大数据应用水平正在成为金融企业竞争力的核心要素。金融的核心就是风控，风控以数据为导向。金融机构的风控水平直接影响坏账率、营收和利润。目前，金融机构正在加大在数据治理项目中的投入，结合大数据平台建设项目，构建企业内统一的数据池，实现数据的"穿透式"管理。大数据时代，数据治理是金融机构需要深入思考的命题，有效的数据资产管控，可以使数据资产成为金融机构的核心竞争力。

二是金融行业数据整合、共享和开放成为趋势。数据越关联越有价值，越开放越有价值。随着各国政府和企业逐渐认识到数据共享带来的社会效益和商业价值，全球已经掀起一股数据开放的热潮。目前，美欧等发达国家和地区的政府都在数据共享上做出了表率，开放大量的公共事业数据。中国政府也着力推动数据开放，国务院《促进大数据发展行动纲要》提出：到 2018 年，中央政府层面实现金税、金关、金财、金审、金盾、金宏、金保、金土、金农、金水、金质等信息系统通过统一平台进行数据共享和交换。

三是金融数据与其他跨领域数据的融合应用不断强化。从2016 年开始，大数据技术逐渐成熟，数据采集技术快速发展，通过图像识别、语音识别、语义理解等技术实现外部海量高价值数据收集，包括政府公开数据、企业官网数据、社交数据。金融机构得以通过客户动态数据的获取更深入地了解客户。

未来，数据流通的市场会更健全。金融机构将可以方便地获取电信、电商、医疗、出行、教育等其他行业的数据，一方面会有力地促进金融数据和其他行业数据融合，使得金融机构的营销和风控模型更精准。另一方面，跨行业数据融合会催生出跨行业的应用，使金融行业得以设计出更多的基于场景的金融产品，与其他行业进行更深入的融合。

四是金融数据安全问题越来越受到重视。大数据的应用为数据安全带来新的风险。数据具有高价值、无限复制、可流动等特性，这些特性为数据安全管理带来了新的挑战。对金融机构来说，网络恶意攻击成倍增长，组织数据被窃的事件层出不穷。这对金融机构的数据安全管理能力提出了更高的要求。大数据使得金融机构内海量的高价值数据得到集中，并使数据实现高速存取。但是，如果出现信息泄露可能一次性泄露组织内近乎全部的数据资产。数据泄露后还可能急速扩散，甚至出现更加严重的数据篡改和智能欺诈的情况。

2-4　基于物联网技术的金融服务

移动支付作为移动网领域和金融领域的革命性创新和代表应用，在促进电子商务及零售市场的发展、满足消费者多样化支付需求方面正发挥着越来越重要的作用。随着移动互联网技术的成熟运用，并在此基础上不断延伸和扩展网络运用，让用户端延伸并扩展到任何物品与物品之间，进行信息交换和通讯，实现万物互联，就是现在定义的"物联网技术"。

2-4-1 物联网的技术原理

依据物联网对信息的感知、传输、处理、应用 4 个基本活动环节，对物联网关键技术梳理如下。

2-4-1-1 感知环节

感知环节主要包含数据感知、采集、信号处理、协议栈 4 类技术，利用技术感知、捕获、测量特定物体的状态，进行信息的采集与获取，并接入网络，为传输环节进行必要的准备。这一环节相关技术众多，包含传感技术、GPS 定位技术、扫描技术、RFID 技术、条形码/二维码标签技术、智能信号处理技术、MAC 协议、自适应优化网络协议技术等。

（1）传感技术

传感技术利用传感器和多跳自组织传感器网络，协作感知、采集网络覆盖区域中被感知对象的信息。传感技术依附于敏感机理、敏感材料、工艺设备和计测技术，对基础技术和综合技术要求非常高。物联网正是通过遍布在各个角落和物体上的形形色色的传感器，以及由它们组成的无线传感器网络，来最终感知整个物质世界的。

（2）RFID 技术

RFID（Radio Frequency Identification，射频识别）是一种非接触式的自动识别技术，基本上是由标签、阅读器、天线三部分组成，通过射频信号自动识别目标对象并获取相关数据，识别过程无须人工干预，可工作于各种恶劣环境。技术首先解决的是全局标识问题，研究标准化物体标识体系。RFID 技术可识别高速运动物体并可同时识别多个标签，操作快捷方便，与互联网、通信等技术相结合，可实现全球范围内物品跟踪与信息共享。

（3）智能信号处理技术

智能信号处理技术可以通过对采集设备获得的各种原始数据进行必要的处理，包括信号抗干扰、信号分离以及信号滤波等技术，获得与目标事物相关的信息。将感知、采集到的原始信号通过信号提取技术筛选出有用信号，通过调理提高信号的信噪比，在映射空间上可以进行信号的特征提取，借助信号分析技术（如特征对比、分类技术等）将各种特征信号对应到某一类的物理事件。

（4）协议栈技术

协议栈（Protocol Stack）是指网络中各层协议的总和，其形象地反映了一个网络中文件传输的过程：由上层协议到底层协议，再由底层协议到上层协议。面对众多不同的计算机和网络生产厂家，以及用户要求的便宜、灵活、方便的联网需求，必须建立一个公认的计算机网络联网标准和网络体系结构，以实现任意计算机系统和任意网络系统的互联。

在技术的使用方面，为实现物联网的普适性，终端感知网络需要通过 MAC 协议实现多样性。为完成不同的感知任务，节点组网技术必不可少。而传统的通信协议已经不能满足终端感知设备的通信需求，因此需要自适应优化网络协议。同时，为进行系统优化以保证其低功耗和高能效，自适应的优化通信协议涉及变得尤为重要。而终端设备的低处理能力、低功耗等特性，决定了必须采用轻量级和高能效的协议。最终，为实现一个统一的目标，必须在上述各种协议技术之间进行取舍，网络跨层优化技术也便成为必需的。

2－4－1－2　传输环节

传输环节主要包含组网支撑、接入、网络传输三类技术，通过泛在的互联功能，实现感知信息高可靠性、高安全性传输。

（1）接入与组网技术

物联网的网络技术涵盖泛在接入和骨干传输等多个层面的内容，以互联网协议版本 6（IPv6）为核心的下一代网络，为物联网的发展创造了良好的基础网条件。以传感器网络为代表的末梢网络在规模化应用后，面临与骨干网络的接入问题，并且其网络技术需要与骨干网络进行充分协同，这些都将面临新的挑战，需要研究固定、无线和移动网及 Ad－hoc 网技术、自治计算与联网技术等。

物联网以终端感知网络为触角，以运行在大型服务器上的程序为大脑，实现对客观世界的有效感知以及有利控制。其中，连接终端感知网络与服务器的桥梁便是各类网络接入技术，包括 GSM、TD－SCDMA 等蜂窝网络，WLAN、WPAN 等专用无线网络，以及 Internet 等各种网络。物联网的网络接入是通过网关来完成的，如 MultiRadio 高性能网关就是由中国科学院计算所传感器网络实验室开发的，可同时支持两个嵌入式 Wi－Fi 模块的操作。

（2）信息传输与频管技术

物联网需要综合各种有线及无线信息传输技术，其中，近距离无线通信技术将是物联网的研究重点。由于物联网终端一般使用工业科学医疗（ISM）频段进行通信，频段内包括大量的物联网设备以及现有的无线保真（Wi－Fi）、超宽带（UWB）、ZigBee、蓝牙等设备，频谱空间将极其拥挤，制约物联网的实际大规模应用。为提升频谱资源的利用率，让更多物联网业务能实现空间并存，需切实提高物联网规模化应用的频谱保障能力，保证异种物联网的共存，并实现其互联互通互操作。

2－4－1－3　处理环节

处理环节主要包含中间件、信息计算、服务计算三类技术，对传输信息进行初步处理与分析，使其更好地服务于实际应用。由于物联网具有明显的"智能性"要求和特征，而智能信息处理是保障这一特性的共性关键技术，因此，海量感知信息的计算与处理是物联网的核心支撑，对物联网的发展具有十分重要的作用。

（1）信息计算技术

海量感知信息计算与处理技术是物联网应用大规模发展后，面临的重大挑战之一。需要研究海量感知信息的数据融合、高效存储、语义集成、并行处理、知识发现和数据挖掘等关键技术，攻克物联网"云计算"中的虚拟化、网格计算、服务化和智能化技术。信息融合是智能信息处理的重要阶段和方式，信息融合是一个多级的、多方面的、将来自传感网中多个数据源（或多个传感器）的数据进行处理的过程，能够获得比单一传感器更高的准确率，更有效和更易理解的推论。而信息计算技术的核心是采用云计算技术实现信息存储资源和计算能力的分布式共享，为海量信息的高效利用提供支撑。

（2）服务计算技术

物联网的发展应以应用为导向，在"物联网"的语境下，服务的内涵将得到革命性扩展，不断涌现的新型应用将使物联网的服务模式与应用开发收到巨大挑战，如果继续沿用传统的技术路线必定束缚物联网应用的创新。从适应未来应用环境变化和服务模式变化的角度出发，需要面向物联网在典型行业中的应用需求，提炼行业普遍存在或要求的核心共性支撑技术，研究针对不同应用需求的规范化、通用化服务体系结构以及应用支撑环境、面向服务的计算技术等。

2-4-1-4 应用环节

应用环节主要包含业务应用和保障应用两类技术，这一环节位于物联网技术链的最高端，与需求结合最为紧密，为实现广泛智能化物联提供完整解决方案，这类似于人的社会分工，最终构成人类社会。应用环节中技术众多，主要关注点聚焦于"实用"

与"安全"两大话题，业务应用更重视物联网的实用性，保障应用则更重视物联网安全问题。

（1）智能控制技术

物联网为物体赋予智能，可以实现人与物体的沟通和对话，甚至实现物体与物体互相间的沟通和对话。为了实现这样的目标，必须要对智能控制技术与系统实现进行研究，如研究如何控制智能服务机器人完成既定任务（运动轨迹控制、准确的定位和跟踪目标等）。

（2）智能交互技术

智能交互技术主要体现在情景感知关键技术上，能够解释感知的物理信号和生物化学信号，对外界不同事件作出决策以及调整自身的监控行为，因此已成为物联网应用系统中不可或缺的一部分。同时，情景感知能让物联网中的一些数据以低能耗方式在本地资源受限的传感器节点上处理，从而让整个网络的能耗和通信带宽最小化。

（3）专家系统技术

物联网的应用需要针对大量的数据通过深层次的数据挖掘，并结合特定行业的知识和前期科学成果，建立针对各种应用的专家系统、预测模型、内容和人机交互服务。专家系统利用业已成熟的某领域专家知识库，从终端获得数据，比对专家知识，从而解决某类特定的专业问题。预测模型和内容服务等基于物联网提供的对物理世界精确、全面的信息，可以对物理世界的规律（如洪水、地震、蓝藻）进行更加深入的认识和掌握，以做出准确的预测预警，以及应急联动管理。

2-4-1-5　跨层技术

此外，物联网的正常运行还需要一些跨越感知、传输、处理、应用多个层次的技术内容，包括与硬件设计密切相关的纳米技术、蓄电池技术，以及保障各环节顺利运行的安全技术、计算技术、管理技术等。

（1）纳米技术

纳米技术是研究结构尺寸在 0.1－100nm 范围内材料的性质和应用，主要包括纳米体系物理学、纳米化学、纳米材料学、纳米生物学、纳米电子学、纳米加工学、纳米力学等。当前电子技术的趋势要求器件和系统更小、更快、更冷。更小，是指器件和系统的体积更小；更快，是指响应速度要快；更冷，是指单个器件的功耗熬要小。纳米技术是电子建设者的最后疆界，其技术优势意味着物联网当中体积越来越小的物体能够进行交互和连接。

（2）安全技术

安全是基于网络的各种系统运行的重要基础之一，物联网的开放性、包容性和匿名性决定了其不可避免地存在信息安全隐患。如物联网传感器网络出了具有一般无线网络所面临的信息泄露、信息篡改、重放攻击、拒绝服务等多种威胁外，还面临传感节点容易被攻击者物理操纵，并获取存储在传感节点中的所有信息，从而侵入网络、控制网络的威胁，以及可信度问题。因此，物联网除了面对移动通信网络的传统网络安全问题之外，还存在着一些与已有移动网络安全不同的特殊安全问题。

2－4－2　物联网技术的金融应用价值

"物联网金融"本质上是指"物联网＋金融"的融合，即传统金融被物联网技术赋能，金融机构可以利用物联网技术全程感知客观环境和事件，提高获取大量真实数据的效率，打通线上线下各类数据，连接虚拟经济和实体经济，实现物流、资金流、信息流三流合一，在信息整合中探索新的盈利模式和商业模式，使得主要面向和依靠"人"的传统金融服务，延伸拓展至可以面向并依赖"物"，主要体现在：

一是解决信息不对称问题，优化资源配置，降低成本。物联网技术使得银行有条件随时随地掌握物品的形态、位置、空间、价值转换等信息，同时更为精细、动态地对信息流、物流和资金流等传统金融要素进行"可视化管理"，从而有效解决信息的不对称和不真实问题，达到优化资源配置的目的，物联网还通过搭建点对点平台联通人与物，推进银行和客户资源的有效整合和共享，使得多方高效协同成为可能，从而大幅降低交易费用。

二是重构社会信用体系，助力实体经济发展。银行可利用物联网技术泛在化与客观化特点，深入识别追踪企业和个人的经营、交易、消费等行为，全面掌握企业或个人的实时资产状态、销售情况等信息，提升支撑信用体系的信息密度和维度，从而更加实时、全面、客观地开展客户信用评估，有利于破解中小微融资和动产融资等难题，更好地服务供给侧结构性改革和传统产业转型升级，助力实体经济发展。

三是开启智能感知支付，加速打造智慧金融。物联网技术使得银行有能力感知消费者所处环境和自身状态，提供量身贴合的服务，同时依托物联网提供的更为真实和精确的信息，更好地控制风险。物联网及泛在移动技术的发展，将进一步推动金融创新形态的改变，成为面向知识社会、以客户和客户体验为中心、以社会实践为舞台的下一代创新的助推器，塑造智慧型金融。

四是推进数字化转型加速，变革经营管理模式。移动互联、大数据、云计算、人工智能、区块链等技术已经为银行数字化转型奠定基础，物联网及泛在移动技术的发展，将进一步助力银行业重新思考和设计现有业务流程，变革商业模式和经营方式。

2-4-3　物联网技术对金融行业的影响

物联网和金融的深度融合，使得金融能够依托物联网技术，提升服务体验、降低运营成本，实现资金流、信息流、实体流的三流合一，从而变革金融的信用体系，控制金融风险，为银行、证券、保险、租赁、投资等众多金融领域的原有模式，带来新的金融变革。物联网对金融的具体影响主要表现在以下 5 方面。

（1）拓展金融服务范围

以物联网为动力源的技术进步、制度变革和市场需求的协同作用引发了大量金融创新。其中，物联网带来的技术进步将拓宽金融服务的新生产可能性边界，物联网带来的需求变化将推动基础设施完善和市场规模扩大。物联网带来的不仅是金融产品和工具的创新，更带来金融理念和模式的革命，使以往不可能的创新服务变为可能。比如一些稀缺商品的投资，需要专业的人力资源投入，成本极高。而运用物联网技术后，这类服务的门槛就能迅速降低。

物联网拓展了金融服务范围，性价比较高的金融产品和服务出现的可得性得以增强。互联网时代，大量的卖家，利用低成本质量的商品加上大量宣传来进行营销，从而给企业带来生存空间，使得高质量商品的企业被淘汰。这种逆向选择现象的出现，带来不断的恶性循环。运用物联网技术之后，能够实现生产—流通—销售的全环节实时溯源，客观的物联网数据能够实现同类商品的价值分层，进而有望实现一个商品一个价，而再不是一类商品一个价，有效遏制恶性的金融产品服务逆向选择现象出现。在物联网时代，高档的普通商品不再会被仿货冲击，以往难以进行跨期价值交换的商品成为金融资产，过去难以进行跨期价值交换的交易通过技术的手段也能轻易实现。

（2）降低金融服务成本

在物联网金融模式下，可以随时随地掌握物品的形态、位置、空间、价值转换等信息，信息资源可以充分有效地交换和共享，彻底解决了"信息孤岛"和信息不对称现象。比如，针对汽车险的恶意骗保问题，可以在投保车辆上安装物联网终端，对驾驶行为综合评判，根据驾驶习惯的好坏确定保费水平。出现事故时，物联网终端可以实时告知保险公司肇事车辆的行为，保险员不到现场即可知道是交通事故还是故意所为。这样便有效解决了信息不对称问题，能更好地控制风险，降低金融服务的成本。

物联网金融的数据维度会更加丰富，实现网络世界和实体世界的全覆盖。数据的质量也会更高，数据维度广，且可以交叉验证。在判断违约的模型中，可以拥有更加丰富也更加客观的数据。而由于数据维度的丰富和数据质量的提升，最后对于违约率的判断就更加准确，空空效率自然也会显著提升。金融始终追求的收益覆盖风险，当风险更为可控后，信用成本降低，最终的金融产品和服务的价格就能更低，金融成本大大降低。

（3）提高金融支付效率

物联网的发展，极大改变了传统支付方式。从最初的现金支付到支票、信用卡，再到网络时代的网上银行、电子商务等，尤其是通过金融物联网的应用，将银行卡和电子钱包功能整合后，推出移动支付服务，比如支付宝和微信支付，为用户带来了全新的体验。目前，金融 IC 卡、移动支付业务已成为物联网技术在我国金融行业应用的重点和热点领域。

金融 IC 卡又称为芯片银行卡，是以芯片作为介质的银行卡，存储容量大，可以存储密钥、数字证书、指纹等信息，能够同时处理多种功能，为持卡人提供一卡多用的便利。同时，金融 IC 卡通过卡里的集成电路存储信息，复制难度高，保密性好，从根本上提高了银行卡的安全性。另外，金融 IC 卡具备多应用加载平台，可丰富银行卡产品类别，有利于商业银行的业务创新。基于手机的移动支付，增加了点对点信息通道，有线与无线配合使用的双重验证提升了安全性，降低了黑客、不良商户、钓鱼网站等非法交易发生的频率，提升了支付的安全性和便捷性。如今，通过指纹、人脸识别等独一无二的生物特征来验证用户身份，用手机软件绑定银行卡提供支付服务，避免盗领、冒用等危害银行用户安全事件的发生，极大地提高了金融支付效率。

（4）促进有效风险管控

金融业是具有经验风险的行业，风险控制是金融发展和创新的关键。物联网让金融体系从时间、空间两个维度上全面感知实体世界行为，对实体世界进行追踪历史、把控现在、预测未来，让金融服务融合在实体运行的每一个环节中，有利于全面降低金融风险。

金融业涉及大量资金运作，是犯罪案件的高发区，金融风险管理便具有举足轻重的作用。物联网可以发挥其物物相连、智能管理的优势，大大提高金融风险管理的效率。一是利用物联网进行来访人员管理。通过物联网技术可以对来访人员实时跟踪，监控来访人员的活动区域，当进入核心安全区域时进行预警，避免偷窃、破坏等违法行为发生。二是应用物联网监控重要资产和设备。通过在现金柜、重要 IT 设备机柜等物品上加装 RFID 电子标签，在库房、机房出入口安防 RFID 识别设备，结合软件平台，实现资产全面可视和信息实时更新，能够实时监控资产的使用和流动情况。三是利用物联网提高 ATM 监控水平。通过物联网实时监测各个网点 ATM 机的插卡口状态，对发生的各种异常情况及时主动上报，可以最大限度地保护银行和持卡人的利益。

（5）变革金融管理模式

随着物联网技术在金融部门的普及和推广，金融部门的组织架构将依靠信息管理系统进行链接，更加扁平化，更加贴近用户，以提高应变能力和响应速度。物联网技术还能推动服务方式由标准化向个性化转变。通过物联网运用，金融机构能够顺畅地与用户交流，了解用户需求，提供有针对性的金融产品，将用户体验推向极致。

物联网通过对各个环节与流程的"可视跟踪"，可以起到提到生产效率、优化资源配置、降低成本的作用，这也必将改善金融业务管理和服务。比如供应链金融，是在供应链中找出一个大的核心企业，以核心企业为出发点，为供应链上的节点企业提供金融支持。传统的供应链金融由于信息不对称，主要服务于核心企业的上游企业，下游企业开发不足。同时，服务项目单一，主要集中应收账款的保理和存货质押领域。应用物联网，通过对各家企业的信息流、资金流和物流的实时跟踪，可以大大拓展供应链金融的用户范围和业务领域。一方面，可以提高核心企业下游用户销售信息获取的及时性、有效性，大大拓展核心企业下游用户利用存货融资的范围。另一方面，除提供供应链融资服务外，还可以提供财务管理咨询、现金管理、应收账款清收、结算、资信调查和贷款承诺等中间业务服务。再一方面，借助信息资源优势，物联网技术的应用可以为供应链上的企业提供咨询服务，帮助企业合理安排应收账款账期结构与数理，分析供应链上不同环节企业的资金周转情况和偿债能力。

2-4-4　物联网技术在金融领域的应用场景

近年来，商业银行已开展了局部的物联网金融应用试点和探索，如利用物联网进行访客跟踪管理，应用 RFID（射频识别）电子标签进行实物资产和设备管理，依托智能穿戴设备进行支付等，物联网技术在银行业具有广阔的应用前景。主要包括以下三个方面。

（1）面向企业客户的应用

在面向企业客户的服务中，银行可通过传感器采集全面客观的数据，将资金、信息、实体相结合，构建三维立体的物联网金融模式，进一步降低风险，推进业务模式变革。比如：

小微企业融资。银行可运用物联网实时掌握其授信企业的采购渠道、原料库存、生产过程、成品积压、销售情况以及用户的使用情况，可按需贷款、按进度放款，物联网还可帮助银行开展贷前调查、贷中管理、贷后预警，预防欺诈违约案件。

动产质押融资。传统业务模式中，银行往往无法对质押的动产做到全方位监控，而物联网的传感、导航和定位等技术将使物流环节（尤其是仓储和货运环节）变得可视化，银行可从时间、空间、物理状态量等维度全面感知和监控质押动产的存续状态和变化，以提高风控精细化水平。

供应链融资。在传统供应链场景下，核心企业一般只掌握其直接上下游企业的相关经营数据，如将物联网 RFID 和 EPC 等技术应用于供应链各环节，实时跟踪和监控供应链上的每一个零件、配件和产品数据，将打通上下游企业信息，有利于银行依托真实交易和实体行为，全面客观评估产业链条上各主体的信用状况。

服务"三农"。物联网传感器可及时获取农作物真实的生长环境和长势，使银行有条件自动化预测产量和预期收益，为农户提供合适的贷款和保险服务，或面向农户提供辅助农业种植的增值服务，促进农户生产效率提升，实现银行和客户的双赢。

（2）面向个人客户的应用

物联网"连接万物"的理念与消费者对于智能化、移动化、便携性等的需要相契合，银行也具有利用物联网实时获取并分析客户数据来提升和改进服务品质的需要。在面向个人客户的服务中，利用物联网技术，银行可通过智能穿戴设备、智能手机、智能家居等入口，将银行服务延伸并无缝融入消费者的日常生活，为客户打造随时、随地、随心的服务。比如：

智能穿戴设备和无感支付。基于内置无线射频或 NFC（近场通信）模块的智能穿戴设备，可为个人客户提供便捷的近场支付功能；停车场摄像头识别车辆车牌并关联银行账户实现停车缴费，为客户提供了顺畅及"无感"的支付体验。未来，物联网将深入个人消费领域，促进产品和服务创新，为客户提供更为丰富、智能和便捷的应用和体验。

基于位置的客户营销和服务。利用物联网技术，银行可获取客户的位置信息并提供服务，如获悉客户在商场购物，银行可向客户推送信用卡商品促销等营销信息，将金融服务无缝嵌入客户消费场景中；又如在获悉客户抵达银行网点附近时，银行可利用 ibeacon 技术（苹果公司发布的一种基于低功耗蓝牙的通信协议）向客户推送自动排队或营销信息，改善客户体验。

智能家居金融服务。美国 Capital One 银行已经基于亚马逊 Echo 音箱率先提供了通过语音操作作为入口的银行交易功能，包括信用卡还款和支票账户等。

定制化保险。物联网技术将推动保险精准定价从而覆盖到更广泛的人群，并大幅提高保险业对风险的预期和预防能力，例如，利用车联网技术分析客户驾驶习惯并设计车险产品，利用智能家居技术设计财险产品，利用物联网穿戴设备设计人身险产品等。

（3）面向银行内部管理的应用

银行在内部管理的各类应用场景中，合理利用物联网技术和解决方案，可以有效解放人力，提升管理效能。比如：

实物资产管理。传统的资产管理主要依靠人工，效率低下、错误率高、成本较高，同时难以及时更新、检索与追溯资产信息。物联网技术提供了基于二维码、RFID 和定位与蜂窝网络等智能化的资产管理方式，比如，在资产出入库时采用基于 RFID 的解决方案，而在运输途中应用 GPS＋GSM 或者 LPWAN（低功耗广域网）的资产追踪解决方案，结合传感器技术和室内外定位技术以追踪资产的位置和状态。

智能安防。传统的安防工作大量依赖于人力，不仅事故处理成本高，效果也不理想。近年来涌现的门禁警报系统、烟感探测消防系统、视频监控安防系统、防爆安全检测系统等智能安防系统，可综合运用图像处理技术、监控技术和警报技术，实现迅速警报，从而降低损失。

2-4-5　物联网技术的金融发展前景

随着技术的发展和实践的深入，物联网金融的应用前景将日益广阔。商业银行需要打造实时化和智能化的终端，构建场景化的产品服务体系，提升云计算、大数据和人工智能等后台能力，进一步夯实物联网金融应用的基础。同时，商银行还需要配套推进自身的产品创新、技术平台和人才队伍建设，提供嵌入消费者日常生活或消费场景的实时、智能的个性化服务，满足消费者衣、食、住、行等日常生活需求。

虽然商业银行经过长期的持续经营及信息化建设，已经具备进行物联网金融实践的基础，但是也应该看到，商业银行要深入应用物联网技术开展应用实践，还面临着一些现实挑战。

物联网金融应用场景仍需不断探索。当前，物联网金融应用处于局部试点和摸索的阶段，仍局限于实物资产管理、动产质押等少数领域，而物联网技术在金融领域的广泛和深入地应用，还需要逐步积累技术和业务实践经验，同时相应调整现行的业务流程和运作模式，以更好地发挥物联网优势。

感知层芯片等核心技术是应用关键。虽则芯片等硬件成本在过去几十年里已经大幅下降，但不同的物联网金融应用场景对于芯片的需求各异，特定场景所需的专用芯片因难以具备产业规模效应而难以出现价格优势，同时，在当前行业仍处于快速发展的过程中，银行将面临技术选型风险，快速的技术更迭也会推高后期成本。

物联网平台建设策略需要审慎研究。物联网应用需要搭建物联网平台来管理联网接入设备、处理消息并提供后台服务能力，因此，商业银行要审慎研究并制定平台建设策略，如果选择自建平台模式，则要求银行能够长期投入人力和技术资源，持续跟踪研究物联网感知层和网络层技术，前期投入较大；而选择引入行业内较为成熟的平台，虽然有利于快速抢占市场先机，但长远来看，在物联网供应商市场格局趋于稳定之后，银行可能面临技术更替的风险。

信息安全风险不容忽视。银行业务运作中的关键一环是安全问题，而应用物联网技术，可能引发一些风险：如遭受网络攻击风险，非法入侵者可能利用智能设备的软硬件漏洞渗透进网络，绕过安全防护手段拦截或操纵信息；或者发动网络攻击，恶意干扰通信信号，入侵联网设备，造成关键敏感信息泄露，从而威胁银行和客户资金安全。因此，物联网金融应用迫切需要重视立法，规范应用标准，加大信息安全防护力度，保障金融体系安全。

人才队伍建设仍需加强。为了更好地应用物联网技术，商业银行除了一如既往地深入推进技术架构转型，加强在分布式、云平台、大数据等领域的技术积累，还需要进一步加强在感知设备、5G 等网络技术、边缘计算等领域的技术储备，同时强化物联网技术在银行业务场景的应用研究，培养业务和技术复合型人才，才能强化物联网金融应用构建能力。

随着信息技术从互联网、移动互联网到物联网的不断延伸和拓展，尤其是 IPv6 和 5G 加速推进等重大利好，物联网迎来了快速发展的黄金时期，将进一步推动金融行业服务转型升级，提升金融业整体运转效率。物联网技术和行业的深度融合，必将催生更广泛的业务模式及应用场景创新，开拓金融行业新的竞争蓝海，推动全行业应用的进步，在落实国家战略、促进普惠金融发展、提升金融服务质效、满足多元化需求等方面必将发挥更大作用。为此，商业银行必须从业务、技术、人才、市场、法律等各方面做好准备，满足物联网时代的发展要求。

2-5　基于区块链的金融服务

区块链是分布式数据存储、点对点传输、共识机制、加密算法等计算机技术的新型应用模式。简单点说，区块链是一种分布式存储过程。区块链技术按共识机制及治理方式的不同，划分为公有链、联盟链等。其中，联盟链技术更注重权限控制、业务合规、监管友好、性能提升和安全保障，因此国内金融机构通常是选用联盟链技术。

从金融业的应用路径来看，预计存证、对账清算、结算将会是三大类逐渐落地的通用场景。存证方面，机构间可构建对等互信的联盟链网络，并采用共享账本记录核心数据，避免数据被篡改、被伪造或产生一致性差异，还能实现全业务流程的可追溯可审计。

区块链技术一方面，可提升对账的时效性；另一方面，机构与机构之间无需两两对账，可以降低运营成本，提升效率，同时提高合作透明度。

长期来看，在央行法定数字货币正式上线运行后，各类基于区块链的业务都有望实现支付即结算功能，大大提升结算效率并降低运营成本。

2-5-1　区块链的技术原理

2-5-1-1　核心技术

区块链具有去中心化、时序数据、集体维护、可编程和安全可信等特点。

去中心化：区块链数据的验证、记账、存储、维护和传输等过程均是基于分布式系统结构，采用纯数学方法而不是中心机构来建立分布式节点间的信任关系，从而形成去中心化的可信任的分布式系统；

时序数据：区块链采用带有时间戳的链式区块结构存储数据，从而为数据增加了时间维度，具有极强的可验证性和可追溯性；

集体维护：区块链系统采用特定的经济激励机制来保证分布式系统中所有节点均可参与数据区块的验证过程，并通过共识算法来选择特定的节点将新区块添加到区块链；

可编程：区块链技术可提供灵活的脚本代码系统，支持用户创建高级的智能合约、货币或其它去中心化应用；

安全可信：区块链技术采用非对称密码学原理对数据进行加密，同时借助分布式系统各节点的工作量证明等共识算法形成的强大算力来抵御外部攻击，保证区块链数据不可篡改和不可伪造，因而具有较高的安全性。

区块链最核心的四大技术：点对点分布式技术（P2P）、非对称加密技术、哈希算法、共识机制和区块的生成。

点对点分布式技术（P2P）：通过直接交换来共享计算机资源和服务，而对等计算模型应用层形成的网络通常称为对等网络。在 P2P 网络环境中，成千上万台彼此连接的计算机都处于对等的地位，整个网络一般来说不依赖专用的集中服务器。网络中的每一台计算机既能充当网络服务的请求者，又对其它计算机的请求作出响应，提供资源和服务。通常这些资源和服务包括：信息的共享和交换、计算资源（如 CPU 的共享）、存储共享（如缓存和磁盘空间的使用）等。

又称对等互联网络技术，是一种网络新技术，依赖网络中参与者的计算能力和带宽，而不是把依赖都聚集在较少的几台服务器上。P2P 网络通常用于通过 Ad Hoc 连接来连接节点。这类网络可以用于多种用途，各种文件共享软件已经得到了广泛的使用。P2P 技术也被使用在类似 VOIP 等实时媒体业务的数据通信中。

纯点对点网络没有客户端或服务器的概念，只有平等的同级节点，同时对网络上的其它节点充当客户端和服务器。这种网络设计模型不同于客户端－服务器模型，在客户端－服务器模型中通信通常来往于一个中央服务器。

非对称加密技术：指在加密和解密两个过程中使用不同密钥。在这种加密技术中，每位用户都拥有一对钥匙：公钥和私钥。在加密过程中使用公钥，在解密过程中使用私钥。公钥是可以向全网公开的，而私钥需要用户自己保存。这样就解决了对称加密中密钥需要分享所带来的安全隐患。

由于公钥公开，任何用户都可以利用特定用户的公钥，对消息或数据加密保护然后发送给该用户。收到消息后，该用户利用独有的私钥对接收到的内容进行解密，以获取信息。由于除了该用户之外，没有其他用户拥有能够对该密文解密的私钥，因而该密文对其他用户来说都是不可读的。这样就能让收发双方放心地将加密消息或数据在网络传播。通过共享私钥来建立信息通道的方式不再是必要的，用户拥有的一对公钥和私钥就是安全的信息通道保障。

哈希算法：将任意长度的二进制值映射为较短的固定长度的二进制值，这个小的二进制值称为哈希值。哈希值是一段数据唯一且极其紧凑的数值表示形式。如果散列一段明文而且哪怕只更改该段落的一个字母，随后的哈希都将产生不同的值。要找到散列为同一个值的两个不同的输入，在计算上是不可能的，所以数据的哈希值可以检验数据的完整性。一般用于快速查找和加密算法。

共识机制和区块的生成：所谓"共识机制"，是通过特殊节点的投票，在很短的时间内完成对交易的验证和确认；对一笔交易，如果利益不相干的若干个节点能够达成共识，我们就可以认为全网对此也能够达成共识。区块链作为一种按时间顺序存储数据的数据结构，可支持不同的共识机制。共识机制是区块链技术的重要组件。区块链共识机制的目标是使所有的诚实节点保存一致的区块链视图。

现今区块链的共识机制可分为四大类：工作量证明机制、权益证明机制、股份授权证明机制和 Pool 验证池。

2-5-1-2　区块链在金融领域技术构架

区块链基础架构分为 6 层，包括数据层、网络层、共识层、激励层、合约层、应用层。每层分别完成一项核心功能，各层之间互相配合，实现一个去中心化的信任机制。

其中，数据层、网络层和共识层是构建区块链应用的必要因素，否则将不能称之为真正意义上的区块链。而激励层、合约层和应用层则不是每个区块链应用的必要因素。

（1）数据层

在金融业务场景中，业务规则和监管机构要求保护相关数据的隐私性、完整性。

数据层作为最底层的技术，主要实现了相关数据的存储以及账户和交易的实现与安全这两个功能。数据存储主要通过区块的方式和链式结构实现。账号和交易的实现基于数字签名、哈希函数和非对称加密技术等多种密码学算法和技术，保证了交易在去中心化的情况下能够安全地进行。

主要封装了底层数据区块的链式结构，以及相关的非对称公私钥数据加密技术和时间戳等技术，这是整个区块链技术中最底层的数据机构。其建立的一个起始节点是"创世区块"，之后在同样规则下创建的规格相同的区块通过一个链式的结构依次相连组成一条主链条。随着运行时间越来越长,新的区块通过验证后不断被添加到主链上,主链也会不断地延长。

区块链作为公开的链式账本,其中存储的数据向网络中所有节点公开,每个分布式节点都可以通过特定的哈希算法和 Merkle 树数据结构,将一段时间内接收到的交易数据和代码封装到一个带有时间戳的数据区块中,并链接到当前最长的主区块链上,形成最新的区块。该过程涉及区块、链式结构、哈希算法、Merkle 树和时间戳等技术要素。

(2)网络层

网络层主要实现网络节点的连接和通讯,又称点对点技术,是没有中心服务器、依靠用户群交换信息的互联网体系。

用于封装区块链系统的组网方式、消息传播协议和数据验证机制等要素。

每一个节点既接收信息,也产生信息。节点之间通过维护一个共同的区块链来保持通信。区块链的网络中,每一个节点都可以参与区块数据的校验和记账过程,创造新的区块,在新区块被创造后会以广播的形式通知其他节点,其他节点会对这个区块进行验证,当全区块链网络中超过51%的用户验证通过后,这个新区块就可以被添加到主链上了。

(3)共识层

共识层主要封装网络节点的各类共识机制算法。所谓共识机制,是区块链或分布式账本技术应用的一种无需以来中央机构来鉴定和验证某一数值或交易的机制,是所有区块链和分布式账本应用的基础和核心技术。因为这决定了到底由谁来进行记账,记账者选择方式将会影响整个系统的安全性和可靠性。区块链技术的核心优势之一就是能够在决策权高度分散的去中心化系统中使得各节点高效地针对区块数据的有效性达成共识。

区块链中比较常用的共识机制主要有：工作量证明（POW）、权益证明（POS）、授权权益证明（DPOS）、实用拜占庭容错（PBFT）、一致性共识算法（RAFT）等。

（4）激励层

激励层将经济因素集成到区块链技术体系中来，主要包括经济激励的发行机制和分配机制。区块链共识过程通过汇聚大规模共识节点的算力资源来实现共享区块链账本的数据验证和记账工作，因而其本质上是一种共识节点间的任务众包过程。去中心化系统中的共识节点本身是自利的，最大化自身收益是其参与数据验证和记账的根本目标。因此，必须设计激励相容的合理众包机制，使得共识节点最大化自身收益的个体理性行为与保障去中心化区块链系统的安全和有效性的整体目标相吻合。

该层主要出现在公有链中，因为在公有链中必须激励遵守规则参与记账的节点，并且惩罚不遵守规则的节点，才能让整个系统朝着良性循环的方向发展。所以激励机制往往也是一种博弈机制，让更多遵守规则的节点愿意进行记账。而在私有链中，则不一定需要进行激励，因为参与记账者的节点往往是在链外完成了博弈，也就是可能有强制力或者有其它需求来要求参与者记账。

激励层主要实现区块链代币的发行和分配机制，比如以太坊，定位以太币为平台运行的燃料，可以通过挖矿获得，每挖到一个区块固定奖励 5 个以太币，同时运行智能合约和发送交易都需要向矿工支付一定的以太币。

（5）合约层

合约层主要封装各类脚本代码、算法和由此生成的智能合约，赋予区块链可编程的特性。如果说数据层、网络层和共识层三个层次作为区块链底层"虚拟机"分别承担数据表示、数据传播和数据验证功能的话，合约层则是建立在区块链虚拟机之上的商业逻辑和算法，是实现区块链系统灵活变成和操作数据的基础。包括比特币在内的数字加密货币大多采用非图灵完备的简单脚本代码来编程控制交易过程，这也是智能合约的雏形。随着技术的发展，目前已经出现以太坊等图灵完备的可实现更为复杂和灵活的智能合约的脚本语言，使得区块链能够支持宏观金融和社会系统的诸多应用。

（6）应用层

应用层主要封装了区块链的各种应用场景和案例，比如搭建在以太坊上的各类区块链应用就是部署在应用层，所谓可编程货币、可编程金融和可编程社会也将会搭建在应用层。

该模型中，基于时间戳的链式区块结构、分布式节点的共识机制、基于共识算力的经济激励和灵活可编程的智能合约是区块链技术最具代表性的创新点。可编程金融意味着代码能充分表达这些业务合约的逻辑。智能合约使区块链的功能不再局限于发送、接受和存储财产。资产所有者无需通过各种中介机构就能直接发起交易。

2-5-2　区块链技术的应用现状

2-5-2-1　总体态势良好

区块链技术作为一种技术集成创新，其数据库、点对点网络、密码学算法等部分基础组件技术已较为成熟，但集成应用也对组件技术提出了一些新的要求，同时共识机制、智能合约等新技术仍在不断探索完善过程中。因此，区块链技术总体上还有待进一步发展成熟。比如，技术咨询公司高德纳（Gartner）在《2019年区块链技术成熟度曲线》中指出，分布式账本将在2年内达到生产成熟期（Plateau of Productivity），区块链、共识机制、智能合约等还需要2至5年，零知识证明、区块链互操作性等则还需要5至

10 年。不过，随着大量实践探索的开展，区块链技术适用条件已日渐清晰。

当前全球区块链技术领域呈现资本支持力度大、应用探索范围广、技术研究进程快的特点，而我国在风险投资、政府应用、专利申请和论文数量等方面的表现均居全球前列。此外，区块链技术标准化工作也在持续推进。比如，国际标准化组织（ISO）设立了区块链和分布式记账技术委员会（ISO/TC 307），现有在研标准 11 项，涉及术语、参考架构、隐私和个人信息保护、安全风险和漏洞等方面。国际电信联盟（ITU）安全工作组下分布式账本技术安全相关问题组（SG17/Q14）现有安全保障、安全威胁、安全框架等分布式账本技术安全相关的在研标准 10 项，未来网络（和云）工作组（SG13）及物联网、智慧城市和社区工作组（SG20）也有多项相关在研标准。电气电子工程师学会（IEEE）积极推进相关标准研制，围绕区块链在物联网数据管理、数字资产管理、政府部门等领域的应用以及加密货币等开展了较多工作。

目前，区块链技术在支付结算、贸易融资、证券交易等金融场景的应用日渐增多，总体发展态势向好。比如，IBM、Ripple 推出基于区块链技术的跨境支付服务；美国存管信托和结算公司探索通过区块链解决方案改善回购市场清算流程；巴克莱银行、汇丰银行探索了区块链技术在信用证方面的应用；香港金管局、汇丰银行、中国银行、东亚银行、恒生银行和渣打银行及德勤联合建立了区块链贸易融资平台；IBM 与多国银行合作开发了区块链贸易融资平台 Batavia；美国纳斯达克交易所基于区块链的证券交易系统 Linq 已提供私募股权发行交易服务；澳大利亚证券交易所开发了基于区块链技术的登记结算系统；日本交易所集团正推进区块链技术在资本市场基础设施领域的概念验证测试；世界银行发行了创建、转让、管理等流程均基于区块链技术的债券 bondi，且已实现将其二级市场交易行为记录于区块链上；Facebook 发布了基于区块链的加密货币天秤币（Libra）的白皮书，称 Libra 的使命是建立一套简单的、无国界的货币以及为数十亿人服务的金融基础设施；摩根大通推出名为 JPM Coin 的区块链支付结算工具，提供给白名单企业客户用于财资管理、证券结算等。

2-5-2-2　各国金融监管部门积极理性引导与应对

主要国家金融监管部门对区块链技术在金融领域应用持相对积极的态度。据经济合作与发展组织统计，截至 2018 年 3 月，全球 46 个国家 200 余个由政府主导的区块链项目中，有 73 个与金融服务相关。以美国、英国和加拿大为例，美国波士顿联邦储备银行已测试基于以太坊和 Fabric 等开源平台开发的交易对账服务，下一步计划开展基于区块链的监管节点测试项目；英格兰银行推动实时结算系统升级与区块链技术兼容，借助区块链技术实现系统扩展和数据安全；英国金融行为监管局监管沙箱计划第五阶段中，近 30% 的项目涉及以区块链为代表的分布式账本技术；加拿大中央银行等共同发起的 Jasper 项目陆续测试了基于以太坊和 Corda 等开源平台开发的区块链跨行支付结算服务，目前开展的第三阶段将测试基于区块链的证券清结算服务。

国际上对首次代币发行（Initial Coin Offering，ICO）的监管态度不一，但风险提示或强化监管是较为普遍的做法。当前，中国、韩国等国家明令禁止 ICO 行为，美国、加拿大、俄罗斯、澳大利亚、法国等国家依据 ICO 性质将部分业务纳入证券相关监管范畴，欧盟正在探讨是否将 ICO 纳入众筹监管框架，英国、德国、瑞士、瑞典等国家积极关注并对 ICO 进行风险提示。总体来说，通过风险提示或强化监管，加强金融消费者保护，防范欺诈、洗钱和恐怖融资等风险已是主流趋势。

同时，各国监管部门密切关注区块链及加密货币可能带来的资金违规跨境流动、洗钱、恐怖融资、逃税、隐私泄露等重点、热点问题，并出台了一系列监管办法。比如，瑞士金融市场监督管理局发布系列指引以严厉打击区块链洗钱活动并保护消费者；欧盟委员会正在审查欧盟立法以评估 Libra 在金融稳定、货币政策、数据隐私、洗钱、消费者保护等方面的风险；英国金融行为监管局发布《加密资产指南》，明确其加密货币监管范围等。

2-5-2-3 区块链技术在我国金融领域的应用现状

从现阶段技术基础、应用实践和金融监管要求来看，区块链技术在我国金融领域应用已初具条件，部分概念验证应用已催生一定规模的商用产品，在供应链金融、金融信息存证及流通、支付结算等场景中已形成了一些落地案例。从调研机构的实践情况看，当前区块链技术在我国金融领域的应用探索呈现出以下几个主要特点。

一是参与主体多元。金融机构主要是通过自主研发或合作方式，运用区块链对已有业务进行改造；互联网金融公司和科技公司主要是依托自身区块链技术实力，输出区块链技术解决方案。

二是应用探索较多。应用场景以供应链金融、金融信息存证及流通、支付结算等为主，多数应用项目为基于联盟链的综合技术解决方案。

三是底层技术原创有待加强。大部分应用项目采用开源区块链底层平台，基于区块链开源平台进行适应性调整开发，从并发用户数、吞吐量、响应时间、可用性、安全性等方面进行优化，以适应业务需求，实现身份认证、隐私保护、节点管理等功能。

四是关注信息安全和性能突破创新。普遍关注数据隐私安全保护机制，在网络、交易、应用等多个层面，通过限制、隔离、混淆、加密等多种手段保护数据安全。部分机构为提高系统安全性和交易吞吐量，积极探索多链、侧链、分片等技术。

从当前的实际应用情况看，区块链技术比较适用于存在多方交易且信任基础较弱的特定金融场景，其分布式架构、块链式结构、共识机制、时间戳等技术安排有助于提升链上信息的篡改难度和可追溯性、缓解信息不对称现象，与加密技术的结合有助于提升隐私保护力度、降低数据泄露风险，而点对点网络的运用有助于实现信息并行传递、提升业务处理效率，智能合约的引入则有助于实现业务流程的自动化执行，可用于融资、支付结算、信息存证及流通、保险理赔、金融监管、资产证券化等场景，增加信息可信度、缓解重复交易，提高相关参与方信息交流积极性和业务处理效率，且能在一定程度上降低道德风险和操作风险。

比如，在供应链金融场景中，多方协作、难以篡改等特性可缓解信息不对称问题，将核心企业信用传导至更多层级，智能合约则有助于实现交易自动化，在一定程度上缓解资金挪用、恶意违约等问题。在库存融资场景中，通过结合物联网技术，可增强对质押物的监控保障，有助于实现出入库记录和质押记录的安全存储和可信共享，降低库管人员操作层面的道德风险以及融资方主观欺诈或与仓储监管企业串通舞弊的风险。在跨境汇款类支付结算场景中，难以篡改等特性可增强付款方、转账服务商、银行、收款方等参与主体间的多方信任，并在完成反洗钱与合规检查的过程中提供一致同步的交易状态和结果，提高业务流程效率，降低资金占用成本。在金融信息存证场景中，基于加密算法、点对点网络等技术及分布式、难以篡改、多方协作等特性进行电子存证，有助于实现数据信息的固化、保存及溯源，提高信息的完整性、真实性，增强信息可信程度。在保险核保理赔场景中，信息分布式存储有助于保障信息连续性，且非对称加密等密码学技术可在保护隐私的前提下，提高信息共享程度。在监管科技场景中，利用共识机制及分布式等特性，有助于为监管机构提供实时可信的交易数据记录，改进金融数据报送流程，提升监管效率。在资产证券化场景中，利用分布式特性，方便各参与主体确认底层资产信息并保持信息同步，而将资产的转让完整真实地记录于链上，可方便追踪资产所有权，缓解"一笔多卖"问题。同时也应看到，区块链技术目前在各类金融场景中的作用主要体现于数据共享协作，且仍存在上链信息真实性保障难、数据跨链协同难等挑战，需继续加强探索与物联网、云计算等技术形成合力，从而进一步释放其综合效应。

2-5-3　区块链技术的金融应用价值

（1）重构信用创造机制

区块链技术基于非对称加密算法，实现了信用创造机制的重构：在金融交易系统中，通过算法为人们创造信用，从而达成共识。交易双方无需了解对方基本信息，也无需借助第三方机构的担保，直接进行可信任的价值交换。区块链的技术特性保证了系统内部价值交换过程中的行为记录、传输、存储的结果都是可信的，区块链记录的信息一旦生成将无法篡改，除非占有全网总算李的 51% 以上才有可能对记录进行修改。

（2）降低金融监管成本

金融行业在防范系统性风险上，需要借助多道审计来控制金融风险，监管成本较高。特别是随着互联网金融等新兴金融服务模式的出现，金融管控要求逐步提升，监管的难度不断增加，整个金融系统的监管成本越来越高。区块链通过分布式网络结构，将信息存储于全网中的每个节点，单个节点信息缺失不影响其余节点正常运转。区块链技术，以其防篡改、高透明的特性，保证了每个数据节点内容的真实完整性，实现了系统的可追责性，降低了金融监管的成本。

（3）实现高效低成本的交易模式

区块链通过共识机制替代中心化的信任创造方式，实现任意两个节点在不依赖任何中心平台的情况下进行点对点交易。点对点交易模式无需第三方介入，大幅降低信息传递过程中出现错误的可能，从而提升信息传输效率。而且，基于区块链技术的点对点交易由计算机程序自动确认执行双方交易结果，即交易确认和清算结算在同一时间完成，大幅度提高了金融交易和结算效率。

（4）实现个人隐私保护

随着金融业务与信息技术的不断融合，用户身份识别和安全认证成为一项重要问题。区块链技术通过基于节点的授权机制，将私密性和匿名性植入到用户控制的隐私权限设计中，只有授权节点才有相应权限查阅和修改有关数据信息。区块链技术对于完善用户个人信息保护制度，保证个人信息、财产状况、信用状况等私密信息安全，具有重要应用价值。

2-5-4　区块链技术对金融行业的影响

区块链具有众多特征，其中最主要的三点是：第一，去中心化，区块链使参与者地位均等，系统无管理中心，参与者的任一离开对整个系统无影响；第二，安全透明，区块链系统的数据、运行过程和规则具有安全透明性，网络数据更新需得到多个用户的共同支持；第三，可验证性，区块链系统采用时间戳技术为数据信息扩展时间维度，保证其数据信息存储及交换的可验证。因此，运用到智慧金融方面的区块链技术极大地提高了金融的交易效率，优化了信用机制，加强了风险控制，提供了监管便利。

（1）提升交易效率

传统金融机构在交易过程中会涉及多个环节。以股权交易为例，传统股权交易过程涉及托管机构、第三方支付平台、公证人、银行等，中间存在大量人工处理纸质材料信息，不仅容易出错，而且效率低下。此外，各个机构依赖于本身的 IT 系统和工作流程，往往需要多方进行数据的反复沟通、核对和发送等，交易成本较高。

区块链的共识机制使得部分金融领域的交易可以在短时间内完成，大大提升了金融交易的效率。通过工作量证明机制或者其他共识机制验证交易之后，新的区块就可以被写入分布式账本，所有节点的账本将同时更新，交易确认和清算结算几乎在同一时间完成，所有节点共享完全一致的账本。银行等传统金融机构，可以充分利用区块链技术对当前中心化系统进行改进，优化基础架构，从而增强自身竞争力，为金融服务体系的现代化提供动力。相较于传统的金融交易过程，区块链技术使很多商业运作的过程简化，省略了清算、审计等诸多后续操作，极大地节省了金融机构的时间、人力等成本。

（2）优化信用机制

传统的信用数据获取仅限定于特定的征信企业，但这些企业所获得的信用数据，因为与其自身利益紧密相关，往往无法有效快捷地分享给金融机构，造成金融机构用户发展所需要的真实有效数据的缺乏。

对于金融行业而言，需要实现对信用的评估和控制，而智慧金融更是对信用经济的进一步发展，因此信用机制的建立同样是智慧金融最核心的问题之一。信用构建的基础在于信用数据的收集和分析，信用准确的程度很大部分取决于金融机构对数据的积累和理解。随着时代的发展，信用数据已然成为智慧金融企业竞争的核心力量。智慧金融特别是在虚拟网络中完成的相关交易和服务，由于交易双方缺乏现实中的沟通和交流，加之传统金融实体机构的权威认证缺失，信任建立过程较为复杂。

区块链最大的颠覆性在于信用的创造机制。区块链技术基于数学非对称加密算法原理进行信用创造机制的重构：在系统中，参与者之间不需要了解对方的基本信息，也不需要借助第三方机构的担保，可直接进行可信任的价值交换，区块链自身的技术特点保证了系统对价值交换的活动记录、传输、存储的结果都是可信的。此外，嵌于分布式账本上的智能合约可以把许多复杂的金融合约条款写入计算机程序，在条件触发时自动执行，解决履约时的逆向选择和道德风险问题。

（3）加强风险控制

某种意义上，金融行业的兴起和发展是对风险的合理利用，风险与收益往往是并存的，高收益也可能意味着高风险，所以不论是传统金融行业还是智慧金融行业，都需要在为了获取高收益的同时控制由此伴随的高风险。传统金融行业，由于发展历史久远，且经历过多次危机事件，已经构建了很好的相关风险控制流程。但是，智慧金融未经历太久的成长和发展，其风险控制难度大且也缺乏相关经验，因此如何更好地解决智慧金融风险控制问题成了一大难题。而风险控制又面临着潜在收益的追求与资金安全性间的冲突，而区块链技术刚好可以实现对这一问题的最佳解决。

区块链技术在智慧金融行业的风险控制，主要基于信用机制的构建。利用信用机制，可以将用户进行准确划分，包括白名单上的优先级用户、未入信用机制的潜在用户、黑名单上的规避用户等。对于优先级用户，可以大力拓展金融服务，凭借其具有的良好信用，具备较好的保证收益。对于黑名单上的风险用户，智慧金融机构应该减少接触，甚至不与其有任何关联，信用的缺失使这些用户的风险比收益更大。对于未入信用机制的潜在用户，可以利用区块链技术共享各家机构对这些用户的生活习惯、日常收支记录、借贷情况等信息，从而判断潜在用户的价值和风险，选择较好的用户展开有限度的合作和服务。通过对不同用户采用不同策略，智慧金融可以实现有效的风险防控。

另外，区块链技术还可以很好地对金融交易的诈骗行为进行防范。利用区块链独有的分布式加密手段，数据的不可篡改，保证交易信息的安全。同时，在区块链的协助下，所有交易过程都可以实现代码自动化，减少人为因素的干预，降低人工操作的失误风险。此外，由于分布式交易具有不可逆和可追溯性，智慧金融交易的过程和结果都可以进行唯一性认定，从而减少了重复和伪造的诈骗可能性。

（4）提供监管便利

金融监管与创新相比，往往存在一定的滞后性。目前智慧金融监管的方法和手段，均落后于金融创新的发展，加之新兴智慧金融业态数据透明度不高、数据质量参差不齐、采集标准不健全等原因，监管机构检查的程序化、规范化程度较低，缺少行之有效的风险防范措施和手段。在我国现行的金融监管体系中，直销银行等新业务类型呈现"混业性"特点，其经营涉及央行、证监会、网络安全管理局等多个部门，如果没有良好的信息共享机制，这一行业的整体安全将难以得到保障。

区块链技术监管部门提供了新的工具，每个区块记录都包含完整的时间戳。由于采用通用共享的数据库，所有的数据都按照一个共同版本的要求进行记录和加密，监管部门通过授权节点进行实时观察、跟踪交易数据，并进行跨部门的协作管理，为政策的及时调整和制定提供依据。

2-5-5　区块链技术在金融领域的应用场景

目前，区块链的应用已延伸到物联网、智能制造、供应链管理、数字资产交易、企业金融等多个领域，将为云计算、大数据、移动互联网等新一代信息技术的发展带来新的机遇，有能力引发新一轮的技术创新和产业变革。在金融领域，区块链技术已在数字货币、支付清算、票据与供应链、信贷融资、金融交易、证券、保险、租赁等细分领域从理论探索走向实践应用；在企业级市场，区块链技术当前主要应用于企业间的关联交易、对账等活动；在物联网领域，区块链技术可以被用于追踪设备的历史数据，从而协调处理设备与设备之间的交易，未来的应用场景包括对分布式光伏、水电表、电子病历等领域大数据的记录、保存及管理。

应用场景一：区块链＋清算、结算

在清算和结算领域，不同金融机构间的基础设施架构、业务流程各不相同，同时涉及很多人工处理的环节，极大地增加了业务成本，也容易出现差错。传统的交易模式是双方各自记账，在交易完成后，双方需要花费大量的人力物力对账。而且由于数据是对方记录，真实性难以保证。而区块链上的数据是分布式的，每个节点都能获得所有的交易信息，一旦发现变更可通知全网，防止篡改。更重要的是，在共识算法的作用下，交易过程和清算过程是实时同步的，上家发起的记账，必须获得下家的数据认可才能完成交易。最后，交易过程完成了价值的转移，也就同时完成了资金清算，提高了资金结算、清算效率，大大降低了成本。

在此过程中，交易各方均可获得良好的隐私保护。例如，互联网银行微众，它的合作方式是联合放贷，资金的结算、清算就显得尤为重要。目前，其与华瑞银行联合开发了一套区块链应用系统，可用于两家银行微粒贷联合贷款的结算、清算。

应用场景二：区块链＋跨境支付

在支付领域，区块链技术的应用有助于降低金融机构间的对账成本及争议解决的成本，从而显著提高支付业务的处理速度及效率，这一点在跨境支付领域的作用尤其明显。

当前跨境支付结算，每一笔汇款所需的中间环节不但费时，而且需要支付大量的手续费，其成本和效率成为跨境汇款的瓶颈。

通过区块链的平台，不但可以绕过中转银行，减少中转费用，还因为区块链安全、透明、低风险的特性，提高了跨境汇款的安全性，以及加快结算与清算速度，大大提高了资金利用率。未来，银行与银行之间可以不再通过第三方，而是通过区块链技术打造点对点的支付方式，实现全天候支付、实时到账、提现简便且没有隐形成本，也有助于降低跨境电商资金风险及满足跨境电商对支付清算服务的及时性、便捷性需求。

根据麦肯锡测算，从全球范围来看，区块链技术在 B2B 跨境支付与结算业务中的应用可以使每笔交易成本从约 26 美元降低到 15 美元。降低的 11 美元成本约有 75％ 为中转银行的支付网络维护费用，25％ 为合规、差错调查费用以及外汇兑换成本。

应用场景三：区块链＋数字票据

票据业务领域。现阶段票据市场面临几大问题：首先，票据的真实性有待商榷，假票、克隆票层出不穷；其次，划款不够及时，票据到期后，承兑人未能及时地将资金划入持票人的账户；再次，由于票据的审验成本及监管对银行时点资产规模的要求，市场上催生了众多的票据掮客、中介，使得不透明、高杠杆错配、违规交易等现象并不少见。区块链技术不可篡改的时间戳和全网公开的特性能够有效防范传统票据市场"一票多卖"、"打款背书不同步"等问题，降低了系统中心化带来的运营和操作风险，还能借助数据透明特性促进市场交易价格对资金需求反映的真实性，控制市场风险。

票据业务通过区块链技术可以搭建一个可行的交易环境，避免信息的互相割裂和风险事件。在数据上，有效保证链上数据的真实性、完整性；在治理上，不需要中心化系统或强信用中介做信息交互和认证，而是通过共同的算法解决信任问题；在操作流程上，不仅反映了票据的完整生命周期，还从发行到兑付的每个环节可视化，确保票据真实性；在风控上，监管机构可以作为独立的节点参与监控数据发行和流通全过程，实现链上审计，提高监管效率，降低监管成本。例如京东金融，通过区块链技术，所有参与方在票据平台上的交易、查询等业务操作需要使用私钥进行认证与数据加密。此外，会员等级和票据资产上链都有严格审核，避免篡改，不仅提高了管理效率，还极大地降低了信用风险。

目前区块链票据产品可以实现的功能包括供需撮合、信用评级、分布式监管、数据存证和智能交易等。

应用场景四：区块链＋供应链金融

在供应链金融上，区块链将分类账上的货物转移登记为交易，以确定与生产链管理相关的各参与方以及产品产地、日期、价格、质量和其他相关信息。任何一方都不可能拥有分类账的所有权，也不可能为牟取私利而操控数据。加上交易进行过加密，并具有不可改变的性质，所以分类账几乎不可能受到损害。同时，通过区块链，供应链金融业务将能大幅减少人工的介入，将目前通过纸质作业的程序数字化。所有参与方（包括供货商、进货商、银行）都能使用一个去中心化的账本分享文件并在达到预定的时间和结果时自动进行支付，极大地提高效率及减少人工交易可能造成的失误。

应用场景五：区块链＋资产证券化 ABS

依靠区块链去中心化、开放性、共享性的特征，区块链证券交易系统可以提升证券产品的登记、发行、交易与结算效率，并有效保证信息安全与个人隐私。例如，百度金融通过大数据风控和黑名单筛选，进而识别出一些常规风控手段难以发现的"问题"资产，并通过区块链技术，加强对资产的筛选、评级、定价能力，实现底层资产质量透明度和可追责性。

如百度联合发行国内首单基于区块链技术的 ABS 项目，发行规模达 4.24 亿元。区块链技术的运用为其提升了项目的效率、安全性和可追溯性。去中心化存储、非对称密钥、共识算法等技术有助于打造系统地去中介信任、防篡改、交易可追溯等特性。针对参与的金融机构节点暂时较为有限的情况，百度将区块链算法做了相应改造，应用了百度安全实验室的协议攻击算法，通过百度极限事务处理系统降低交易成本，结合人工智能、联盟链等技术实现 ABS 全生命周期管理，通过权限管理及非对称加密保证节点信息安全。

应用场景六：区块链＋征信

征信市场是一个巨大的蓝海市场。传统征信市场面临信息孤岛的障碍，如何共享数据充分发掘数据蕴藏的价值，传统技术架构难以解决这个问题。区块链技术为征信难题提供了全新的思路。首先，提高征信的公信力，全网征信信息无法被篡改；其次，显著降低征信成本，提供多维度的精准大数据；最后，区块链技术有可能打破数据孤岛的难题，数据主体通过某种交易机制，通过区块链交换数据信息。实现这种高效的征信模式，还有业务场景、风险管理、行业标准、安全合规等一系列问题要解决。

应用场景七：区块链＋资产托管

典型的托管业务流程往往涉及多方，同时由于单笔交易金额大，各方都有自己的信息系统，交易方以往大多依托于电话、传真以及邮件等方式反复进行信用校验，费时费力。邮储银行采用超级账本架构将区块链技术成功应用于实际的生产环境中，实现了信息的多方实时共享，免去了重复信用校验的过程，将原有业务环节缩短了 60％ 至 80％。另外，区块链具有不可篡改和加密认证的属性，确保了交易方快速共享必要信息、保护账户信息安全。低成本地解决了金融活动中的信任难题，为多方交易带来前所未有的信任和信用的高效交换。

应用场景八：区块链十用户身份/账户识别

在用户身份识别领域，不同金融机构间的用户数据难以实现高效的交互，使得重复认证成本较高，也间接带来了用户身份被某些中介机构泄露的风险。在传统方式下，KYC 是非常耗时的流程，缺少自动验证消费者身份的技术，因此无法高效地开展工作。在传统金融体系中，不同机构间的用户身份信息和交易记录无法实现一致、高效地跟踪，使得监管机构的工作难以落到实处。账户认证要求保护用户隐私、保障账户安全，这就意味着要求极高的标准化程度和加密技术。每日数以十亿计的用户数和更多的账户数等待验证，则要求更高的自动化程度。同时，证明身份的资质证明也是名目繁多，真伪难辨。

区块链技术可实现数字化身份信息的安全、可靠管理，在保证客户隐私的前提下提升客户识别的效率并降低成本。区块链通过程序化记录、储存、传递、核实、分析信息数据，可省去大量人力成本、中介成本，提高准确性和安全性，所记录的信用信息更为完整、难以造假。

2-5-6　区块链技术在金融领域的应用前景

区块链技术近年来一直受到广泛关注，其技术公开、不可篡改和去中心化的技术属性，拥有在金融领域应用的先天优势，具备改变金融基础服务模式的巨大潜力。当前，区块链技术在金融领域的应用正在逐步落地。多家金融机构已经逐步开始采用区块链技术，实现在跨境支付、智能合约和征信管理等多个业务领域的应用。然而，虽然各界工人区块链在金融领域的应用前景广阔，但目前无论是区块链技术本身，还是国家政策法规条件，都仍然存在着较为突出的问题，制约了区块链技术的广泛应用。例如单链数据结构对于某些场景不适配、分布式共享账本带来的安全隐私问题、智能合约难以统一规则以及核心共识机制待优化等，这些问题都是区块链技术在金融领域应用所必须解决的关键性问题。同时，目前规范金融市场和金融业务的法律框架是根据目前的金融市场结构设计的，区块链技术的部分构成要素的法律基础仍存在空白，也是对区块链技术具体应用的严重制约。可以预见，在短期内区块链在金融领域的应用仍是探索为主，大规模广泛应用的实现仍需要较长的时间周期。

2-5-7　区块链技术在金融领域的风险挑战与对策建议

2-5-7-1　区块链技术在金融领域的风险挑战

一是技术层面目前尚难以兼顾部分金融应用场景对安全、功能和性能的要求。首先，区块链技术通过大量的冗余数据和复杂的共识算法提升安全可信水平，金融业务需求的增加将导致系统处理量更大幅度的增加，并加剧参与节点在信息存储、同步等方面的负担，在现有技术环境下会导致系统性能和运行效率下降。其次，搭载智能合约可能带来一些新的风险，尤其是将其用于实现复杂业务功能时，需要深入的业务逻辑理解和较强的程序设计能力，否则可能导致交易执行错误或程序代码漏洞，影响金融业务运转和区块链系统运行。比如，新加坡国立大学和伦敦大学研究人员通过对以太坊上约 97 万份智能合约的评估研究发现，有约 34 万份合约存在程序漏洞。

二是治理层面存在法律规制困难、技术依赖等风险。首先，链上资产和智能合约等方面的法律有效性界定不清晰，发生纠纷时难以寻求法律救济，且分布式体系进一步提高了责任主体认定难度。其次，多数区块链体系高度自治且数据加密，在缺少必要权限的情况下，违规开展金融业务的行为和潜在风险对监管部门等外部者而言相对隐蔽。最后，对国外开源程序的广泛应用可能导致技术依赖风险，且代码托管平台等开源服务相关方也需遵守注册地等相关司法辖区的法律法规要求，在当前贸易保护主义抬头的背景下存在不容忽视的政策风险。比如，GitHub 在其使用条款中明确规定不得使用 GitHub 违反美国或其他适用司法辖区的出口管制或制裁法律。

三是业务层面部分应用环节尚存在模糊地带、应用创新缺少权威第三方评估。比如，部分依托区块链平台开展的数字凭证拆分、积分通兑等环节尚存在一定的模糊地带，相关政策有待进一步明确。此外，部分区块链应用创新未经严密论证，且缺少权威的第三方评估意见作为参考，一些应用甚至难以达到传统数据库技术的效率水平，不仅导致资源浪费，还可能对自身持续经营造成不利影响。

2-5-7-2　区块链技术在金融领域的对策建议

政策监管层面，建议加强研究跟踪，立规制促合规。一是加强对区块链安全风险的研究和分析，密切跟踪发展动态，积极探索发展规律，坚持"凡是金融活动都应纳入监管"的原则，严格落实国家互联网信息办公室《区块链信息服务管理规定》等现有监管规定，引导、规范金融机构和技术企业共同推动区块链技术在金融领域的可靠、可控、可信应用。二是充分利用包括区块链技术在内的监管科技加强监管能力建设，提升监管效能，同时加强政府机构及金融管理部门人员运用与管理区块链技术的知识能力，逐步建立起与区块链技术发展相适应的监管体系。三是密切关注加密货币等应用在跨境资金流动、恐怖融资、洗钱和逃税等方面可能带来的问题和挑战，持续跟踪国际监管动态，积极参与相关跨境监管规则与标准的研究和制定。四是对于有违技术发展规律和损害金融秩序的不法行为和乱象，应保持高压态势，持续采取措施重拳打击，坚决遏制歪风邪气，并切实引导将区块链技术发展与此类乱象有效切割。

行业组织层面，建议搭建平台桥梁，研标准聚合力。一是搭建汇聚政产学研用各界资源的有效平台，开展热点难点问题研究，持续关注国际发展动态和金融应用成果，探索对区块链在金融领域应用及相关责任主体开展服务实体经济价值、合法合规性、安全规范性、运营稳健性等方面的评议评估，推动成果经验应用推广。二是按照"共性先立，急用先行"原则，围绕技术发展和业务场景关键环节，以技术安全、业务合规和金融消费者权益保护为重点，推动完善区块链技术在金融领域应用的基础术语、安全规范、应用评估等标准规范，逐步完善区块链技术和应用标准体系，促进各方对区块链技术达成共识。三是强化基础设施建设，发挥行业自律作用，聚焦于区块链技术在供应链金融、签约存证等具体场景中的应用痛点，探索建立满足信息跨链共享、存证权威可信等行业需求的信息基础设施。四是切实加强公众教育，使公众能够正确认识和客观理解区块链技术；对缺乏理性、跟风炒作现象适时进行风险提示，不断强化公众风险意识和自我保护观念，引导其远离各类打着区块链技术创新旗号的非法金融活动。

从业机构层面，建议探索核心技术，抓应用推场景。一是强化基础研究，扎实练好内功，结合自身技术基础与发展定位，深入研究区块链应用及底层技术，推进区块链底层平台的持续优化，加大区块链人才培养力度，加快形成自主创新体系，不断实现区块链核心技术突破，提升原始创新能力。二是充分考量金融业务场景适用性，合理建立激励机制和商业模型，做好产品技术验证和项目推广，逐步走出实验室测试和内部试点，在依法合规前提下探索推动区块链技术在金融领域应用的商业落地，更好地发挥区块链技术在促进数据共享、优化业务流程、降低运营成本、提升协同效率、建设可信体系等方面的作用。三是稳步提高技术自主可控能力，综合运用产业支持政策、税收优惠政策等措施，促进金融领域关键信息基础设施国产化，切实提高技术可靠性，加强"链上"金融业务风险抵御能力。四是坚持走正道,充分考虑监管要求和法律适用问题,结合业务和技术发展实际,开展合规审慎经营,持续提升风险防范的意识和能力,做到风险管控安排与产品服务创新同步规划、同步实施。

2-6　基于云计算的金融服务

云计算是一种按使用量付费的模式,通过云计算,用户可以随时随地按需从可配置的计算资源共享池中获取网络、服务器、存储器、应用程序等资源。

云计算的基本原理是,通过使计算分布在大量的分布式计算机上,而非本地计算机或远程服务器中,企业数据中心的运行将更相似于互联网。这使得企业能够将资源切换到需要的应用上,根据需求访问计算机和存储系统。云计算就是把普通的服务器或者个人计算机连接起来,以获得超级计算机也叫高性能和高可用性计算机的功能,但是成本更低。云计算的出现使高性能并行计算不再是科学家和专业人士的专利,普通的用户也能通过云计算享受高性能并行计算所带来的便利,使人人都有机会使用并行机,从而大大提高工作效率和计算资源的利用率。云计算模式可以简单理解为不论服务的类型,或者是执行服务的信息架构,通过因特网提供应用服务,让使用者通过浏览器就能使用,不需要了解服务器在哪里,内部如何运作。

在云计算技术架构中,核心是云计算基础设施和云计算操作系统。云计算基础设施由数据中心基础设施、物理资源和虚拟资源组成。云计算操作系统由资源管理系统和任务调度系统构成。

云计算引发了软件开发部署模式的创新,是承载各类应用的关键基础设施,也是金融科技创新产品的最佳交付载体。

云计算的分布式架构的核心思想是在低成本、标准化的开放硬件和开源软件的基础上，通过分布式处理架构实现系统处理能力的无限扩展；采用数据复制、多副本、读写分离等技术弥补基础软硬件的不足，满足系统高性能、高可用和容灾备份等方面的要求；并采用了分布式中间件或分布式数据库实现联机交易处理的一致性等事务管理要求。

可以说云计算是分布式计算的一种，指的是通过网络"云"将巨大的数据计算处理程序分解成无数个小程序，然后，通过多部服务器组成的系统进行处理和分析这些小程序得到结果并返回给用户。云计算早期，简单地说，就是简单的分布式计算，解决任务分发，并进行计算结果的合并。因而，云计算又称为网格计算。通过这项技术，可以在很短的时间内（几秒钟）完成对数以万计的数据的处理，从而达到强大的网络服务。

2-6-1　云计算的发展现状

2017 年全球公有云市场规模达到 1110 亿美元，同比增长 29.22%，预计 2021 年全球公有云市场规模将达到 2461 亿美元，CAGR22%，预计未来全球公有云增长逐渐趋于稳定；公有云细分市场中 IaaS（Infrastructure as a service－基础设施即服务）市场增长最快，2017 年 IaaS 市场规模达到 326 亿美元，同比增长 35.27%，在 IaaS 基础服务中计算类服务需求最为旺盛占比达 92%；2017 年 PaaS（Platform as a service－平台即服务）市场规模达到 128 亿美元，同比增长 28%，预计未来仍将保持稳定增长；SaaS（Software as a Service－软件即服务）规模达到 656 亿美元，同比增长 26.64%，预计未来 SaaS 市场增速逐渐趋缓。

2017 年中国公有云市场规模达 264.8 亿元，同比增长 55.7%，增速远超全球平均水平，预计到 2021 年中国公有云市场规模将达到 902.6 亿元，CAGR35.87%；其中 IaaS 市场规模达 148.7 亿元，同比增长 70.14%；PaaS 市场规模达 11.6 亿元，同比增长

52.64％；SaaS 市场规模 104.5 亿元，同比增长 39.15％。

2018 年全球云计算市场规模达到 3000 亿美金，占全球整体 IT 投资比重约为 8.6％，现阶段云计算渗透率较低的主要原因是全球 87.5％IT 支出其中在大型企业，在云计算发展早期，凭借成本及技术优势，价格较为敏感的中小客户是云就计算的主要客户群体；大型企业由于价格承受能力较强且对私密性及安全较为敏感，云化反而较慢，长期来看大型客户云化是大势所趋，从 IT 产业发展规律来看渗透率 20％将是临界点，当渗透率达到 20％时云计算的渗透率将进一步加速；未来全球云计算渗透率有至少 9 倍的提升空间。

2018 年中国云计算市场规模达到 1200 亿元，占整体 IT 投资比重约为 5.2％；远低于全球平均水平，主要原因是中国云计算起步较晚，产业生态仍有待完善，中国云计算增速远高于全球，预计未来中国云计算渗透率将逐渐赶上全球平均水平。

2-6-2　云计算的技术与分类

2-6-2-1　核心技术

云计算的目标是以低成本的方式，实现可靠、便捷和强大的个性化服务。未来达到这个目标，需要虚拟化技术、分布式海量数据存储、海量数据管理技术、编程方式和云计算平台管理等技术加以支持。

（1）虚拟化技术

虚拟化技术是指计算元件在虚拟的基础上而不是真实的基础上运行，它可以扩大硬件的容量简化软件的重新配置过程，减少软件虚拟机相关开销和支持更广泛的操作系统。通过虚拟化技术可实现软件应用于底层硬件相隔离，它包括将单个资源划分成多个虚拟资源的裂分模式，也包括将多个资源整合成一个虚拟资源的聚合模式。虚拟化技术根据对象可分成存储虚拟化、计算虚拟化、网络虚拟化等，计算虚拟化又分为系统级虚拟化、应用级虚拟化和桌面虚拟化。在云计算实现中，计算系统虚拟化是一切建立在"云"上的服务于应用的基础。虚拟化技术目前主要应用在 CPU、操作系统、服务器等多个方面，是提高服务效率的最佳解决方案。

（2）分布式海量数据存储

云计算系统由大量服务器组成，同时为大量用户服务，因此云计算系统采用分布式存储的方式存储数据，用冗余存储的方式（集群计算、数据冗余和分布式存储）保证数据的可靠性。冗余的方式通过任务分解和集群，以低配机器替代超级计算机的性能来保证低成本，这种方式保证分布式数据的高可用、高可靠和经济性，即为同一份数据存储多个副本。云计算系统中广泛使用的数据存储系统是 Google 的 GFS 和 Hadoop 团队开发的 GFS 的开源实现 HDFS。

（3）海量数据管理技术

云计算需要对分布的、海量的数据进行处理、分析，因此，数据管理技术必须能够高效地管理大量数据。云计算系统中的数据管理技术主要是 Google 的 BT（BigTable）数据管理技术和 Hadoop 团队开发的开源数据管理模块 HBase。由于云数据存储管理形式不同于传统的 RDBMS 数据管理方式，如何在规模巨大的分布式数据中找到特定的数据，也是云计算数据管理技术所必须解决的问题。同事，由于管理形式的不同造成传统的 SQL 数据库接口无法直接移植到云管理系统中来，目前一些研究在关注为云数据管理提供 RDBMS 和 SQL 的接口，如基于 Hadoop 子项目的 HBase 和 Hive 等。另外，在云数据管理方面，如何保证数据安全性和数据访问高效性也是研究关注的重点问题。

（4）编程方式

云计算提供了分布式的计算模式，客观上要求必须有分布式的编程模式。云计算采用了一种思想简洁的分布式并行编程模型Map－Reduce。Map－Reduce 是一种编程模型和任务调度模型，主要用于数据集的并行运算和并行任务的调度处理。在该模式下，用户只需要自行编写 Map 函数和 Reduce 函数即可进行并行计算。其中，Map 函数定义各节点上的分块数据的处理方法，而 Reduce 函数定义中间结果的保存方法以及最终结果的归纳方法。

（5）云计算平台管理技术

云计算资源规模庞大，服务器数量众多并分布在不同的地点，同时运行着数百种应用，如何有效地管理这些服务器，保证整个系统提供不间断的服务是巨大的挑战。云计算系统的平台管理技术能够使大量的服务器协同工作，方便进行业务部署和开通，快速发现和回复系统故障，通过自动化、智能化的手段实现大规模系统的可靠运营。

2－6－2－2　现有的三类主要云服务：IaaS、PaaS 和 SaaS

（1）目前 IaaS 巨头主导市场，竞争格局基本确立巨头主导市场，竞争格局基本确立

以 2017 年的数据为例，当年全球公有云 IaaS 市场市占率前五名分别为 AWS、微软 Azure、阿里云、Google 以及 IBM，其中亚马逊市占率最高达 51.8％，处于绝对领先地位；Top5 的市占率达到 75％，IaaS 市场基本被几大巨头把持。2017 年中国公有云 IaaS 市场市占率前五名分别为阿里、腾讯、中国电信、金山云、AWS，阿里云以 45.50％的市占率排名第一，是中国 IaaS 市场的领头羊；Top5 的市占率达 75.3％，竞争格局基本与全球市场保持一致。

IaaS 市场集中度较高的主要原因是，IaaS 主要提供计算、存储、网络、安全等 IT 基础资源，是 IT 服务构建的基础，服务同质化严重。云计算将分散的 IT 需求聚集起来共享使用需要大量资

本投入，2017 年全球主要云计算厂商资本开支均在千亿以上，巨大的投资规模造就行业高准入门槛，小玩家基本被拒之门外。集中化导致 IaaS 行业规模效应显著。

（2）PaaS 市场规模较小，受上下游挤压难以单独存在

2017 年全球与中国 PaaS 市场规模分别为 128 亿美元和 12 亿元，规模远小于 IaaS 和 SaaS；2017 年国内 PaaS 市场前五名依次为阿里云、Oracle、AWS、微软、IBM，Top5％的市占率达 52％，其中阿里云、AWS、IBMPaaS 业务均由 IaaS 层向 PaaS 衍生而成，Oracle 和微软则是在 IaaS、PaaS、SaaS 均有布局。

PaaS 市场较小且难以单独存在的主要原因是，Paa 处于产业链中间环节易受上下游挤压。PaaS 在云计算起步较晚，市场还处于激烈竞争状态时上下游竞争格局就已经确立，IaaS、SaaS 向中游 PaaS 衍生对其形成强烈的挤压效应。

虽然 PaaS 市场规模远小于 IaaS 和 SaaS，但是 PaaS 的产业地位极其重要，PaaaS 链接 IaaS 与 SaaS 决定了 IaaS 对用户端以及 SaaS 厂商是粘性。PaaS 能够帮助 IaaS 与 SaaS 厂商构建生态形成差异化竞争，从 IT 产业发展历史来看，一旦开发生态建立起来，替换成本将成几何倍数增加。

对于 IaaS 厂商来说，PaaS 能够帮助及构建开发者生态降低 SaaS 厂商的开发难度增强粘性形成差异化竞争；更多的 PaaS 开发套件有利于增强 IaaS 厂商生态体系的服务能力，加速 IaaS 服务在全社会的渗透。

对于 SaaS 厂商来说，PaaS 能够帮助其降低其合作伙伴的开发难度，增强整体生态的服务能力，用户粘性增强的同时整体生态占用户 IT 支出比重增加，议价力提升。

（3）SaaS 市场规模巨大，CRM、ERP、办公套件市占率居首

SaaS 服务是最早出现的云服务形态，早在 1998 年 SaaS 服务

鼻祖 Salesforce 就已经创立，经过近二十年的发展，在 SAAS 领域美国已经出现两家千亿市值的公司，中国 SaaS 市场起步较晚，但凭借广阔的市场空间，以及本土化服务优势，未来中国有望诞生自己的 SaaS 软件巨头。

2017 年全球公有云 SaaS 市场规模达到 656 亿美元，同比增长26.64％，占全球公有云市场总规模的 59.09％，是云计算规模最大的细分市场，预计 2021 全球公有云 SaaS 服务市场规模将达到1276 亿元，CAGR18.1％。

CRM、ERP、办公套件是 SaaS 板块排名前三的细分子领域，三者合计占据市场 75％的份额。

2-6-3　云计算的金融应用价值

云计算作为推动信息资源实现按需供给、促进信息技术和数据资源充分利用的技术手段，与金融领域进行深度结合，是互联网时代下金融行业可持续发展的必然选择。

（1）云计算降低了金融机构的信息资源获取成本

传统模式下，实力强劲的大型金融机构自己购买硬件基础设施，通过本机构的信息部门搭建符合自己业务需求的软硬件环境，开发各类业务软件；或者向外部供应商购买相关软硬件设备及人力服务，内部技术团队在此基础上进行集成运维和二次开发等工作。而大多数中小金融机构只能采取后一种方式获取科技信息资源，有的甚至因为内部科技实力薄弱，只能完全依赖外包形式支撑其开展各项业务服务。

传统模式下这种信息资源的获取方式耗费的人力物力财力巨大，对金融机构而言是一项沉重的负担。云计算大大地降低了金融机构的资源获取和应用成本。

性能上，云计算通过虚拟化技术将物理 IT 设备虚拟成 IT 能力资源池，以整个资源池的能力来满足金融机构算力和存储的需求。在物理设备上，云计算采用 X86 服务器和磁盘阵列作为基础设施。此外，通过云操作系统可以实现 IT 设备的负载均衡，提高单位 IT 设备的使用效率，降低单位信息化成本。因此，在 IT 性能相同的情况下，云计算架构的性价比远高于以大型机和小型机作为基础设施的传统金融架构。

与此同时，出于规模效应和专业化分工，云提供者能以更低廉的价格向金融机构提供服务，安排专业人员对基础设施进行维护，金融机构无须为此耗费人力物力财力；金融机构也可以根据实际需求使用云上的 IT 资源，并按实际使用量进行付费，减少了为闲置资源付出的不必要成本。

（2）云计算减小了金融机构的资源配置风险

传统信息模式下，一方面，金融机构很容易出现过度配置（IT 资源利用率不足）和配置不足（IT 资源过度使用）问题。

当金融市场波动引发突发性的用户需求暴增时，传统金融机构内部 IT 资源可能会配置不足，将无法响应用户的所有需求，甚至导致系统崩溃；而过度的配置又会带来资源浪费。

另一方面，当内部 IT 资源出现故障时，金融机构可能永久性地丢失部分交易数据，将严重影响其正常运营。

而云计算提供 IT 资源池及使用资源池的工具和技术，使得金融机构能够随时随地、动态地获取所需的 IT 资源，由此金融机构可以根据实际需求的波动自动或手动调整其云上的 IT 资源。

既不会造成资源闲置，也避免了使用需求达到阈值时可能出现的损失。云计算也能提高金融数据的可靠性。

通过在不同物理位置布置 IT 资源，使得当云中的某个设备出现异常时，能够在极短时间内快速将其数据拷贝到其他设备上，使金融灾备问题得到很好的解决。

（3）云计算提高了金融机构的运营效率

云使金融机构信息共享速度得到加快，服务质量得到提高。同时，云计算大大提高了金融机构的数据处理能力，它能在短时间内从海量数据中快速提取有用信息，为金融机构的各类分析或商业决策提供依据。

云计算极大地简化了金融机构的 IT 运营管理。云服务提供商将信息资源打包，直接为金融机构提供现成的解决方案，使金融机构对信息资源进行开发管理的时间大大缩短。

在可靠性上，云计算可以通过数据多副本容错、计算节点同构可互换等措施，有效保障金融企业服务的可靠性。在可扩展性上，云计算支持通过添加服务器和存储等 IT 设备实现性能提升，快速满足金融企业应用规模上升和用户高速增长的需求。

目前，主流的云计算操作系统都设有监控模块。云计算操作系统通过统一的平台管理金融企业内服务器、存储和网络设备。通过设备的集中管控，可以显著提升企业对 IT 设备的管理能力，有助于实现精益管理。此外，通过标签技术可以精准定位出现故障的物理设备。通过现场设备更换可以快速实现故障排除。传统金融架构下，若设备发生故障，基本每次都需要联系厂家进行维修，缺少自主维护能力。

而且云计算的升级方式非常灵活，完全可以支持业务的动态变化，金融机构也不会因为兼容问题而被迫使用一个厂商的软、硬件。

云系统是一个开放的生态环境，互联网上的各种云服务资源，能够方便地进行整合扩充。

2-6-4　云计算对金融行业的影响

随着云计算和移动互联网的普及，越来越多的数据将在云端存储，越来越多的金融业务将在云端开展。云计算对金融的影响具体表现在加速金融脱媒、降低风险损失、提高运营效率和降低运营成本等方面。

（1）加速金融脱媒

传统的经济社会，对商业银行的依赖性减弱。长期以来，商业银行的主要功能是为投融资者提供媒介。银行以其强大的信用，实现投资者和融资者之间的间接融通。即资金富余者将钱存入银行，而需要资金者从银行贷款，银行将存贷差作为收益来源。

随着信息与交易技术的发展，特别是云计算环境下，大大提高了用户信息的透明度，投融资者的直接融通，日益成为主要的融资方式。于是，债券、股权市场活跃起来。通过证券市场直接撮合成为社会融资中更加主要的部分。而小额贷款机构的大量发育，也使投资者与贷款者直接联系。因此，传统商业银行的存贷款业务，由于信贷共享和投融者之间融通的渠道多元化，将逐步被其他提供流动性转换和财富管理的新金融所取代。

同时，云计算技术促进第三方支付公司的出现与发展。如支付宝、快钱等第三方支付公司，将业务发展到为中小商贸企业及制造企业提供量身定做的支付结算综合业务，甚至提供贸易融资便利，并可以提供传统银行不能提供的个性化服务，从而获得用户依存度。而阿里巴巴早在 2010 年就成立了两家小贷公司，为淘宝和天猫上的用户提供"订单贷款"和信用贷款服务。上海则出现了一家会员制的小贷公司，其本质上是一个投融资俱乐部，通过规范的授信调查向会员介绍贷款，再由会员认购。而在美国，也发育着所谓的人人贷公司。这些新金融模式，利用网络和云计算技术形成的投融资平台，使投融资者摆脱了对银行等金融中介机构的依赖，加速金融脱媒。

（2）降低风险损失

传统的金融机构需要构建并维护机构内部的 IT 资源，在这种IT 资源配置模式下，金融机构主要面临着两大风险损失。一方面，当金融市场波动引起突发性的用户暴增时，传统金融机构内部 IT 资源可能会配置不足，将无法响应所有的用户请求，甚至导致系统崩溃，这种情况不仅会降低金融机构的交易量，使金融机构蒙受损失，还会影响用户体验度。另一方面，当内部 IT 资源出现系统故障时，金融机构可能会永久性地丢失部分重要交易数据，这不仅严重影响金融机构的正常运营，还会使金融机构的公信力下降。

云计算能够帮助金融机构规避上述两大风险损失。一方面，云计算使金融机构的 IT 资源具备更高的可扩展性，使金融机构能够随时随地动态地获取所需的 IT 资源，可以根据实际需求的波动自动或者手动调整云平台上的 IT 资源。云计算具有提供可灵活扩展 IT 资源的天然特性，当出现不可预知的爆发式用户需求增长时，金融机构将有足够的 IT 资源应对突发情况，由此避免使用需求达到阈值时可能出现的损失。另一方面，云计算也使金融机构 IT 资源的可用性和可靠性大幅提高，通过在多个不同物理位置布置 IT 资源，使得云平台上的 IT 资源具备可恢复性，当某个 IT 资源出现系统故障时，相应任务即刻便转移到其他平台上处理，从而显著降低金融机构的风险损失。

（3）提高运营效率

传统金融机构获取信息化能力的主要方式是，向外部供应商购买大规模计算基础设施及人力服务，内部技术团队在此基础上开展集成运维和二次开发等工作，由此形成机构自身的信息化能力，从而支撑金融机构开展各项服务业务。

云计算极大地简化了金融机构的 IT 运营管理，云计算服务提供商将信息资源打包，直接为金融机构提供现成可用的解决方案，相较于金融机构内部技术团队提出的解决方案，对信息资源进行开发管理的时间大大缩短。

（4）降低运营成本

传统金融机构不仅需要购买大量 IT 基础设施，雇佣专业技术人员维持内部 IT 环境的正常运转，还需要为此安排行政和财务人员追踪相关许可证。IT 部门的巨额花销对金融机构来说是个相当沉重的负担，金融机构必须在业务性能和 IT 成本之间做出抉择。

云计算的应用能够极大地降低金融机构的运营成本。一方面，处于规模效应和专业化分工，云计算提供者能以更低廉的价格向金融机构提供服务，安排专业人员对基础设施进行集体维护，金融机构无须再耗费大量财力人力在机构内部配置维护大量计算基础设施。另一方面，金融机构根据实际需求使用云上的 IT 资源，并按实际使用量进行付费，由此规避过度配置和配置不足的问题，提高金融机构 IT 资源的使用效率，降低运营成本。

2-6-5　云计算在金融应用中的风险

从当前云计算的运用情况来看，在银行领域，云计算主要应用于 IT 运营管理和开放型底层平台等方面。应用云计算技术搭建开放云平台，可以借助 API 方式构建全面金融服务生态圈，提供生活缴费、资讯查询、网上购物等"金融＋非金融"服务，依托金融服务与生活场景的结合提升了金融账户价值。在证券基金领域，云计算主要应用于客户端行情查询和交易量峰值分配等方面。通过业务系统整体上云，在数据库分库、分表的部署模式下，可实现相当于上千套清算系统和实时交易系统的并行运算。在保险领域，云计算主要应用于个性化定价和产品上线销售等方面。定制化云软件能够快速分析客户实时数据，提供个性化定价，还能够通过社交媒体为目标客户提供专门的保险服务。

云计算技术在上述金融领域的运用实践中，同时面临着以下方面的风险：

业务中断风险：云计算技术通过冗余备份的方式能实现系统

资源的充分利用，但金融机构核心系统不适合采用多副本备份，当云平台因容灾备份技术不到位发生服务器宕机时，可能导致服务中断。

技术外包风险：行业云、公有云主要由云服务供应商提供，第三方服务商可能存在操作不当行为、安全防护漏洞、数据混淆储存等问题，导致金融机构业务安全、网络安全、数据安全受到威胁，一些金融领域关键云计算供应商的风险还可能演化为金融系统性风险。

新老系统不适配风险：传统金融机构 IT 系统普遍建立时间较长、复杂程度较高，与分布式云计算系统融合在一起存在困难。部分金融机构同时采用私有云和行业云以部署不同系统，对多云管理也提出了新要求。

2-6-6 云计算技术的运用场景

金融行业 IT 系统建设的历史较长，系统复杂性强，实现云化集中迁移仍需逐步进行。金融机构使用云计算技术通常采取从外围系统开始逐步迁移的实施路径。在部署顺序上，优先部署开发测试环境，其次部署生产环境。互联网金融、辅助性业务优先使用云计算架构，强一致性核心业务最后考虑上云。

金融机构一般会选择从渠道类系统、客户营销类系统和经营管理类系统等辅助性系统开始尝试使用云计算服务，因为这些非金融的辅助性业务系统安全等级较低，不涉及核心业务管控风险。此外，互联网金融系统优先应用云计算架构，包括网络支付、网络小贷、P2P 网贷、消费金融等业务，这些系统基本全部需要重新建设，实力包袱相对较轻。

金融科技企业的基础架构大都以云计算为依托，并充分应用大数据技术以及人工智能技术。这些技术不仅改变了金融科技企业的 IT 架构，也使得其能够随时随地地对接客户，为客户提供更加便捷及时的服务，深刻改变了金融行业的服务模式。

中大型金融机构倾向使用混合云。在私有云上运行核心业务系统，存储重要敏感数据。通过购买硬件产品、虚拟化管理解决方案、容器解决方案、数据库软件、运维管理系统等方式搭建私有云平台。在生产过程中，实施外包驻场运维、自主运维或外包运维。在公有云上，运行面向互联网的营销管理类系统和渠道类系统。

小型金融机构倾向于将全部系统放在公有云上，通过金融机构间在基础设施领域的资源合作共享，在金融行业内形成公共基础设施、公共接口、公共应用等一批公共云服务。小型金融机构一般购买云主机、云存储、云数据库、容器 PaaS 服务、金融 SaaS 应用等服务。

2-6-7 云计算在金融领域的发展前景

IT 系统的安全性和可靠性对金融行业而言至关重要，所以现阶段对于云服务的发展，金融企业普遍持谨慎态度，并没有盲目追随。

从行业层面来看，云计算安全将成为云计算服务商之间进行竞争的主要领域。云计算服务商会不断加大对云安全产品的投入，提高产品的可用性、智能性、安全性，防范黑客的攻击。

从政府层面来看，政府会出台云计算安全相关的法律法规，以法律的形式明确云服务提供商与用户之间的责任和义务，减少由于云服务提供商管理不当或者用户操作不当带来的数据安全问题。

截止 2017 年底，我国共有城市商业银行 134 家，农村商业银行 1262 家，农村合作银行 33 家、农村信用社 965 家、村镇银行 1562 家。这些中小银行对应的持卡用户在 2-3 亿之间。中小金融机构与实体经济接触最为紧密，对小微企业的支持有目共睹，但这些机构自身资金力量薄弱，运营成本高企。随着云计算的发展，中小型金融机构能够低成本地在云平台上获取和大型金融机构同等先进的基础设施服务，还可以借助云平台将自身不太擅长的业务外包给其他专业的公司，或者是接入应用程序编程接口（API），利用云计算平台上的资源提高相关业务的处理效率。

当前，一些大型金融企业在自身搭建金融私有云的同时将冗余的资源提供给特定的、有需求的、受限于资金、技术能力等方面的中小型金融企业，最终形成专供金融行业企业使用的金融专有云模式。

借助大型金融机构在金融云领域的经验使得中小企业能够安全快速地实现业务上云。目前这种介乎于公有云和私有云之间的模式也被称作行业云，正在金融行业中快速普及。

目前金融行业使用云计算技术主要采取了私有云和行业云模式。技术实力和经济基础雄厚的大型机构偏向于私有云的部署方式，可以将核心业务系统、重要敏感数据部署到私有云上。私有云对金融机构来说，安全性更为严格、更有保障。对中小型金融机构来说，由于他们经济实力、技术能力偏弱，所以通常采取行业云的方式，即通过金融机构间的基础设施领域的合作，通过资源等方面的共享，在金融行业内形成公共基础设施，公共接口，公共应用等一批技术公共服务。

总的来说，未来金融云服务的格局是：大型金融机构自建私有云，并对中小金融机构提供金融行业云服务，进行科技输出；中型金融机构核心系统自建私有云，外围系统采用金融行业云作为补充；小型金融机构逐步完全转向金融行业云。

2-7 科技驱动金融新业态

金融科技的重点并不在于"金融"上，而是在于"科技"上。

所谓的"科技"是通过将新技术、新元素应用到金融行业的身上找到金融行业的科技属性和功能，并且将这些科技元素与外部行业更多地结合在一起。

金融与科技的融合带动了金融机构与科技企业的融合，金融科技可以为传统金融机构的业务、产品、服务、流程、体制机制和信用管理等提供强大的技术支撑。

从互联网时代开始，到近年来大数据、区块链、云计算和人工智能等新兴技术在金融领域的广泛应用，金融与科技的结合正在逐步改变着传统金融业态。金融科技将现代信息技术应用于金融行业，从而推动传统金融行业不断地提升和转型，包括创新业务提高效率、增强风控功能等，金融科技正在驱动着新的金融业态发展。未来深化金融科技与传统金融之间的合作，增强金融科技监管能力，至关重要。

2-7-1　深化合作是金融科技与传统金融的主流发展方向

金融科技可能颠覆传统金融业务，但不可能取代传统金融机构，扩大和加深合作才是两者关系的主流。

近年来，中国在金融科技方面的发展可谓领跑世界，尤其是在移动支付方面，不仅在全国迅速普及，而且已经拓展到全球多个国家和地区。不仅如此，互联网企业开始纷纷开设或者投资各类金融公司，获取相关金融牌照，并逐步扩张业务版图，业务范围涵盖银行、保险、证券等。此外，实体企业也利用其在所在行业的资源优势及核心企业地位，为其产业链上下游的中小企业提供产业链金融服务。以 C 端流量和 B 端中小企业客户群为基础，从在线支付切入，在网络融资、资产管理等金融领域逐步渗透，迅速积累了大量长尾客群，对传统金融机构带来了不小的冲击。

但在可预见的将来，现代金融科技企业不可能取代传统金融机构。目前，中国金融业机构总资产超 300 万亿元人民币，总负债超 280 万亿元人民币，如此庞大的资产与负债若由未具备完善的风险防控能力的新型金融科技企业体系来承接，隐藏的金融风险是无法想象的。事实已经证明，在监管不足情况下，P2P 网贷、股权众筹和区域性金融资产交易中心等金融科技的野蛮发展，吸引了大量民间资金，也造成了不少金融乱象，线上非法集资屡禁不止、股权众筹跑路频发、区域性金融资产交易中心乱批乱设等现象，不仅导致了一系列金融风险，也扰乱了金融科技行业秩序。

不可否认，金融科技的应用正有力地推动金融业务的创新与重塑。大数据、人工智能和生物识别等技术在金融领域的支付鉴权、客户营销、风险防控等方面深化应用，区块链技术在跨境融资、供应链金融、国内信用证等方面探索取得了突破，不仅有效降低了金融机构服务长尾客户的成本，也大幅提升了客户的体验，弥补了传统金融对小微企业的支持不足。

货币观念化发展表明，信息化和数字化是金融的重要本质属性。当前的科技发展非常突出信息科技发展，而金融具有的天然的信息属性正是信息化科技可以大显身手的重要行业。这就是为什么不少科技公司开始以科技为主，最终却成为涉足金融业务的金融科技公司重要原因。从金融业态来看，科技只是辅助的手段和工具，金融科技与传统金融的结合创造了新的业务形态。而这种创新业务就不再是金融科技了，而是实实在在的金融业态。未来，金融科技将会不断地发展进步，与传统金融的合作将不断扩大和深化。

2-7-2　金融科技与传统金融合作空间广阔

金融与科技的融合带动了金融机构与科技企业的融合，金融科技可以为传统金融机构的业务、产品、服务、流程、体制机制和信用管理等提供强大的技术支撑。目前，很多金融科技公司已与银行签署了战略合作协议。

金融科技公司与商业银行的合作方式主要有三种：

一是场景嫁接。商业银行通过"引进来"，将外部衣食住行等一系列非金融场景服务接入自身系统，自建综合化闭环生态圈。同时主动"走出去"，对接 APP 之外的生态，将金融服务嵌入外部场景，以高频生活场景来带动低频金融场景。

二是技术合作。技术企业提供大数据处理、人工智能、云服务等技术支撑，对商业银行的各类金融业务进行升级改造，甚至也为底层基础设施建设的改造与重建提供技术支撑，从而大幅提升传统金融业务的效率和客户体验，降低人工操作风险，提升数字化风险防控能力。

三是数据共享。科技企业的客户的消费、行为方面的海量数据，与银行自有的客户金融交易、资产等数据形成互补，当银行数据和金融科技公司数据有效结合后，有利于完善360度的客户画像，直观地反映出客户的行为特点，为精准营销和风险控制提供数据支持。

目前，工商银行、建设银行、招商银行、平安银行、民生银行、兴业银行、光大银行等多家商业银行先后成立了金融科技子公司，有的还成立了金融科技的实验室等。如工商银行在 2019 年不仅成立了"工银科技"公司，还成立了金融科技研究院，下辖区块链、5G 等多个实验室。对于金融科技发展，商业银行一定会是非常热烈地加以拥抱，而且会是"不择手段"，并加大资源投入，以让自己的业务能力更上一层楼。

2018 年报公开数据显示，招商银行 2018 年信息科技方面投入达 65.02 亿元，同比增长 35.17％，占全年营业收入 2.78％；平安银行 2018 年信息技术资本性支出 25.75 亿元，同比增长 82％。艾瑞发布的《2019 年中国金融科技行业研究报告》显示，2018 年中国各类金融机构技术资金投入已达 2297.3 亿元，其中投入到大数据、人工智能、云计算等为代表的前沿科技资金为 675.2 亿元，占总体投入比重为 29.4%。预计到 2022 年，这一投入有望达到 4034.7 亿元，接近翻一番的水平。未来，传统金融机构将依托其拥有的庞大资源，通过各种方式运用金融科技，创新和改造传统金融业务、实现转型和升级，发展形成新的金融业态。

2-7-3　金融科技风险应持续引起高度关注

新事物的发展往往具有两面性，金融科技也是如此。一方面，金融科技通过新技术应用创新金融业务模式，简化交易流程，降低金融服务成本，弥补传统金融业务空白，提升金融服务的便利性和普惠性，全面改善客户的体验。另一方面，金融科技的发展模糊了金融与科技的虚实边界，面临多重风险，呈现出各异的风险特征。在未来相当长的时期内，金融科技的风险应持续给予高度的关注。

一是安全风险，其中首先是数据安全风险。随着金融科技企业的电商购物平台、在线支付、线上理财、保险等金融业务的发展，金融科技企业不断对数据进行收集、统计和建模应用等，积累了大量数据，在数据存储和传输过程中，存在着个人隐私、风险数据泄露、丢失、被盗和篡改等的问题。其次是技术安全风险。有些金融科技企业盲目追求技术突破，未对一些新兴金融技术进行严格的试验和把关就加以利用，使一些技术的应用领域脱离用户的可控范围，存在安全隐患。

二是信用风险。在传统金融机构与金融科技合作时，一方面可能由于信息披露不当，新模式新业务存在的问题很难被发现和及时解决；而当问题突发时候，不仅有可能难以有效保障广大投资者的合法权益，还有可能影响整个行业的信用声誉。另一方面，由于信用体系不健全，再加上传统金融机构缺乏应对金融科技的经验，审核和监管制度不完善，极易出现信用问题。如传统金融机构自定项目规则，在网贷平台上提供资金托管服务；在问题突发时给投资人造成了较大的损失，而平台则倾向于追究金融机构的责任，其中的信用风险不可忽视。

三是法律风险。金融科技改变了传统金融行业的经营方式和交易方式，因此传统金融行业的法律法规难以适用，在一定的时期容易出现法律真空。而在现实中，传统金融机构在利用新兴科技过程中容易形成新的违规点，如通过第三方支付投资多种网上基金，形成资金池，急剧扩大了备付金数额；支付机构往往非法挪用备付金，加大了用户兑付难度。总体来说，在金融科技快速发展和立法跟不上的情况下，相关的法律缺失和法律冲突等问题将会显现。

四是系统性风险。由于互联网遍布全球，跨区域发展变得十分便利。在一个国家注册，在另外一个国家设后台；把公司和技术人员设置在境外，却在境内利用互联网发展业务活动，往往成为一种常态。在监管不完善、信息化传播迅速的当下，这种跨越区域的业务布局终将增强金融固有的外部性风险，且容易由局部风险聚合起来演化成系统性风险。

2-7-4　新金融业态监管应突出公平原则

金融科技在带来显著的经济和社会效益的同时，也伴随着安全、信用、法律以及系统性等多重风险的叠加效应和扩散效应，为金融监管提出了一系列新的挑战。金融科技的快速发展有助于推动金融机构突破行业边界，跨行业、跨领域的综合性大型集团逐渐形成，具有客户数量多而广、客户忠诚度强且黏性高、业务范围涉及生活生产各方面等特征，如何对其进行综合性、穿透式监管，防止出现"多而不能到"等问题，成为摆在监管者面前的重要课题。金融科技在金融行业的应用并没有改变金融风险的隐蔽性、突发性、传染性等风险特征，而且容易通过互联网加速局部风险的蔓延扩大。由于新技术的应用，容易滋生技术风险、安全风险、和信用风险等，增加管控金融风险的难度。金融科技搭建的互联网金融交易平台两端聚集了庞大的单体分散的人群和小微企业客户，此类客户的风险防范意识普遍不强，且风险承受能力相对较弱，是"蝴蝶效应"和"羊群效应"的温床；一旦交易平台资金链断裂，极易导致风险蔓延，在短时间内形成很强的风险叠加扩散效应。

从效率的角度来讲，金融科技创新能带来整个经济体效率提高、结构优化和效果改善；但同时也要注意到，对于这种创新，其实市场主体有着非常高的积极性，比如金融科技类企业、互联网公司等。如果监管不足，创新过程很可能带来对消费者和投资人的损伤，形成金融风险。作为监管应该关注公平和效率之间的平衡，但更重要的是要关注公平。唯有如此，才能保护好投资者和消费者的利益，有效地控制金融风险。简而言之，对于金融体系的监管方面而言，应该允许金融科技创新与发展，但与此同时务必要进行严格而有效的监管，着力控制它的风险和负效应。

未来金融科技推动的新金融业态监管应注重提升审慎性和穿透性。

一是注重穿透新金融业态的本质。根据业务功能属性将新金融业态纳入现行金融监管框架进行分层分类监管。只要做了金融监管明确的金融业务，比如吸收公共资金、涉及到资产端的运用和交易等，就属于金融体系当中的一个组成部分。对于这些公司而言，牌照、准入和一整套相关的监管规则都必不可少，不能有例外。

二是监管方应提高相关的准入门槛。重点关注金融科技带来的新金融业态是否存在吸收公众资金、公开发行债券、参与资产管理和交易等一系列相关金融活动，在这些特许经营领域应坚持严格的准入管理。

三是针对金融服务日益线上化和数字化的趋势，大幅提升信息披露、金融消费者保护等方面的监管力度。当前，我国金融消费者保护机构尚欠完善，接连发生的 P2P 平台"爆雷"事件，严重损害了金融消费者利益。因此，在金融科技监管中，应突出金融消费者保护的基本原则，明确信息披露责任，形成有效的投诉处理、损失救济机制，构建完善的金融消费者权益保护体系。

四是注重利用数字技术改进监管流程和能力，提倡用监管科技监管金融科技。在技术日新月异的今天，传统的监管模式已经无法有效监管当前金融科技的发展应用。应突破传统思维模式，利用大数据、人工智能、云计算等新兴技术革新监管手段，提升金融科技推动的新金融业态监管的效率和实时反应能力。

五是探索实施监管沙箱，创新加速器等监管新工具。在保护消费者权益、严防风险外溢的前提下，通过主动合理地放宽监管规定，减少金融科技创新的规则障碍，鼓励更多的创新方案积极主动地由想法变为现实。通过监管沙箱为真正有价值的金融科技推动的金融创新留有一定的试错空间和合适的观察席，着力解决金融创新、金融监管和金融风险之间的平衡问题，力争实现金融科技创新与有效管控风险的双赢局面。

第3章
金融科技之金融

金融与科技的融合带动了金融机构与科技企业的融合，金融科技可以为传统金融机构的业务、产品、服务、流程、体制机制和信用管理等提供强大的技术支撑。从互联网时代开始，到近年来大数据、区块链、云计算和人工智能等新兴技术在金融领域的广泛应用，金融与科技的结合正在逐步改变着传统金融业态。金融科技将现代信息技术应用于金融行业，从而推动传统金融行业不断地提升和转型，包括创新业务提高效率、增强风控功能等，金融科技正在驱动着新的金融业态发展。

3-1 传统金融正在加快与高端科技的融合

3-1-1 科技与传统金融机构深入合作是未来的发展方向

金融科技可能颠覆传统金融业务模式，但不可能真正取代传统金融机构，扩大和加深合作才是两者关系的主流。

近年来，中国在金融科技方面的发展可谓领跑世界，尤其是在移动支付方面，不仅在全国迅速普及，而且已经拓展到全球多个国家和地区。不仅如此，互联网企业开始纷纷开设或者投资各类金融公司，获取相关金融牌照，并逐步扩张业务版图，业务范围涵盖银行、保险、证券等。此外，实体企业也利用其在所在行业的资源优势及核心企业地位，为其产业链上下游的中小企业提供产业链金融服务。以 C 端流量和 B 端中小企业客户群为基础，从在线支付切入，在网络融资、资产管理等金融领域逐步渗透，迅速积累了大量长尾客群，对传统金融机构带来了不小的冲击。

但是现代金融科技企业不可能完全取代传统金融机构。目前，中国金融业机构总资产超 300 万亿元人民币，总负债超 280 万亿元人民币，如此庞大的资产与负债若由未具备完善的风险防控能力的新型金融科技企业体系来承接，隐藏的金融风险是无法想象的。事实已经证明，在监管不足情况下，P2P 网贷、股权众筹和区域性金融资产交易中心等金融科技的野蛮发展，吸引了大量民间资金，也造成了不少金融乱象，线上非法集资屡禁不止、股权众筹跑路频发、区域性金融资产交易中心乱批乱设等现象，不仅导致了一系列金融风险，也扰乱了金融科技行业秩序。

不可否认，金融科技的应用正有力地推动金融业务的创新与重塑。大数据、人工智能和生物识别等技术在金融领域的支付鉴权、客户营销、风险防控等方面深化应用，区块链技术在跨境融资、供应链金融、国内信用证等方面探索取得了突破，不仅有效降低了金融机构服务长尾客户的成本，也大幅提升了客户的体验，弥补了传统金融对小微企业的支持不足。

货币观念化发展表明，信息化和数字化是金融的重要本质属性。当前的科技发展非常突出信息科技发展，而金融具有的天然的信息属性正是信息化科技可以大显身手的重要行业。这就是为什么不少科技公司开始以科技为主，最终却成为涉足金融业务的金融科技公司重要原因。从金融业态来看，科技只是辅助的手段和工具，金融科技与传统金融的结合创造了新的业务形态。而这种创新业务就不再是金融科技了，而是实实在在的金融业态。未来，金融科技将会不断地发展进步，与传统金融的合作将不断扩大和深化。

3-1-2　金融科技与传统金融合作空间广阔

金融与科技的融合带动了金融机构与科技企业的融合，金融科技可以为传统金融机构的业务、产品、服务、流程、体制机制和信用管理等提供强大的技术支撑。目前，很多金融科技公司已与金融机构签署了战略合作协议。

从银行领域来看，金融科技公司与商业银行的合作方式主要有三种：

一是场景嫁接。商业银行通过"引进来"，将外部衣食住行等一系列非金融场景服务接入自身系统，自建综合化闭环生态圈。同时主动"走出去"，对接 APP 之外的生态，将金融服务嵌入外部场景，以高频生活场景来带动低频金融场景。

二是技术合作。技术企业提供大数据处理、人工智能、云服务等技术支撑，对商业银行的各类金融业务进行升级改造，甚至也为底层基础设施建设的改造与重建提供技术支撑，从而大幅提升传统金融业务的效率和客户体验，降低人工操作风险，提升数字化风险防控能力。

三是数据共享。科技企业的客户的消费、行为方面的海量数据，与银行自有的客户金融交易、资产等数据形成互补，当银行数据和金融科技公司数据有效结合后，有利于完善360度的客户画像，直观地反映出客户的行为特点，为精准营销和风险控制提供数据支持。

目前，工商银行、建设银行、招商银行、平安银行、民生银行、兴业银行、光大银行等多家商业银行先后成立了金融科技子公司，有的还成立了金融科技的实验室等。如工商银行在2019年不仅成立了"工银科技"公司，还成立了金融科技研究院，下辖区块链、5G等多个实验室。对于金融科技发展，商业银行一定会是非常热烈地加以拥抱，而且会是"不择手段"，并加大资源投入，以让自己的业务能力更上一层楼。

2018 年报公开数据显示，招商银行 2018 年信息科技方面投入达 65.02 亿元，同比增长 35.17%，占全年营业收入 2.78%；平安银行 2018 年信息技术资本性支出 25.75 亿元，同比增长 82%。艾瑞发布的《2019 年中国金融科技行业研究报告》显示，2018 年中国各类金融机构技术资金投入已达 2297.3 亿元，其中投入到大数据、人工智能、云计算等为代表的前沿科技资金为 675.2 亿元，占总体投入比重为 29.4%。预计到 2022 年，这一投入有望达到 4034.7 亿元，接近翻一番的水平。未来，传统金融机构将依托其拥有的庞大资源，通过各种方式运用金融科技，创新和改造传统金融业务、实现转型和升级，发展形成新的金融业态。

3-2　科技赋能让五大金融领域屡创运营新模式

在过去几年里，各大科技公司掀起了一场场金融创新浪潮，不少企业也随之发展成为世界级的金融科技巨头。可见，金融科技的核心是科技，用科技能力为金融机构提供企业服务，即金融科技必须有强大的科技能力。

与此同时，金融行业一直处于信息技术应用的前沿，它从来就是一个与科技发展紧密相连的行业，在新技术的运用上一直走在前沿；其发展阶段包括信息化、数字化、自动化到智能化。金融科技从互联网金融进化而来，其核心在于移动互联网、云计算、大数据、人工智能等技术的兴起，数据采集及处理能力大幅提升，从而实现金融服务半径的扩张和服务效率的提升。

当然，金融科技中，技术本身要和金融结合起来才能产生高附加值。金融科技的大逻辑是通过技术手段降低金融业务的门槛，服务渠道下沉、移动互联网化、金融产品和服务趋于小额高频。从各细分领域的发展过程来看，通常会经历爆发式增长、行业洗牌、行业集中度提升及金融牌照管理四个阶段。也不是所有的新兴技术都能立刻应用在金融场景中，而是要在金融业务的需求之下与金融结合。从目前来看，金融科技技术主要应用在网络借贷、支付清算、财富管理、零售银行、互联网保险五大领域。

3-2-1　网络借贷

网络借贷 P2P 是金融科技高速发展时代催生出的新型融资模式，即点对点的信贷，或简单地称为个人和个人之间通过网络平台的直接信贷。这与资本市场的直接融资、商业银行、或券商等中介的间接融资模式不同，是通过互联网与数字技术实现的平台运营，由 P2P 平台、融资方和投资者之间的非标准化契约关系而形成的新型互联网融资形态，为个人借贷、小微企业经营性贷款提供了更加灵活的融资渠道。

（1）发展现状

2005 年 3 月，全球第一家 P2P 网络借贷平台 Zopa 在英国伦敦上线。2006 年 2 月，美国最早的 P2P 网络借贷平台 Prosper 成立。这种金融科技发展下催发的新型融资方式很快受到了各界的广泛关注，之后 P2P 网络借贷平台的数量和融资规模在世界各国快速发展，特别是英国、美国等国家。

中国首家 P2P 网络借贷平台拍拍贷成立于 2007 年 6 月，呈现出平台数量多、融资规模大和平台商业模式多样等特点。到 2017 年 12 月，我国 P2P 网络借贷行业政策运营平台数量达到 1931 家；从融资规模来看，2017 年全年 P2P 行业成交量 2.1 万亿元，历史累计成交量突破 6 万亿元大关，成为 P2P 行业增长最快的时期。

不过，随着 P2P 网络借贷的快速发展，超出了传统金融的监管范围，频频出现非法集资、提现困难、失联、倒闭、跑路等情况。各国政府监管部门也因此不断推出新的监管政策和监管沙盒，力图提高风控水平和监管效率。当前 P2P 网贷正处于强监管阶段，"创新发展"也受到一定的限制，但如何借助金融科技的力量实现自身的突破发展，也成了各平台间暗自较量的砝码。

（2）科技对 P2P 网络贷款的影响

（i）P2P 与大数据

近年来，大数据技术广泛应用于 P2P 网络借贷的各个领域，P2P 平台可以通过大数据技术获得用户信息、需求和行为，从而提前制定平台发展策略，并对大数据进行归类、分析、建模来进行产品研发、营销和风控。

大数据产品研发和营销推广都是通过大数据技术来分析用户行为偏好，并按照大多数用户的意愿对产品和服务进行改进和升级。人在浏览网页、在线购买商品、聊天等都会在互联网留下痕迹。金融科技手段可以使得网贷平台跳出仅分析传统的静态数据的局限，转而分析这些动态化的数据，这就拓展征信数据的广度和宽度，通过对动态化数据的分析更能判断出借款人的信用水平。这种大数据的应用不但打破了传统的开发和营销思维，还可以逆向通过确定的用户需求来进行产品创新，根据用户群体的习惯进行精准营销。P2P 平台通过大数据技术还可以有效降低研发成本、营销成本和获客成本，提高平台运营效率。

大数据的应用还可以实现网贷平台的风控，通过大数据技术采集大量的用户信息，结合人工智能技术，采用数据挖掘、机器学习、深度学习、自然语言处理算法等技术，对用户的海量数据进行统计和聚类分析，对用户行为建立模型，构建出用户画像，针对不同用户指定个人风险定价，并进行风控提示。P2P 平台运用这种大数据手段进行风控，可以提高平台的业务效率、降低平台的运营成本，而且还可以为不同的用户制定个性化的资产配置方案，提高用户的体验度。

目前来看，P2P 平台利用大数据技术进行风控已经取得一定成效，也推出不少相关业务。例如，2014 年，宜人贷推出手机

APP 应用，在大数据风控技术上可以实现"极速借贷"服务。线上平台可以在 1 分钟没完成授信，10 分钟内完成对用户申请的审核与批准贷款，用户可以获批最高 10 万元的贷款额度。同一年，积木盒子成立了金融大数据研究中心，通过收集和分析大量的企业信息和个人消费数据，为其风控决策做支持。同时根据数据分析结果来区别用户的信用等级，判断用户能否通过信用贷的快速审核标准并最终获得借贷。次年 3 月，拍拍贷发布的"魔镜"风控系统拥有 600 万线上用户积累的近 40 亿条数据信息，被认为是 P2P 网络借贷行业首个真正基于征信大数据的风控系统，能够进行精确的风控评级。

随着大数据在网络借贷领域的广泛运用，数据收集了借款人在各大银行的征信报告、多头借贷数据、网络金融征信系统（NFCS）数据、存款和信用卡数据、消费习惯等，我们不难发现其也存在着一些问题，使大数据在风控应用中的有效性不高，有着进一步提升的空间。例如，数据质量问题。数据量的大幅度增加，数据的复杂、多样性也随之增加，各种来源不同的信息混杂在一起，一些错误的数据混进数据库，会造成结果的不准确，导致了大数据风控的理论有效性问题。从互联网平台抓取的数据，并一定能代表人们真实的想法和行为模式，而且人们在不同的社交平台和交易平台上会呈现出不同的行为特征，这降低了大数据风控的有效性。现实世界往往还会出现许多不可预料的突发事件，这都会影响大数据风控的组织架构体系。此外，还有大数据收集和使用的制度问题。目前政府监管部门缺乏有效的法律制度对收集数据使用数据的行为进行制约。开发和分析使用大数据究竟可以到什么程度，目前尚无法确定，这不仅仅牵扯到技术难题，也牵扯到社会难题。数据的滥用和泄露，会产生信息安全问题，个体用户的安全、团体的安全、国家的安全都无法得到保障。

虽然大数据风控的运用过程中存在着问题，但这并不能阻碍大数据风控在 P2P 网贷领域的向前发展。清除大数据面临的障碍和提高风控的有效性需要企业和政府监管部门的共同努力。

（ii）P2P 与人工智能

金融行业天然的数据属性和智能化需求为人工智能的应用提供了坚实的基础，行业各个领域都在努力开发能够为金融场景服务的人工智能技术，主要侧重于机器的智能学习、智能分析和最终做出智能决策，近几年又延伸到智能风控、智能顾投等方面。

人工智能同样在网络借贷平台中得到广泛使用。首先，在获客环节，人工智能技术可以帮助网贷平台分析目标客群，找到相对低风险高借贷需求的用户；其次，可以根据行为痕迹分析，有效挖掘沉默客户价值，持续提高转化率；最后，在精准获客后，人工智能技术还可以基于互联网数据，构建新的信用评估模型，与平台传统信用模型形成互补，有效评估借款人的还款能力和还款意愿。当然，网贷行业还有一个重点环节就是催收，但是行业普遍面临催收效率低、成本过高等问题，因此很多平台不得不雇佣或外包庞大的催收团队，对平台运营管理造成很大压力。人工智能技术可以基于借款人的不同状态智能设计催收策略，并通过信息提示、语音等方式处理还款提醒及贷后催收的各个环节，大幅降低人工及企业运营成本。

（iii）P2P 与区块链

区块链的本质是去中心化的分布式数据库，具有去中心化、开放性、自治性、信息不可篡改和匿名性等特征。区块链技术可以为 P2P 网贷行业带来信用创造机制、信息对称性、信息透明度以及对整个行业有效的监管。

区块链技术创造了 P2P 网络贷款"去信用化的信用机制"。这既不同于传统的政府信用模式，也不同于法律法规强制下的信用机制，而是借助数学原理，通过一定的算法进行信用创造机制的重构，确保整个系统运作规则公开且透明。在整个系统中，每个节点数据的交换是无需相互信任的，参与者可以匿名，但同时每一笔交易又都会真实记录下来，并记录在分布式账本上。智能合约可以把大量且复杂的合同条款写入计算机程序，一旦满足条款中约定的触发条件便自动执行，可以有效地解决由于P2P行业信息不对称所造成的逆向选择和道德风险问题。

区块链技术可以提高P2P网络借贷平台的信息对称性和透明度。每个新的数据都必须在共同的验证通过后才可以写入，同时系统中其他节点共同参与监督，一旦写入就不可以随意篡改。区块链技术一方面让广大用户能及时了解信息，根据信息及时调整投资策略，有效规避风险；另一方面可以确保P2P平台披露信息的真实性，防止P2P平台利用虚假信息进行恶意宣传。目前，通过区块链技术，将P2P平台、广大用户、监管机构都可以作为一个参与节点加入，可以依托公共账本信息的透明性和完整性，对P2P平台的系统性风险进行高效且可靠的监控，实现更高的监管效率，同时降低监管成本。

3-2-2 支付清算

金融科技借助5G、区块链、大数据、人工智能为代表的新科技给金融行业的支付领域带来巨大的变化，特别是逐渐成熟的5G产业在支付行业的场景应用，值得我们期待。

（1）发展现状

将金融科技运用于支付结算领域的研究中，西方发达国家起步较早，美国、欧洲等国家金融机构与相关公司积极进行对支付结算技术的研究，以推动自身支付结算业务的不断发展。

在大额支付领域，多个国家和地区积极通过分布式账本技术（DLT）对实施全额结算支付系统（RTGS）进行金融市场的升级和优化。从 2016 年开始，加拿大银行、英格兰银行、欧洲中央银行、新加坡金管局等都积极推动中央银行进行支付结算的系统升级，并对 DLT 技术作为 RTGS 系统底层技术的可行性进行论证和研究。

2016 年，澳大利亚联邦银行和美国富国银行通过运用 Skuchain 的 Brachests 系统，进行贸易支付，并有效降低了运营成本。Visa 也与全球著名的区块链公司 Chain 推出 B2B 跨境支付计划。此外，IBM 在 2018 年 8 月正式推出一项基于区块链的跨境支付解决方案——IBM Blockchain World Wire，并将恒星协议与数字资产结合起来，使跨境即时转账成为可能。Blockchain World Wire 的最终目标是彻底改变全球支付和汇款现状。

可见，各国都在快速发展国家级的快速支付系统。2017 年，新加坡银行协会推出 PayNow，付款人无需知道收款人的银行和账号信息，仅通过手机号码或新加坡身份证，外国人身份证件号，就可以实现新加坡元的实时到账。2018 年 9 月，新加坡的 SG QR 正式上线，成为全球首个统一通用的支付二维码。2018 年 9 月，中国香港金管局也正式推出了"转数快"快速支付系统，打通了各大银行以及各类电子钱包之间的通道，做到跨平台的小额支付，实现支付宝、微信、银行账户之间的相互转账，实时到账。同时，香港金管局还推出了"香港共用二维码"APP，可将不同支付服务运营商的二维码整合成为一个综合二维码，实现无界限的快速支付。

（2）移动支付比率不断上升，扩展空间巨大

2017 年，全球有约 38 亿成年人拥有银行账户或移动支付账户，手机和互联网加快了全球金融普惠性的发展趋势。2014－2017 年间，利用数字化操作汇款或首款的开户人在全球范围内的占比从 67％上升到 76％，其中发展中国家的数据上升更为显著，

其增速从 57％上升到 70％。截至 2019 年年底，中国 86％的人口在使用移动支付，普及率遥遥领先。越南在 2019 年以 24％的年增长率成为全球移动支付增长最快的国家。

在移动支付用户体验上，二维码支付、声波支付、生物识别技术、NFC 移动支付百花齐放。随着 5G 的到来，新的支付方式如何与一些传统的支付设备相结合，如何能更好地接入到物联网，利用人工智能做智能语音、提示，实现和用户和商户更好的交互体验，实现服务的高度自助化，仍旧有很多可挖掘的空间。

移动支付不仅完成了现金转移，还积累了行为数据，形成多维度、广覆盖的大数据。利用这些核心动态数据进行数据挖掘，可以进行消费者行为分析、建立用户画像，商家有新的认识消费者的方式，了解消费者的应用场景，知道在什么场景下，应该嵌入提供一些服务。从场景变革到场景创造，支付与各种场景实现深度融合，倒逼支付基础设施的搭建和服务完善。

（3）金融科技技术在支付结算中的应用

云计算的分布式数据库（云数据库）——是以全分布、高弹性、低成本为特点的海量交易与数据处理架构。不但运营维护成本很低，还可以保证业务在服务器、存储、网络等出现异常的情况下不受影响，很好地解决了不断增加的固化数据的存储与查询问题，在非银行支付机构的业务中得到了广泛的运用。与此同时，商业银行也可以通过云计算技术完善自身的支付结算系统，提升服务体验。

大数据——在支付结算中的应用主要体现在用户行为分析和交易欺诈识别防范两方面。

在用户行为分析方面，通过大数据技术对支付结算的数据进行深度分析和研究，可以了解用户的交易结算习惯、消费喜好等因素，精准提炼出用户特征，为后续的精准营销、理财规划、客户服务、风险防范等提供辅助支持。

在欺诈交易识别方面，大数据技术可以通过账户信息和对用户行为的分析，进行恶意用户的身份识别，从而把控风险。例如，腾讯的"天域"大数据反欺诈平台，从计算力、算法、数据这三个方面为反诈骗 AI 创新提供条件。该平台无需改动企业 IT 系统，解决客户在支付结算过程中遇到的欺诈行为，更好地保护企业和客户的权益。腾讯的"灵鲲"大数据安全平台把权限开放给金融机构，每天预警的欺诈事件达数百万次，涉及资金规模超过 10 亿元。

生物识别技术——在支付结算领域已经成熟应用，并逐渐为用户所熟悉。例如微信团队开发的"TENCENT SOTER"系统，全面升级指纹认证系统的机制，形成一套安全、通用、完整的生物认证方案，帮助开发者快速实现生物认证功能。

区块链技术——有着去中心化、不可篡改、公开透明等特性，能够为支付结算的信息流转提供良好的技术支持。目前，区块链技术主要应用于跨境支付领域，可以用来提高跨境支付的效率，降低业务成本，保障交易结算的安全性。

3-2-3　财富管理——智能投顾

金融科技能够助力传统金融机构更加精准地把握客户需求，未来金融通过科技手段普惠到个人之后，投资将会由依赖持牌金融机构逐步向第三方机构转变，用户体验也会更趋人性化、快捷化、精准化，从而实现真正意义上的财富管理服务。智能投顾作为金融科技的必然产物，成了财富管理领域新的发力点。

（1）投顾领域的发展

在当今的科技环境下，投资顾问服务由传统的 1.0 时代向 2.0 以及 3.0 逐步转型过渡。

投顾 1.0 时代即一对一为高净值客户提供最全面、优质的投资建议服务，互联网只是沟通工具之一。这种服务费用率高，但是覆盖面比较狭窄。以中国为例，投资顾问注册人数与投资者数量之比过高，如果满足所有人的需要，那每名投资顾问需要服务 3,000 名投资者，这显然是不现实的，同时也可以看出投资顾问的远期市场空间之大。

投顾 2.0 时代以人工和机器合作服务为主。方式多样化，不再是单一的在办公室接待客户，而是将投顾服务拓展到互联网数据平台，这种方式扩大了投资顾问所能服务的客户人数，提高了效率，但线上服务具有一定局限性。

自 2016 年起，投顾行业进入 3.0 时代，以 AI 为主要技术看点，服务深度依赖 AI。现在人们所定义的"智能投顾"通常指的就是进入 3.0 时代后的 AI 投顾。智能投顾作为普惠金融的一种，其较低的费用以及 AI 为主的服务方式将在产品技术和成本方面产生巨大优势，目标客户由传统投顾针对的高净值客户群体变为广泛分布于资本市场中的中低净值人群。AI 和金融的融合也是未来资管行业的重要发展趋势。

总的来说，智能投顾具有高效便捷、配置多元化、服务优质化、低金额门槛、低费率等特征，结合了现代资产组合理论和个人投资者的风险偏好进行资产配置，为客户谋取收益，并提供交易执行、资产再平衡、税收盈亏收割、房贷偿还、税收申报等增值服务。

（2）智能投顾的服务过程

智能投顾利用大数据分析、量化金融模型以及智能化算法，根据投资者的风险承受水平、预期收益目标以及投资风格偏好等要求，运用一系列智能算法，投资组合优化等理论模型，为用户提供投资参考，并监测市场动态，对资产配置进行自动再平衡，提高资产回报率，从而让投资者实现"零基础、零成本、专家级"

动态资产投资配置。在审核与操作流程上比传统投顾简易快捷了很多，主要服务流程有：

客户画像：系统通过问卷调查评价客户的风险承受能力和投资目标。

投资组合配置：系统根据用户风险偏好从备选资产池中推荐个性化的投资组合。

客户资金托管：客户资金被转入第三方托管。

交易执行：系统代理客户发出交易指令，买卖资产。

投资组合再平衡：用户定期检测资产组合，平台根据市场情况和用户需求变化实时监测及调仓。

平台收取相应管理费。

（3）智能投顾的特点

相较于传统投资顾问，智能投顾具有三大主要特点：成本小、门槛低、规避情绪化交易。

成本小。传统投资顾问的管理费用普遍高于 1%，而智能投顾的管理费用普遍在 0.15% 左右，且不需要实体经营场所和线下理财顾问团队，边际成本随着客户量增多而下降。根据美国智能投顾公司 Wealthfront 进行的测算，如果使用 0.25% 管理费的 Wealthfront 平台，10 万美金的投资金额其仅收取 225 美元的年费，同等条件下传统投资顾问则收取高达 3000 美金的年费，其中包括咨询费、隐匿收费与其他费用。

门槛低。传统投资的门槛普遍在 100 万美元左右甚至更高，而智能投顾普遍拉低到了千元人民币左右，更有甚者推出了零门槛的金融业务。例如理财通、蚂蚁财富等平台都有类似理财产品推出。之所以能有如此低门槛的准入，是因为智能投顾平台在用户群体数量方面占有优势。财经大数据显示，智能投顾平台用户画像为高中低净值全人群，传统投顾平台的用户画像为高净值人群。

众所周知，社会上高收入阶层人数最少、中产阶层人数最多，智能投顾平台基本上覆盖了高中低净值全人群，用户群体数当然较仅能满足高净值人群的传统投顾平台更具优势。

规避情绪化交易。在传统证券投资中，投资者的投资决策易受心理因素影响，羊群效应和锚定效应等心理误区造成的失败案例层出不穷。智能投顾往往能够在用户情绪低落时及时干预，帮助用户做出更为理性的投资理财决策，依据大数据的巨量信息监控各种信号，克服人性中的弱点，比较准确地做出买入抛出等多种投资决断，所以智能投顾平台在用户体验上也与传统投资完全不同，能够让客户获得更加方便流畅的服务、资产配置更加多样、并提升风控加强带来的安全感。

（4）智能投顾中的科技手段

用最简单的方法来理解智能投顾就是"人工智能"＋"投资顾问"，所以智能投顾中主要的科技手段有：

（i）通过算法和模型定制风险资产组合，也可以通过多因子风控模型更好更准确地把握前瞻性风险，还可以通过信号监控、量化手段制定择时策略。

（ii）通过大数据识别用户风险偏好及其变化规律。

（iii）利用深度学习系统和网络图谱，对捕捉到的用户信息、用户行为再次深度挖掘，然后从用户的职业、收入、社会阶层、性格特征等不同维度精确刻画用户画像，从而给出最精准、个性化的投资方案与建议。

（iv）利用互联网对用户个性化资产配置方案进行实时跟踪调整，在用户可以承受的风险范围内实现收益最大化。

3-2-4　零售银行

零售银行擅长运用现代经营理念，依托高科技手段，向个人、家庭和中小企业提供综合性、一体化的金融服务，包括存取款、贷款、结算、汇兑和投资理财等业务。

随着金融科技的深入发展，银行零售客户的需求、行为习惯、思维逻辑在不断地变化中；也助推了零售银行间的业务竞争，迫使零售银行加快对金融科技的研发速度，资金投入和技术应用。可以说，金融科技作为一个外部推动力量，推动了零售银行业务发展甚至创造新的零售金融功能。以云计算、大数据、生物识别、人工智能、大数据等为代表的新技术发展迅猛，为零售银行的发展带来了颠覆性的变革。线上线下服务，搭建消费场景，刷新支付体验，提供智能客户服务，满足零售客户新需求，已成为零售银行转型发展新方向。

（1）金融科技改变现有零售银行的运营逻辑

金融科技改变了零售银行运营的核心——客户。随着信息化和科技化社会的深入发展，科技对人们的影响已开始了从量到质的嬗变。人们的需求、行为习惯甚至思维逻辑都随着更便捷的网购体验、更炫酷的虚拟世界、更美妙的社交体验，以及更高效的金融体验发生着变化。零售银行开始利用科技吸引客户，新兴金融产品及服务对客户的吸引力显著提升。

金融科技同时改变并增加了零售银行的竞争对手。随着互联网跨界企业进入金融行业，运用技术成为核心竞争力，利用更为高效的组织形式、更为先进的技术理念、更为宽松的监管环境，从一些传统银行较为薄弱的环节作为突破口，快速构建了差异化的经营领域，并对传统银行的经营方式与业绩构成一定威胁。与此同时，一些具有前瞻思维和较强执行力的商业银行也开始行动，运用先进技术，创新思维，积极变革，不断优化客户体验，并通过跨界搭建电商、直销银行、智能投顾、P2P、生活服务等平台形成科技生态。传统零售银行在双重压力下，也不得不在其零售金融业务上进行技术创新。

根据默顿的金融功能理论，金融功能比金融机构更为稳定且重要，尽管各国金融机构在组织结构、习惯上不尽相同，但功能却大同小异，金融机构的变革都是为了提升和创造金融功能。而科技作为一个外部推动力量，能够帮助银行提升甚至创造新的金融功能。

金融功能主要可分为三大类，一是支付清算，二是资源分配，三是风险管控。

截至目前，一些商业银行已开始利用大数据分析、人工智能等进行风险的度量与管控，而以网商银行、微众银行为代表的新生代民营银行更是将该技术作为风险管理的主要手段，在科技的加持下，银行风险管理功能也得以创造性跃升。

可以说零售银行与金融科技具有天然的黏合性。从过去的存折到实物卡片、再到虚拟卡，从网点服务到网银服务再到移动服务，零售银行的发展与创新一直都与科技发展密切相关。这一轮以人工智能、大数据等为代表的新技术浪潮依然如此，为零售银行的发展带来了更新的方向和更多的可能性。例如，VR、AR等技术可以让客户在家中就能身临其境地"去"网点办业务；生物识别技术可以创造更加便捷的支付体验等。

（2）金融科技在零售银行的运用

金融科技给零售银行带来压力，更带来机遇，新技术为新业务的开展创造了可能性。近年来，零售银行领域出现了智能投顾、直销银行、小额快速贷款、智能记账、快捷支付、无卡取现、区块链转账等金融科技产品，并迅速得到市场的认可。

零售银行的客户还具有量大、分散、多层等特点，零售业务开户门槛低、办理流程简单、行业竞争激烈，如何辨别客户优劣，并以低成本、长效的机制留住客户是一个重要课题。大数据、人工智能、生物识别、区块链等技术的应用提升了营销的智能化和人性化，大幅改善了客户体验。

例如，引入基于大数据、人工智能等的客户画像体系，将客户的基础信息、资产信息、购物信息、浏览历史等信息变为结构化数据并加以分析，从而向客户提供个性化的精准营销信息。同时，大数据等技术在信用风险监测、反欺诈管理和合规监管等操作风险及市场风险防范中也得到广泛应用，银行可以利用客户信用评分、客户交叉违约预警信息、反欺诈模型体系等开展贷前调查、贷中审批和贷后管理工作。还有人脸识别、语音识别、位置识别等也可以作为辅助风控手段。

（3）"零售银行＋金融科技"的未来发展趋势

趋势一：融合化——随科技深入应用而发生化学反应式的跨界融合。

一方面，银行与科技公司双方的服务平台都将更具包容性，依靠银行与科技公司之间、银行与银行之间的平台共搭、信息共享、生态共建，实现群体效应，实现抱团取暖。

另一方面，银行内部新旧融合，包括新旧部门、新旧业务、新旧渠道、新旧模式、新旧文化等多方融合，在融合中共同推动零售银行运营模式的升级。随着银行巨头与科技巨头更深度的联姻，科技在银行中的应用逐渐深化，这两方面的融合都将是化学反应式的，对零售银行的升级也将从表及里、从外围至核心，从而实现价值的整合变化。

趋势二：理性化——市场主体与消费者都将更加理性。

一是零售银行的市场主体更加理性。随着各行"零售＋科技"战略的逐步清晰，对市场发展态势的把握更加准确，对人工智能、大数据、区块链等技术的运用更加熟练，同时也能认识到创新的艰难性和失败的可能性，从而更好地在风险与收益之间、在合规与创新之间寻求平衡。

二是零售客户趋于理性。随着市场的成熟，客户在享受科技便利的同时，对金融科技的态度与期望也更理性，越来越能够认识并包容科技的局限性，对自我权益及风险的保护意识也将逐步建立起来。

趋势三：独立化——从机制到机构的独立。

独立化运营，可以有效隔离风险，效率和成本优势将更加凸显，成本利润核算将更科学，定价更快更准，绩效激励也将更加到位。零售银行主要采取以下三种方式开展独立化运营。

一是独立的科技子公司。目前已有一些银行设立了科技子公司，向母公司输入科技血液。

二是独立化的直销银行。

三是一些银行根据将电子银行部或网络金融部改制为事业部制或准事业部制，提升部门独立性，创造更好的发展环境。

趋势四：差异化——围绕核心竞争力的差异化发展路径。

当前有些零售银行的金融科技业务还处在"大乱斗"态势，一些银行存在"为了科技而科技"的情况，产品同质化较为严重。例如，大部分直销银行的业务重点、产品服务同质化，提供的产品仍多为"类余额宝＋存款＋理财"套装，一些 APP 体验也明显带有"简版网银"的色彩。随着越来越多跨界主体参与到零售银行业务领域，一方面会加剧市场竞争的激烈程度，另一方面则能倒逼零售银行提高创新动力和创利能力，并在激烈竞争中寻找自身的差异化定位。

3-2-5 互联网保险

科技赋能在互联网保险业内已成为不争事实，保险科技正驱动产品、风控、营户之间形成实时连接，提供更加个性化的关系管理和产品定制，用技术重构保险三维体系，用技术触达用户最真实的内心，在保险、企业、用户三者之间重构良性循环的生态共同体。

互联网保险正在依托不断进化的技术能力，进一步实现各个业务之间的互联互通，与用网保险科技应用模式，互联网保险本身在拥有海量数据和创新产品的天然优势上，将逐步通过依靠流程内的动态大数据风控，海量的数据沉淀，才能不断地改善保险产品和服务。随着大数据的不断积累，以技术主导的产品构想和创新正在加快涌现。

（1）互联网保险促进产业升级，优势互补

传统保险行业重销售、轻服务、信息化水平和服务效率相对较低。互联网保险的发展有助于打破传统销售渠道对资源的垄断，优化产业链布局。从产品设计、销售、核保、承保到理赔的各个环节入手，打通数据闭环。在保险公司本身技术能力有限、内部阻力较大的情况下，互联网保险的发展有利于加速行业变革。

对于保险公司来说，互联网保险的出现能扩大保费规模、降低获客成本，增加数据来源，提高服务效率和风控能力，从而降低综合成本。对于整个保险行业来说，产业链的长度和宽度将进一步扩展，创造更大的市场空间。

互联网保险产业链上的参与者包括保险公司、保险中介机构、数据服务商、互联网平台等。其中，互联网流量平台具有明显的流量优势，一方面平台可以成为销售保险的渠道，另一方面，平台积累的数据可应用于保险产品设计，结合互联网场景为渠道定制产品，丰富保险产品种类。作为互联网保险公司，其功能定位包括销售平台，数据公司和第三方服务。销售平台主要在产业链上游，完成获客和销售；第三方服务公司主要在产业链下游，协助理赔及后续服务。数据公司在上游做用户画像和精准获客，在下游做反欺诈及核保风控，积累数据之后再协助产品设计和定价。

（2）保险重心转向服务价值

传统保险一直围绕"买与赔"的问题扯皮，在互联网保险的发展下，保险重心实现战略性转移，服务价值将成为保险企业全面竞争的核心要素。

真正的互联网保险企业不是实现业务线下向线上的转移，而是由内而外地提升保险价值，互联网保险价值随着服务价值的跃升也终将剥离"买与赔"的传统境况。

未来的互联网保险服务价值不是简单的 O2O 模式，而将是"OMO"（Online－Merge－Offline）线上线下的大融合模式，线上线下边界将消弭，OMO 也将是下一个十年的发展重要红利，若险企能抓住这个机会，就有可能在将来下一个十年立足整个互联网保险行业。

放眼目前的互联网保险企业，既拥有传统保险集团做线下服务靠山，又同时有能力布局互联网端口的险企为数不多，冷静对待保险科技的热潮并思考互联网保险发展的模式奥义，险企的最终目的不应是为了科技而科技，而是科技工具之下赋能服务的保险价值。

（3）人工智能在保险行业的应用

智能销售

目前的互联网保险销售活动是单向的，只需在电脑终端或移动终端上对保险产品进行推介，再由消费者通过网络完成投保即可完成。这种方式的推介过程和投保过程都是单向的，消费者存在疑问的话无法和保险公司取得沟通。因为这个原因，目前互联网销售的保险产品以车险和意外险为主，因为这些产品的结构比较简单，消费者通过阅读网页上的产品介绍就可以基本了解产品特征，而一些复杂的保险产品如家财险、责任险、寿险、健康险等，很难使消费者仅仅通过阅读网页上的介绍来了解产品，所以很少通过网络进行推介和销售。

利用人工智能，可以在网络上构建人工智能销售系统，与消费者实现互动，对消费者的疑问进行解答，根据消费者的需求推介产品，及时完成投保、承保、扣费、回执签收、双录的流程。一方面，人工智能销售系统解决了目前互联网保险销售中的单向性问题，使得通过网络销售复杂的保险产品成为可能；另一方面，一些重要的销售环节，如产品责任介绍、健康询问、免责条款的提示语告知等，均由人工智能系统自动完成，销售误导的问题也可以得到很好的解决。

智能承保

目前保险销售流程中的承保环节与互联网的结合相对较少，除了少数简单产品如意外险、延误险、退货险、短期健康险等产品可以自动核保外，其他大部分产品仍需要进行人工核保。在人工核保环节，有部分公司也开始尝试引入人工智能和大数据来进行辅助核保。如在人身险领域，目前不少公司都通过智能穿戴系统收集消费者健康数据，以实现区分费率、防止欺诈的目的。在财险领域，也有公司开始推出车联网产品（Usage－Based Insurance，UBI）。

可见，目前人工智能在承保环节的运用仍处于较初级阶段。未来的智能承保应该是以大数据运用为基础，对被保险人或保险标的的相关信息进行更加全面地收集，根据整个保险行业的大量既存核保实例建立模型，再在此基础上利用云计算对上述数据进行深度分析，从而对风险进行更精准的评估。

智能保全

保险保全业务主要体现在人身险领域，是指人身险合同生效后，为了维持合同持续有效，保险公司根据合同约定或者投保人、被保险人、受益人的要求而提供的一系列服务，包括但不限于保险合同效力中止与恢复、保险合同内容变更等。保全业务往往涉及保险合同的重大利益变更，因此对消费者身份进行识别是一个先决问题。囿于目前互联网环境在身份识别方面的技术和成本限制，通过互联网开展保全业务的案例并不多。

在不久的将来，智能保全将可以通过语音识别、人脸识别、社会网络识别等多重手段交叉确认消费者身份，从而确保是消费者本人亲自办理。智能保全服务既能够解决销售人员代消费者办理保全业务的时效性差和服务质量差的问题，还能够有效预防不法分子利用退保、账号变更等骗取保险公司和消费者钱财的行为。

智能理赔

保险理赔是保险行业价值链上非常重要的一环，也是与互联网结合最为密切的环节。目前国内几家较大的保险企业都已推出基于 APP 或微信公号的线上理赔系统。但值得注意的是，有两个问题在理赔实践中长期困扰着保险公司，一是理赔时效，二是保险欺诈。

就理赔时效而言，传统的理赔手段以人工查勘、人工定损为主，主要的工作量和成本都集中在人力资源上，由于人工定损更多依赖于理赔人员的个人能力，而培养一名优秀的理赔人员所花费的时间成本和资金成本往往十分巨大，令人力资源成本越来越高。未来，人工智能理赔系统可以通过收集、分析整个行业的理赔案件，建立对应模型，在发生保险事故时由消费者将事故现场情况以及标的物的损害情况上传到保险公司，由智能理赔系统给出定损建议。

就保险欺诈而言，由于现有法律、合规制度和技术上的问题，保险公司依靠传统手段很难对每个保险理赔进行逐一识别再判断是否为欺诈。智能理赔在识别保险欺诈上则可以发挥较大的作用。基于大数据的人工智能技术能够突破传统理赔调查的局限，通过对被保险人、保险标的物等各方面数据进行收集和分析，一方面可以为保险公司建议理赔调查的方向，另一方面可以为保险公司提供直接的事实依据。

（4）区块链技术助力互联网保险高质量发展

在金融科技的新技术中，区块链被认为是最有可能在互联网保险行业普及和推广的。目前，各互联网保险机构正积极探寻区块链更多的落地场景和应用路径，以更好地发挥这项新技术对于互联网保险高质量发展的重要作用。区块链技术的应用对互联网保险发展瓶颈的突破主要体现在以下五个方面。

①区块链数据具有不可篡改的特征，能够提升互联网保险的信息安全水平

互联网保险面临着较高的信息安全风险和网络科技风险，而区块链技术为互联网保险有效防控新型风险提供了新的解决方案。首先，区块链把互联网保险数据分布式存储在"链式"结构中，能够有效保证其防篡改性和防伪造性，特别适合互联网保险场景下电子化保险合同的数据保全与存证服务。可以把合同中约定的保险标的、保险金额、保险缴费方式、赔偿计算方式等记录在区块链上，增强合同的可信度。合同订立后的变更、保费缴纳、分红、个人账户资产变动、事故通知、索赔、理赔等信息也可以及时记入区块链，作为证据。其次，区块链的非对称加密算法能够防控互联网保险客户信息泄露风险。在非对称加密算法下，区块链上的完整节点能够记录、验证和备份其他节点之间的交易内容，但是对不属于本节点的交易记录无法了解交易者的真实身份；同时"私钥"保证每个人只能处置自己的权益。最后，区块链能够构建一个全流程可追溯的完整信息流，实现互联网保险相关各方间的信任共享。

②区块链的去中心化特征有助于构建网络互助保险的监督与互信机制

相互保险或互助保险是保险业的重要组成部分，网络互助拓展了相互保险的发展空间，全球相互保险市场份额自 2007 年以来呈逐年递增的态势，累计增长达 21%。区块链的去中心化特征有利于网络互助保险的可持续发展。区块链基于 P2P 网络，各节点地位平等，通过分布式记账实现去中心化，能够助力保险中介机构"脱媒"，降低互联网保险的交易成本和中介费用；P2P 的联系可以突破传统互助保险时空限制，实现具有同质风险的个体在更大范围内的互助。区块链的集体监督维护特征，能够建立互助保险去中心化后的有效监督机制，实现可持续运作与高质量发展。

③区块链的智能合约机制能够降低人工成本，提升理赔效率

区块链的智能合约机制通过引入"可编程脚本"实现无需人为干预的自动执行程序，在互联网保险行业具有重要的应用价值。智能合约能降低人工成本，提高保险智能化程度，开发更多触发赔付型的互联网保险产品。智能合约可以用来执行预先设定的合同规则，并且具有透明、可靠的机制来保障合同所确定的支付义务得到及时履行，因此可以解决大量小额理赔效率低下的"痛点"，支持自动化理赔。保险事故发生后，智能合约能够自动判断是否满足预设的索赔条件，如果满足条件，便会通过虚拟机的方式执行脚本实现智能合约的功能，并通过公开透明的支付机制自动完成划款赔付，减少了大量人工操作环节，赔付效率得到了质的提升，可以帮助互联网保险机构节约大量运营费用。此外，智能合约还可以通过自洽性合同设计，减少合同纠纷，保护互联网保险消费者的合法权益。

④区块链共识信任机制有助于缓解互联网保险业务的信息不对称，防控欺诈风险

互联网保险通过网络完成投保和承保过程，信息不对称是制约互联网保险高质量发展的重要因素。一方面，互联网保险的网

络特性决定了保险销售方不能面对面向消费者主动说明产品相关信息，而大多采用勾选阅读方式，易出现销售误导、保险条款不透明等问题，造成消费者单方面曲解，在理赔时引发投诉；另一方面，客户可能利用信息不对称进行欺诈或骗保，给保险公司带来风险隐患。"惟一性"是保险承保和理赔定损的难点，区块链的共识信任机制可以为时间和空间范畴内的保险惟一性解决提供全新的可能，为防范保险欺诈提供技术支撑。在线订立互联网保险合同并完成交易的每一步操作细节，都可以记录在区块链上，作为双方履行告知、说明义务的证据。区块链上的记录，投保人可作为可保性证明，保险公司可用于识别保险欺诈风险。区块链分布式数据库可以通过追溯完整的交易记录，独立验证客户及其索赔等事务的真实性，因此有助于减少信息不对称，帮助保险公司识别赔付过程中可能存在的重复交易、欺诈骗保等行为，进而解决互联网保险的逆向选择和道德风险问题。

⑤区块链开放性使其能与其他技术融合应用于各业务环节，构建保险科技新生态

当金融体系处于变革和过渡时期，推进区块链、云计算、人工智能和物联网等新技术的融合，将保障可持续发展的进程。我国互联网保险在爆发式增长中也曾一度出现赏月险、防小三险等哗众取宠的"伪创新产品"，而区块链的开源、开放特征，使其能与其他金融科技新技术深度融合综合应用于互联网保险的产品设计、售前营销、售中投保和售后理赔等各业务环节，提高产品的技术含量和运营效率，驱动互联网保险实现从"流量为王"的粗放式增长到内涵式高质量发展的转变。同时，区块链与其他金融科技技术的整合应用，还能孵化出新的商业模式，构建保险科技新生态，赋能互联网保险高质量发展。

3-3 科技带来的金融风险应持续引起高度关注

新事物的发展往往具有两面性，金融科技也是如此。一方面，金融科技通过新技术应用创新金融业务模式，简化交易流程，降低金融服务成本，弥补传统金融业务空白，提升金融服务的便利性和普惠性，全面改善客户的体验。另一方面，金融科技的发展模糊了金融与科技的虚实边界，面临多重风险，呈现出各异的风险特征。在未来相当长的时期内，金融科技的风险应持续给予高度的关注。

一是安全风险，其中首先是数据安全风险。随着金融科技企业的电商购物平台、在线支付、线上理财、保险等金融业务的发展，金融科技企业不断对数据进行收集、统计和建模应用等，积累了大量数据，在数据存储和传输过程中，存在着个人隐私、风险数据泄露、丢失、被盗和篡改等的问题。其次是技术安全风险。有些金融科技企业盲目追求技术突破，未对一些新兴金融技术进行严格的试验和把关就加以利用，使一些技术的应用领域脱离用户的可控范围，存在安全隐患。

二是信用风险。在传统金融机构与金融科技合作时，一方面可能由于信息披露不当，新模式新业务存在的问题很难被发现和及时解决；而当问题突发时候，不仅有可能难以有效保障广大投资者的合法权益，还有可能影响整个行业的信用声誉。另一方面，由于信用体系不健全，再加上传统金融机构缺乏应对金融科技的经验，审核和监管制度不完善，极易出现信用问题。如传统金融机构自定项目规则，在网贷平台上提供资金托管服务；在问题突发时给投资人造成了较大的损失，而平台则倾向于追究金融机构的责任，其中的信用风险不可忽视。

三是法律风险。金融科技改变了传统金融行业的经营方式和交易方式，因此传统金融行业的法律法规难以适用，在一定的时期容易出现法律真空。而在现实中，传统金融机构在利用新兴科技过程中容易形成新的违规点，如通过第三方支付投资多种网上基金，形成资金池，急剧扩大了备付金数额；支付机构往往非法挪用备付金，加大了用户兑付难度。总体来说，在金融科技快速发展和立法跟不上的情况下，相关的法律缺失和法律冲突等问题将会显现。

四是系统性风险。由于互联网遍布全球，跨区域发展变得十分便利。在一个国家注册，在另外一个国家设后台；把公司和技术人员设置在境外，却在境内利用互联网发展业务活动，往往成为一种常态。在监管不完善、信息化传播迅速的当下，这种跨越区域的业务布局终将增强金融固有的外部性风险，且容易由局部风险聚合起来演化成系统性风险。

3-4　金融科技应更多地用于新金融业态监管

金融科技在带来显著的经济和社会效益的同时，也伴随着安全、信用、法律以及系统性等多重风险的叠加效应和扩散效应，为金融监管提出了一系列新的挑战。金融科技的快速发展有助于推动金融机构突破行业边界，跨行业、跨领域的综合性大型集团逐渐形成，具有客户数量多而广、客户忠诚度强且黏性高、业务范围涉及生活生产各方面等特征，如何对其进行综合性、穿透式监管，防止出现"多而不能到"等问题，成为摆在监管者面前的重要课题。金融科技在金融行业的应用并没有改变金融风险的隐蔽性、突发性、传染性等风险特征，而且容易通过互联网加速局部风险的蔓延扩大。由于新技术的应用，容易滋生技术风险、安全风险、和信用风险等，增加管控金融风险的难度。金融科技搭建的互联网金融交易平台两端聚集了庞大的单体分散的人群和小微企业客户，此类客户的风险防范意识普遍不强，且风险承受能力相对较弱，是"蝴蝶效应"和"羊群效应"的温床；一旦交易平台资金链断裂，极易导致风险蔓延，在短时间内形成很强的风险叠加扩散效应。

从效率的角度来讲，金融科技创新能带来整个经济体效率提高、结构优化和效果改善；但同时也要注意到，对于这种创新，其实市场主体有着非常高的积极性，比如金融科技类企业、互联网公司等。如果监管不足，创新过程很可能带来对消费者和投资人的损伤，形成金融风险。作为监管应该关注公平和效率之间的平衡，但更重要的是要关注公平。唯有如此，才能保护好投资者和消费者的利益，有效地控制金融风险。简而言之，对于金融体系的监管方面而言，应该允许金融科技创新与发展，但与此同时务必要进行严格而有效的监管，着力控制它的风险和负效应。

未来金融科技推动的新金融业态监管应注重提升审慎性和穿透性。

一是注重穿透新金融业态的本质。根据业务功能属性将新金融业态纳入现行金融监管框架进行分层分类监管。只要做了金融监管明确的金融业务，比如吸收公共资金、涉及到资产端的运用和交易等，就属于金融体系当中的一个组成部分。对于这些公司而言，牌照、准入和一整套相关的监管规则都必不可少，不能有例外。

二是监管方应提高相关的准入门槛。重点关注金融科技带来的新金融业态是否存在吸收公众资金、公开发行债券、参与资产管理和交易等一系列相关金融活动，在这些特许经营领域应坚持严格的准入管理。

三是针对金融服务日益线上化和数字化的趋势，大幅提升信息披露、金融消费者保护等方面的监管力度。当前，我国金融消费者保护机构尚欠完善，接连发生的 P2P 平台"爆雷"事件，严重损害了金融消费者利益。因此，在金融科技监管中，应突出金融消费者保护的基本原则，明确信息披露责任，形成有效的投诉处理、损失救济机制，构建完善的金融消费者权益保护体系。

四是注重利用数字技术改进监管流程和能力，提倡用监管科技监管金融科技。在技术日新月异的今天，传统的监管模式已经无法有效监管当前金融科技的发展应用。应突破传统思维模式，利用大数据、人工智能、云计算等新兴技术革新监管手段，提升金融科技推动的新金融业态监管的效率和实时反应能力。

五是探索实施监管沙箱，创新加速器等监管新工具。在保护消费者权益、严防风险外溢的前提下，通过主动合理地放宽监管规定，减少金融科技创新的规则障碍，鼓励更多的创新方案积极主动地由想法变为现实。通过监管沙箱为真正有价值的金融科技推动的金融创新留有一定的试错空间和合适的观察席，着力解决金融创新、金融监管和金融风险之间的平衡问题，力争实现金融科技创新与有效管控风险的双赢局面。

第 4 章
全球金融科技的发展及演变

科技的发展为人类提供了更加安全高效的金融服务，从云计算、到大数据、区块链、再到人工智能的应用，在很大程度上推进了全球金融科技的发展。银行科技、保险科技和证券科技持续创新，全球的金融科技呈多元化和差异化发展。

4－1　全球金融科技发展概况

自 2014 年以来金融科技行业的初创公司，持续受到市场的高度关注，据统计，2015 年全球科技行业宣布并购的交易总额创下历史新高纪录，达到了 3130 亿美元，比 2014 年的交易额 1716 亿美元大幅增长了 82％。

2016 年被称为金融科技元年，随着大数据、云计算、人工智能、区块链等一系列技术创新，科技和金融在支付清算、借贷融资、财富管理、零售银行、保险、交易结算等领域开启了深层次融合。2016 年，全球金融科技领域共产生了 1436 笔风险投资，2016 年获得投资金额最多的 3 个国家为：中国、美国、英国，中国首次超越美国。2016 年全球金融科技企业的投资攀升至 232 亿美元，较 2015 年度增长 10％。2016 年亚太地区的金融科技融资规模实现翻番，首次超越北美，中国贡献了亚太地区投资总额的九成。

2018 年，特大交易推动全球金融科技领域创下 1，118 亿美元投资记录。其中，有 3 宗总额分别超过 100 亿美元，此外还有 14 宗总额分别超过 10 亿美元的并购。总而言之，2018 年金融科技投资在众多领域创下新高，包括风险投资、企业风险投资、并购及私募股权投资。

美洲地区金融科技投资总额从 2017 年的 290 亿美元增加至 2018 年的 545 亿美元，成交量亦从 1,039 宗上升至 1,245 宗；美国包揽其中的 1,061 宗，总额达 525 亿美元，占据该地区市场主要份额。

欧洲地区金融科技投资总额从 2017 年的 122 亿美元飙升至 2018 年的 342 亿美元。增长动力源于大量并购及收购交易，包括 WorldPay（128 亿美元）、Nets（55 亿美元）、iZettle（22 亿美元）、Fidessa Group（21 亿美元）以及 IRIS Software Group（17.5 亿美元）。

亚太地区 2018 年金融科技投资总额从 2017 年的 125 亿美元增加至 227 亿美元。2018 年下半年亚太地区金融科技投资发展显著放缓，但蚂蚁金服在 2 季度完成的 140 亿美元交易不仅创下纪录，亦成为全年该地区主要推手。

跨境并购在 2018 年明显增加。全年共计 155 宗，投资总额约 535 亿美元，较 2017 年的 153 宗及 189 亿美元均有所上升。在跨境并购中，美国和欧洲分别吸引投资达 280 亿美元和 216 亿美元。

2018 年，投资资金迅速流向关键子板块及技术：监管技术（Regtech）投资从 2017 年的 12 亿美元迅速增加至 37 亿美元；区块链投资依然保持迅猛势头，从 2017 年 48 亿美元稍微回落至 45 亿美元。

毕马威金融科技全球联合主管 Anton Ruddenklau 表示："除基于金融科技的新兴商业模式外，越来越多源自 PSD2、GDPR 及其他法规的监管和法律义务同时影响着金融科技领域的成熟及初创企业"。因此，企业对诸如人工智能（AI）、机器学习等技术愈发表现出兴趣，因为这些技术能够更有效地管理合规要求。毫无疑问，技术投资体量将不断攀升。

根据 2018 年 10 月毕马威与澳大利亚知名金融科技风投机构 H2 Ventures 联合发布的《2018 全球金融科技 100 强》榜单，中国企业占据了 11 个席位。《2018 全球金融科技 100 强》榜单中登榜企业最多的国家是美国，共有 18 家企业登榜，其中前十位中占据三席。紧随其后的是英国和中国，分别为 12 家和 11 家。澳大利亚和新加坡亦表现不俗，分别有 7 家和 6 家。

支付与交易是金融科技公司主导行业，共有 34 家企业上榜；其次是借贷和投资理财行业，分别有 21 和 14 家企业上榜；保险金融科技公司正在不断壮大，2018 年上榜企业 12 家；而网络银行领域表现突出，上榜了 10 家企业。

2019 年金融科技公司的格局发生了一些新的变化，全球金融服务业正受到新兴创业公司的冲击，这些创业公司背靠数百万的资金支持，致力于解决传统金融服务面临的诸多挑战。

截至 2019 年 8 月 10 日，已有 46 家创业公司加入了全球独角兽俱乐部，估值达到 10 亿美元甚至更高。其中，美国有 22 家独角兽企业，在数量上遥遥领先于美国以外的地区，其次是英国，紧接着是中国。这些创业独角兽快速涌现，主要通过银行产品来提高消费者支付过程中的便捷性，涉及的银行业务占欧洲银行业收入的 14％，而美国仅为 3.5％。由于移动支付的渗透率较低，加上持续强劲的资本支持和技术上的突破创新，传统金融服务正在加速走向无现金和无卡市场。

与此同时，2019 年全球金融科技的发展是一个转折点。全球范围内有 1913 笔交易，投资金额 345 亿美元，年度投资金额下降 15％；但是，2018 年的金融科技投资主要是因为蚂蚁金服在二季度的 140 亿美元推动的，如果不考虑这一笔融资，那么 2019 年的投资金额是创纪录的。北美、欧洲和亚洲的年度金融科技投资数量均有所下降，部分是因为早期阶段融资交易数量下降所致。尽管年度早期融资轮（种子和 A 轮）交易跌至五年低点 59％，但与 B＋轮公司的融资交易数量却超过了五年高点。这是一个积极的信号，表明越来越多的金融科技初创公司正在成熟，随后的每笔融资都变得更加困难。而 2019 年几乎 50％的金融科技投资集中在 83 个超级融资轮（金额超过 1 亿美元），总额达到 172 亿美元。当年对于除了欧洲以外的每个市场来说，超额融资轮数量都是创纪录的。金融科技创业公司正在走向成熟，并开始通过公开上市募集私人资本。仅 2019 年四季度全球 452 笔融资就募集了 94 亿美元，不考虑 2018 年蚂蚁金服的融资，这是创季度新高的。亚洲和美国的融资交易主要是投向成熟的细分领域，而不是早期金融科技公司。

2019 金融科技交易和融资的另一个趋势是蔓延到新兴市场和前沿市场：美洲、非洲、澳大利亚和东南亚的融资均创下年度新高。非洲和东南亚的交易也创造了新纪录。尽管有些地区存在着宏观经济压力，但金融科技行业总体扔保持韧性，如拉丁美洲经历了社会和政治动荡、欧洲一直在为应该脱欧做准备等。虽然这都是造成波动的因素，但这些地区的金融科技依然创下了较高的交易数额和融资记录。

4-2　欧美地区金融科技的发展

4-2-1　美国

4-2-1-1　概况

美国一直是世界上最鼓励创新的国家之一，从云计算概念的出现到现在如火如荼的大数据和金融科技，美国都处于世界领先的地位，很多初创企业也迎着这股浪潮成为了独角兽并获得了很好的发展。

云计算的出现使得计算能力不再是企业发展的瓶颈，而变成了一种更方便、实惠的资源。2005年另一项大数据领域技术——Hadoop产生了革命性的意义，它不仅使分布式存储数据成为可能（HDFS），还可以高性能的并行处理数据（MapReduce），这两项服务结合为快速和可靠分析结构化和复杂数据打下了坚实的基础。

美国传统信息化程度较高的大型企业很快就过渡到云计算大数据的时代，那些提供大数据服务的新兴企业也借着这股浪潮快速成长。比如Splunk于2012年在纳斯达克成功上市，成为第一家上市的大数据处理公司。

最近的几年，各个行业都在快速地步入大数据时代，首当其冲的就是金融行业。美国的传统金融体系非常健全，也非常有意愿获取新技术来改善原有金融系统存在的问题。在这种情况下，Financial Services＋Technology就形成了现在的"FinTech"。

金融科技现在已经显著地改变了金融服务业的运作方式，该领域的初创企业也受到了风险投资的青睐，迅速的成长。2013年，支付领域的独角兽Square上市，2014年，网贷领域的独角兽LendingClub和On Deck Capital上市。现在Stripe也在金融科技领域以接近100亿美元的估值一枝独秀。这充分地体现了金融科技的火爆以及资本的重视。

4-2-1-2　美国金融科技独角兽

据CB Insights报道，2018年，美国金融科技公司筹集了124亿美元的资金，比2017年增加了43％，全美金融科技风险投资金额增长超过30％。根据Brex分析，由于监管、技术试错等方面的诸多因素，金融科技公司通常比其他初创企业需要多2-3倍的资金。

（1）Stripe：在线支付技术解决方案服务商

Stripe 为网站及线上平台提供支付接入服务，使其能够接受客户的在线信用卡、App 钱包等付款方式。

Stripe 的联合创始人是一对爱尔兰裔兄弟：30 岁的首席执行官 Patrick Collison 和 28 岁的总裁 John Collison，分别毕业于 MIT 和哈佛大学，2011 年创立 Stripe。Stripe 为开发者或商家提供支付 API 接口或代码，让商家的网站、移动 App 等支持信用卡在线付款，其费率设计目前偏向于小型商家使用。Stripe 的收费模式为对所有年交易额 100 万美元以下的客户收取每笔 2.9％＋30 美分的服务费，其优势是不收取每月 30 美元的会员费，并将这种收费方式作为与 Paypal 竞争的策略。Stripe 还是第一家支持比特币支付的主流支付服务公司，同时应用人工智能技术辨识虚假交易等。

（2）Avant：个人小额贷款公司

Avant 是一家 P2P 小额贷款公司，成立于 2012 年，专注于为介于信用优级和信用次级之间的用户提供贷款服务。其特色是通过自有资金发放贷款，并承担违约风险，目前 Avant 保留一半贷款在自己的资产负债表上，另一半通过证券化发售给投资者，且其资金端都是投资机构，个人投资者不在考虑范围内。

Avant 的贷款额度平均为 8000 美元，最高可达 35000 美元，贷款利率最低位 9％，最高可达 36％，具体取决于通过大数据以及机器学习得到的贷款者信用等综合评价而定。贷款一般一个工作日即可打到账户中。

（3）CreditKarma：个人征信查询平台

成立于 2007 年的 Credit Karma 提供面向个人的信用数据查询服务，用户可以实时免费的获取自己的信用数据。该平台允许用户绑定自己的银行卡、信用卡账户，同时允许用户在其平台上查看自己的房屋贷款、汽车贷款和助学贷款等各种财务状况，这样用户就可以了解每项财务指标是如何与自己的信用分数挂钩的。在此基础上，Credit Karma 帮助用户了解如何更好地处理自己的信用卡债务，帮助消费者寻找性价比最高的金融产品，例如推荐信用卡供用户申请、进行一般贷款或抵押贷款。在用户购买了金融机构的产品后，Credit Karma 便会收到金融机构的分成，从而实现盈利。

（4）GreenSky：个人信用贷款平台

GreenSky 成立于 2006 年，是一家个人信用贷款平台，定位为一家技术公司，为银行、贷款机构及个人贷款用户提供服务，主要为消费者提供家庭改善（例如装修、家居、太阳能设备等）及医疗保健等用途的贷款。GreenSky 信贷计划的融资由联邦保险、联邦和州特许金融机构提供。银行通过在线或通过 GreenSky App 向大约 12000 家商家和个人承包商提供贷款。

（5）Kabbage：面向小微企业的自动化商业贷款公司

Kaggage 是一家面向互联网等轻资产行业小微企业的贷款公司，通过搜集包含运营、财务、社交等多方面的数据，重构信用体系，综合形成信用评分并据此快速放款，解决了互联网企业、小微企业固定资产少而无法从传统金融机构获得授信与贷款的痛点。

Kabbage 提供贷款所依托的信用体系的数据源包含两方面：首先是传统的小微企业营运数据，包括从 Google Analytics 等得到的网络信息、企业记账信息，以及从物流企业得到的发货信息；其次是 Kabbage 独具特色的 Social Klimbling 商家信用评分体系，这一体系鼓励客户将自己的商业账户与 Facebook 和 Twitter 账户关联起来，革命性地把社交网络信息数据引入到商家信用评分体系，获得了更加优异的风控模型与更低的违约率。

依靠这一独特的信用风险评分模型，Kabbage 能够在七分钟内作出付款判断。在还款阶段，借款的小微企业可以将消费者在本企业的银行账户或第三方支付的交易，按照约定的比例直接划转到 Kabbage 的账户。Kabbage 提供的贷款额度从 500 美元至 5 万美元不等，费率波动范围为前两个月每月 2%～7%，后四个月每月为 1%，六个月的费用率相当于利率为 8%～18%，与银行贷款的利率相当，其最长期限为 6 个月。

（6）Mozido：提供移动支付方案的服务提供商

Mozido 是一家提供移动支付解决方案的服务提供商，解决方案基于云端，允许没有在银行开户的用户进行跨平台转账。Mozido 提供的服务包括账单支付、通话时间充值、个人对个人支付、商家支付、忠诚度计划、政府支付的直接存款等，以及为商家、金融机构和政府机构提供定制营销等服务。主要关注用户为全球 20 亿的没有银行账户的移动用户。Mozido 提供安全的基于云的 PCI 安全白标签钱包技术，可以在任何移动平台上运行，包括 Android、iOS、黑莓、平板电脑和基本功能手机。该平台可以与销售点进行系统集成，能够通过多种渠道完成多种货币的交易，包括移动、互联网、IVR 和电视。

Mozido 的业务遍布全球，包括在美国、中国、印度、非洲、斯里兰卡、中东、欧洲和拉美开展业务，支持用户利用手机管理自己的资金、支付及其他服务。

（7）Prosper Marketplace：P2P 借贷撮合平台

Prosper Marketplace 是一家以撮合交易为主的 P2P 平台，借贷双方可以通过拍卖的方式进行资金交易，是目前世界上最大的 P2P 借贷平台。平台中借款人通常可以申请特定利率下 1000－25000 美元之间的无担保贷款。Prosper 的模式类似拍卖，借款方希望寻找愿意以最低利率出借的出资人，而出资人则希望找到愿意支付更高利率的借款人，双方的重要参考指标就是个人信用评分。在平台中资金提供方可以看到资金需求方的信用状况,包括房屋情况、信用额度、金融行业征信数据等信息,也可以询问诸如现金流状况等直接的个人问题,用来决定要下标的最低利率和放款金额。目前 Prosper 的收入来自借贷双方,平台会从借款人处提取每笔借贷款的 1%~3%费用,从出借人处按年总出借款的 1%收取服务费。

(8) Social Finance:*面向大学生的信用贷款公司*

Social Finance(简称 SoFi)是为指定优秀大学的特定专业学生提供助学贷款服务的公司。SoFi 主要帮助学生以低于美国联邦政府贷款的利息获得再贷款。目前该公司已拿到美国国家许可开展服务,服务范围遍及 50 多所高校,提供多种借贷服务。SoFi 只贷款给毕业于美国名校的高材生,对已经有学生贷款的毕业生提供低息贷款,让他们可以一次性偿还以前高息的学生贷款,学生们可以因此节省一大笔利息费。其风控体系规定借款者必须毕业于其选定的美国排名前 200 的优秀大学,不仅如此,借款者只能毕业于 SoFi 规定的较热门、有发展的几个专业,如法律、医学、商业、工程、美术等。申请再融资贷款的毕业生们可以通过 SoFi 网站注册填写个人信息,上传贷款需求详情。SoFi 将会在一个工作日内决定其贷款利率,信用状况较好的学生能够获得更加优惠的贷款利率。10 天之内 SoFi 会替借款者一次性还清已有学生贷款本息,此后借款者只需要向 SoFi 还款。SoFi 并不针对贷款发行收取费用,只对投资收取服务费或管理费。

4-2-1-3 美国金融科技的新发展趋势

(1)从精准营销转型到预测营销

随着大数据的不断发展与运用,数据收集和数据库的日益完整,市场依靠大数据要求掌握用户的精准信息,与此同时,信息安全性挑战日益严峻,各国对个人数据和隐私的关注度不断上升。

在美国,加利福尼亚州作为大量科技企业的大本营,最近几年通过连续出台的几个个人隐私法,成为美国个人数据隐私保护最严格的州,其他各州也随之跟进立法。

金融企业和科技公司面对这类情况,从精准营销向预测营销转型。简单来说,避开对个体用户的数据收集进行投放产品,而是对用户群体进行分析,来预测细分群体的产品需求。通过这个办法可以保护个人数据的隐私,避免使用基于地点、搜索历史等个人数据。

目前,美国各大支付行业巨头和科技巨头企业对保护个人隐私已经达成共识,不能出卖数据,而是通过人工智能的算法来预测用户的需求。

（2）从收费到免费

最近美股的主要网上券商纷纷提出零佣金交易。包括嘉信、ETrade、Fidelity、IB 都已经推出零佣金交易股票和其他金融产品。

从历史沿革来看,美股交易曾经是一笔手续费在几百美元,到 90 年代降低到 11.95 美元,而在 2000 年左右降低到 6.95 美元,前几年是 4.95 美元,今年降到零。这个反映的大趋势就是互联网免费服务模式。

某美国大型网上券商数据显示,美国的个人投资者平均每年交易 5 次。如果免除交易手续费,券商从每个客户平均少赚 25 美元,这个减少的收入很容易通过其他业务来弥补。特别是现在美国散户的储蓄率在不断上升,还有大量的退休金账户留存现金余额等。

最重要的是,美国千禧年一代的投资人不喜欢收费,他们已经习惯了各种免费的互联网服务。网上券商去收费模式,在适应千禧年投资人的同时,也是在投资人的比重中不断上升的现实。

总的来说，美国的券商整体有三个板块：

第一板块是传统券商。包括摩根斯坦利、高盛、花旗、摩根大通、美银美林这五大。他们每一家管理的资产在万亿美元的级别，其中最大的摩根斯坦利管理的资产在 2 万亿美元以上，但是最近几年管理规模增长缓慢，并有客户流失的问题。

第二板块是折扣券商。也就是网上券商，包括嘉信、ETrade、TD、IB、Fidelity 这五大。曾经管理规模很小，但是最近十多年业务迅猛增长，管理总资产已经超过 6 万亿美元。

第三板块是金融科技创新企业。包括 Robinhood、Betterment、Weathfront 等。这些企业主打零费率，移动 app 基础上的交易。但是交易有很多限制，管理规模在数十亿美元左右，增长也非常迅猛。

现在网上券商开始做零费率，对华尔街的传统券商和创新券商都产生了巨大压力。

传统大型券商包括高盛和摩根都需要答复客户的问题，也就是为什么要收手续费？这些传统券商面临严重的客户流失到第二板块网上券商的挑战。而第三板块的新兴科技企业则在竞争中缺乏核心竞争区别点：免费交易。

（3）从股东价值到社会价值

传统上，企业的运营与发展都是以股东价值最大化为目的的。但是，随着最近几年全球贫富差距扩大，环保等大量社会问题的频繁发生，越来越多的美国企业开始注意社会价值。

比较典型的是美国著名的室外服装品牌 Patagonia，最近几年市场营销宣传主题是建议消费者不要购买不需要的室外服装。公司的核心是为了环境保护，可以鼓励消费者少买他们的产品。

美国金融和科技企业的运营目的也在逐渐从股东价值到社会价值的转型。举个例子，在美国，某一个信用卡企业和科技公司合作，在社交媒体上建议消费者减少浪费式的刷信用卡消费，多去可以获得"生活体验"的消费。他们提出的口号是"生活体验是无价的"。这样虽然短期有可能导致企业的盈利增长减少，但是对于社会价值很有帮助。

类似的还有某保险公司对出现严重疾病的病人提供保费冻结，避免客户在财务上雪上加霜。由于美国的医疗保险有盈利上限 2%的监管要求，这些保险公司的做法实际上是用公司的一部分盈利去补贴医疗费用最高的用户。这样也是属于对于股东价值的优先权让渡给了一部分社会价值。

（4）从传统法币到数字货币

从 2009 年比特币被发明到现在，数字货币或者加密货币的发展极为迅猛。当然，这些新鲜事物发展过程中也有大量的问题和挑战。

很明显，美国金融和科技龙头企业都在一步一步进军数字货币市场。首先，各大信用卡公司都开始尝试用区块链技术用于支付。实际上美国目前有大量初创金融科技企业用区块链技术做跨国支付的应用，传统金融企业需要应对。

对于目前数字货币交易最大的问题是如何实现第三方的安全托管。美国传统的金融服务业公司在这方面正在逐步进入。

比如 Broadridge，一个美国的传统老牌金融券商的后台服务企业，就在最近并购了一个影子金融系统公司（Shadow Financial Systems）。这个公司的业务包括给加密货币提供交易和清算服务。美国最大的机构投资人之一 Fidelity 也在今年整合公司的所有加密货币交易于服务部门，成立了数字资产子公司（Fidelity Digital Assets）。

4-2-1-4　美国金融科技的监管

美国作为全球最大的金融市场和科技强国，金融科技行业发展迅猛，金融业态和应用创新迭出。而在金融科技的立法与监管方面，美国是较早采用"监管沙盒"机制的国家之一，政府秉持"负责任的创新"的监管理念，对金融科技领域的新生事物高度敏锐，并适时纳入立法规范和监管范围。

2019 年 1 月和 3 月，美国议会代表分别提交了两项金融科技法案，意在建构针对金融科技的法律框架，在创设新的监管议事机构、厘清监管协调机制的基础上，强化对金融科技的监管。

2019 年 1 月 3 日，《金融科技保护法案》旨在设立"打击恐怖主义和非法融资独立金融科技工作组"，对从事恐怖活动的组织和人员，以及使用虚拟货币从事非法融资活动的组织和人员进行独立调查，并为实施有效监管提供必要的建议；设立"创新和金融情报领域的金融科技领导力计划"，用以支持开发能够侦查恐怖活动和使用虚拟货币从事非法融资活动的工具和程序，并进行创新授权和资助。

2019 年 3 月 4 日，《金融科技法案 2019》旨在成立金融科技委员会，创建金融创新办公室和金融科技董事顾问委员会，加强对金融科技初创公司的监管，促进美国国内就业市场稳定等。

4-2-2 英国

英国是公认的世界金融科技中心，在金融科技行业起步早、拥有大量的相关人才、本地消费者对新事物有着较强的接受能力，以及国家制定了较为完善的金融市场和法规监管。英国政府去年 5 月发布的一份报告显示，该国目前已有超过 1600 家金融科技公司，预计到 2030 年这个数字会翻番，甚至更多；同时，英国金融科技的采用率达到 42%，而全球平均值仅为 33%。

2019 年英国伦敦的金融科技独角兽数量将与目前全球领先的旧金山相当。数据显示，在全球 29 家市值超过 10 亿美元的金融科技独角兽公司中，有 9 家位于旧金山，7 家位于英国。另外，从

2017 年到 2018 年，伦敦的电子货币公司数量增长了 51％，预计到 2020 年底，英国超过一半的支付服务提供商将只提供数字服务。

4-2-2-1　现状

英国的金融科技行业拥有大量的科技人才，领导人才以及金融服务业人才。目前约有 6.1 万名金融科技从业人员，英国还能从多达 120 万金融从业人员中培养金融科技领域的专家，扩充金融科技从业者队伍。英国技术人才的供应量非常充沛，因为科技产业的工作者已达 7.1 万余人。英国同时也吸引了众多跨国科技巨头将其欧洲总部安置在了英国。同样的，英国的创业能力优势明显，在全球创业指数榜单中位列前十。

早在 2016 年，英国金融科技行业获得了 5.54 亿英镑的专项投资，2018 年达到 36 亿美元，2019 年又在之前的基础上飙升至 49 亿美元。所以对英国的金融科技企业来说，创业初期可获得的资金充裕，但在成长期和成熟期获得投资有限。这些资金中大约 90％直接投入到银行业、支付和借贷等细分领域。这使得英国的网络借贷、支付等传统金融科技领域发展迅速，已处于世界领先地位，区块链、开放银行业务、科技监管等新兴金融科技领域亦有极大发展潜能。

——网络借贷。英国网络借贷主要包含一些不同于传统借贷渠道的新型借贷模式，如 P2P、众筹等。

——支付。包括本地、跨境、跨数字或移动渠道的支付和转账。

——先进分析技术。主要通过复杂的定量方法分析结构化和非结构化数据集，以支持信用征信、保险和资本市场服务。

——区块链。区块链是一种允许多方共同维护共享分类账户并同时更新的技术。数字货币即是基于区块链技术的新兴货币。2016 年 1 月，英格兰银行宣布将把区块链作为实现英国结算系统现代化计划的一个组成部分。2016 年 5 月，英格兰银行明确指出正考虑发行自己的法定数字货币 RSCoin。

——开放银行业务。主要是开发应用接口，使第三方能够访问传统上由现有金融机构持有的数据。

——科技监管。主要是应用新技术解决金融科技企业的监管与合规性问题。

随着英国在金融科技领域不断发力，伦敦也逐渐成为欧洲金融科技市场中的"领头羊"。数据显示，超过三分之一（39％）的欧洲风险投资资金流向了伦敦金融科技公司；这几乎是欧洲其他城市的两倍——柏林（21％）、巴黎（18％）、斯德哥尔摩（5％）、巴塞罗那（4％）、阿姆斯特丹（4％）、苏黎世（3％）、哥本哈根（2％）和都柏林（2％）。英国这些金融科技公司的收入增长更是惊人的——仅 2018 年全年，总收入从之前的 7710 万英镑增至 1.776 亿英镑。一年的收入就增长了 130％。

近期，英国财政部、国际贸易部和行业机构 Innovate Finance 联合发布的《英国金融科技国家报告》（UK Fintech State of the Nation）显示，目前英国有超过 1600 家金融科技创企，预计到 2030 年这一数字将翻一番。

Innovate Finance 在去年 7 月份的最新研究报告提到，2019 年上半年，英国金融科技公司共融资 29 亿美元，创历史纪录。毕马威国际与金融科技风投机构 H2 Ventures 联合发布的《2018 Fintech100》中，英国上榜 12 家，仅次于美国的 18 家。

在英国智库 Z/Yen 集团去年 9 月发布的第 26 期"全球金融中心指数（GFCI 26）"中，伦敦仅次于纽约位居第二。英国金融科技行业在 2019 年上半年的投资活动总额达到 39 亿美元，占整个欧洲地区金融科技相关的风险投资和私募股权投资总额的 68％。

当然，对于金融科技公司来说，未来还有许多尚待开发的领域，这也是推动英国就业岗位增多的原因。数据显示，2018 年，英国金融科技行业有 7.65 万个就业岗位，伦敦金融城预计，这一数字到 2030 年将达到 10.55 万个。而整个金融服务行业的就业岗位将达到 110 万个。

4-2-2-2　走在行业前列的金融科技创企

金融科技已经成为全球金融行业的热点之一，英国金融科技的创新步伐当之无愧地走在欧洲的前端，就职于金融科技公司的人数已经超过了硅谷和纽约，整个欧洲地区对于金融科技企业的投资中，多半数都流向了位于伦敦的公司。下面就列举一些在英国举足轻重的金融科技创企，他们如雨后春笋，在短短几年时间内发展成行业领头羊。

（1）Greensill——供应链金融

Greensill 成立于 2011 年，是一家供应链金融科技公司，主要帮助中小企业按时向其供应商还款，然后把从需要融资的中小企业手里买入的应收账款或者发票，打包成短期债券出售给投资者，以此盘活资金。

目前该公司是欧洲最大的非银行债券发行商之一，与 100 多家全球机构投资者进行合作。自成立以来，Greensill 已为 60 个国家的 800 万供应商提供了超过 600 亿美元的融资。2019 年 5 月，软银愿景基金向其注资 8 亿美元，Greensil 的估值达到 35 亿美元。总计融资达到 10.5 亿美元。

（2）OakNorth——数字银行

OakNorth 总部位于英国曼彻斯特，成立于 2013 年，2015 年 5 月开始正式运营，一直致力于打造一个"完全面向创业者和中小企业的银行"，尝试利用亚马逊云技术服务基础架构 AWS 构建数字银行服务，并且成为了英国第一个将核心银行系统放置在云端的金融机构。

OakNorth 主要向创业者、中小企业以及中等规模的成长型企业提供债权融资和投资服务。2019 年 2 月，OakNorth 获得软银旗下 Vision Fund 所领投的 4.4 亿美元融资，估值达到 28 亿美元，成为英国成长速度最快的金融独角兽公司之一。截至目前，OakNorth 累计融资金额已达到 10 亿美元。

（3）Transferwise——P2P 国际汇款

TransferWise 成立于 2010 年，是一家提供国际汇款转账服务的金融科技公司，特色之处在于 P2P 模式、手续费低，甚至还推出了"无国界"模式的多国银行账户及借记卡。本质上，Transferwise 是将两个国家间对彼此货币有需求的人进行匹配，然后各自向对方的目标账户转移同等价值的本地货币以达到换汇的目的，而这过程中并没有发生任何实际的"国际换汇"业务。

TransferWise 累计完成了 10 轮融资，金额达到 7.73 亿美元，在 2016 年 5 月的 D 轮融资中估值首次超过 10 亿美元。金额最高的一轮融资发生在 2017 年底的 E 轮融资，由资产管理公司 Old Mutual Global Investors 和硅谷风险投资公司 IVP 牵头，融资金额达到 2.8 亿美元。

（4）Atom Bank——数字银行

Atom Bank 是首家获得英国银行营业执照的手机银行服务商，成立于 2014 年 3 月。Atom Bank 致力于为 18 岁至 34 岁之间的消费者提供移动专用银行服务，除此之外，Atom 还为中小型企业提供抵押贷款、固定储蓄账户以及担保贷款等服务。在 2018 年 Fintech 全球百强榜单中，Atom Bank 名列第九位，2019 年估值 12.5 亿美元。

Atom Bank 创始团队主要来自传统银行机构，创始人 Anthony Thomson 此前还参与创办了英国第一家零售银行 Metro Bank。其投资方也主要是传统银行，比如 BBVA（西班牙对外银

行）、British Business Bank 等，8 轮累计融资 4.29 亿英镑（约合
5.43 亿美元）。

（5）Monzo——数字银行

Monzo 成立于 2015 年，总部位于伦敦。从以传统银行储蓄为
主的业务转向了保险、信贷、财富管理服务，希望用时髦的应用
程序、更低的费用吸引新生代的年轻客群。去年 8 月，Monzo 已
经正式推出贷款产品。

Monzo 在 4 年多时间获得 14 轮融资，金额达到 3.25 亿英镑
（约合 4.11 亿美元）。2018 年 10 月完成 8500 万英镑的 E 轮融资
后，Monzo 加入英国独角兽俱乐部。2019 年年中，Monzo 获得来
自美国 Y Combinator 领投的 1.13 亿英镑（约合 1.42 亿美元），估
值达到 20 亿英镑（约合 25 亿美元）。

（6）Revolut——数字银行

Revolut 成立于 2015 年，总部位于伦敦。为客户提供数字银
行账户、存贷款等多种金融服务，最大的优势在于其提供优惠的
外汇兑换汇率，拥有 Revolut 账户可以在全球不同国家任意使用超
过 90 种不同的外币，且手续费很低。目前 Revolut 在欧洲拥有 200
万用户，其中在英国有 90 万左右用户，占整个欧洲的 45%。在
2018 年 Fintech 全球百强榜单中，名列第十三位。

（7）Starling Bank——数字银行

Starling Bank 由 Anne Boden 于 2014 年创立，总部位于伦敦，
于 2016 年 7 月获得英格兰银行颁发银行牌照，并于 2017 年 5 月推
出其首个移动个人经常账户。Starling Marketplace 是 Starling
Bank 为客户提供第三方金融服务的应用内市场，客户可以直接通
过手机访问应用市场内接入的金融服务和产品，是开放银行的一
种服务形式。Starling Bank 承诺，预计截至 2023 年底，将在其商
业市场上推出 48 个新合作伙伴。

（8）Neyber——借贷

Neyber通过与各类企业合作，主要服务于企业的普通上班族人群。不但帮助上班族提供金融教育及理财规划服务，还可以根据工资水平提供其所能负担的相应利率的贷款。目前Neyber已向客户提供了超过1亿英镑的贷款，平均节省超过5000英镑。

联合创始人兼首席执行官马丁·伊贾哈（MARTIN IJAHA）最初是一名技术专家，后来在高盛（goldmansachs）从事信贷投资。目前，Neyber获得融资总计1.5亿英镑（约合1.9亿美元）。

（9）Tide——数字商业银行平台

数字商业银行平台Tide总部位于伦敦，主要面向中小企业客户，利用移动端应用为它们提供商业银行服务。但目前Tide并没有完整的银行执照，因此只能选择与其他具有银行资质的机构进行合作。2019年8月，Tide的会员总数超过10万人，市场份额达到1.75%。2019年9月，Tide宣布推出Tide Capital，向中小企业提供信贷金融服务。2019年10月Tide宣布在B1轮融资中筹集了4410万英镑（约合5430万美元），目前总共经历6轮融资，总计筹集了9510万美元。

（10）Monese——数字银行

Monese总部位于英国伦敦，其业务是向那些无法享受传统银行服务的客户，尤其是信用记录较不完整的海外移民提供金融服务，业务范围集中在欧洲地区。具体服务项目包括现金存取、转账及低费率国际转账、信用卡、直接借记等。

在银行业务的基础上，Monese还能为用户建立信用档案。由于大部分用户使用Monese作为其主要账户收取工资、缴交房租，Monese能够根据用户们的交易数据对他们进行信用评估，使用户们打通使用更多金融服务的渠道，而不依赖传统征信公司。目前，Monese总共筹集了8040万美元的融资。

在上述英国金融科技企业中，这些企业都有创业期短，发展快的特点，从业领域都是科技引领的新兴金融领域，其中数字银行占据六个席位，足以可见英国银行业对科技的创新应用革命。展望未来，尽管经济增长放缓以及英国脱欧或将对英国金融整体表现产生不利影响，但英国作为全球金融科技中心，其金融科技持续发展的大趋势不会改变。

4-2-2-3　政府和学术界的支持

所有的创新都和良好的商业环境、科研实力以及合理优化的政策支持密不可分，这也是英国金融科技领先的关键。

政策环境

英国政府一直大力支持金融科技企业的发展，希望英国强化其在发展金融科技领域的世界领先地位，成为全球的金融创新中心。前首相卡梅伦 2015 年曾宣布英国金融科技发展规划，到 2020 年要实现三个目标，分别是：一、打造全球金融科技投资最友善的环境；二、成为全球金融科技中心并诞生至少 25 家领先的金融科技公司；三、新创造 10 万个金融科技工作岗位。

近年来，为了促进金融科技发展，英国政府积极培育良好的投资环境、合理的税收系统、合适的监管框架以及为金融科技企业搭建最好的基础设施，努力提供无与伦比的国际连接、能够平衡风险与创新的监管环境、为创新企业创造并提供最佳的条件。此外，英国政府还推出了大量的政府帮助计划，协助金融科技企业设立公司和监管授权，并通过孵化器和加速器为早期金融科技公司提供资金和专业知识。

英国没有指导或限制外商投资的专门法律，英国的任何经济行业都没有只允许本国国民参与的限制，也没有本国国民必须持有多数股或一定比例股的要求，外商或外资控股公司从法律意义上讲享有同等待遇。

英国的企业文化注重实效，鼓励公平竞争，注重人才储备，具有创新精神与团队合作精神，正直诚实，注重实干，干脆利落，严格的时间观念，处世观念平和，推崇绅士文化，讲究礼仪。这样的"直率"的企业文化无疑利好商业环境，减少双方互相揣测的时间，更具效率，让商业环境更开放。

同时，英国拥有稳定的宏观经济环境，有欧洲经济大国中最低的税率，政府还建立了专门的官方引资机构，尽可能满足投资者的要求。比如，伦敦发展促进署是当地的官方外国直接投资服务机构，专门为希望到伦敦投资的海外公司和机构提供免费且保密的咨询及协助服务。

学术支持

从学术界来看，英国的大学、研究机构都源源不断地为社会提供人才储备，这是英国金融科技企业在技术领域能够腾飞的关键。

牛津大学

牛津大学赛德商学院（Said Business School of the University of Oxford）已经决定扩大旗下线上课程内容，将新增区块链和其他金融科技课程，这一整套金融科技类的课程涵盖了与货币、支付、市场和消费者体验相关的金融科技如区块链、AI、众筹、量化计算等，同时会探索监管科技（RegTech）、地产科技（PropTech）和社会融合（social includsion）的关键概念、原则和框架。未来，牛津大学还计划启动更多适应金融科技趋势发展的教育课程计划。

牛津大学的科技创新中心（OUI），这是欧洲大学中专利申请数量最多的机构，更被誉为英国产量最高的技术转移部门，拥有全英第一多的"世界领先水平"的科研成果。

例如，牛津智能眼镜公司OxSight，这是一家专注于研发"盲人的智能眼镜"的科技公司，未来的产品将覆盖几乎所有导致失明的眼部疾病，是牛津系在商业科技领域的代表作。

牛津大学的 Nie 金融大数据实验室着力于研究分析金融市场各方面相关行为和数据，探索市场规律，将大数据技术应用于金融领域。

帝国理工学院

伦敦帝国理工学院（Imperial CollegeLondon），成立于 1907 年，是英国"G5 超级精英大学"俱乐部的一员，他们在数据研究和分析方面被公认为世界领先，而且也是与中国进行联合研究项目最多的英国大学。

帝国理工学院的数据中心建立了"球数据观察站"，这是目前全球最大的数据可视化设施，背后蕴含了全球各大行业的并行运算、多项目管理、编程以及大量数据采集和分析。

与此同时，英国帝国理工学院商学院于 2019 年新增设了金融科技硕士（MSc Financial Technology）项目，重点培养学生的定量分析能力（包括编码、编程的专业技能），帮助他们更好进入金融科技或金融服务行业就职，这也是全球最早开设金融科技专业的院校之一。

人才政策

英国推行的人才政策有个明显特点：即不限制人才的流动，而是在创造人才回流的宽松环境与创业条件上下功夫。例如，英国牛津大学的多数教授前往美国哈佛、耶鲁等大学供职，这些美国大学为他们提供的报酬有的甚至高出牛津大学一倍以上。这么一来，虽然牛津大学很难与财力雄厚的美国大学打"价格战"，但它们在适当提高教师待遇的同时，将重点放在科研环境和学术氛围等方面，并努力保持自己的特色；结果，最终有许多在美国大学任教的教授由于留恋牛津大学特殊的学术氛围与严谨学风，往往几年后又打道回府，回到了牛津大学。

英国虽然在基础研究方面人才辈出，但在高科技应用领域的人才并不很多，因为英国不愿意在这个方面先期投入大量的培养经费。然而英国却在高科技领域走在世界的前列，其中一个重要因素就在于：他们认为与其花费大量资金、时间和精力去培养一个高科技人才，倒不如花钱购买一个高科技人才已经创造出来的研究成果。一个拥有很高学历和丰富实践经验的人，不一定就是难得的人才；但是一个已经创造出科研成果的人，却必定是真正意义上的人才。于是，英国一直在耗费巨资、千方百计地吸引这类人才，甚至不惜重金购买他们的高科技成果。

最近，英国在人才政策上进行了一些调整规定今后将对高科技研究、基础研究和高等教育领域有突出贡献的人才实行倾斜政策，国家将拨出专款大幅度提高他们的工资待遇。

由此可见，英国一方面培养自己的金融科技人才，另一方面用政策、环境等各种因素吸引全世界的人才，为金融科技的后续发展奠定着坚实的基础。

4-2-2-4　政府对金融科技的行业监管

在金融科技领域，英国有着世界领先的监管环境，同时因其简化，透明和行业领先的监管办法而闻名，这也为英国金融科技的快速发展提供了足够的支持。

（1）英国的金融监管机构

金融行为监管局是英国最主要的负责金融服务机构行为监管的部门，在为本国和境外金融服务机构在英国的运营执照颁发和授权中扮演了重要角色。也是金融科技行业的主要监管部门。

英格兰银行审慎监管局主要负责英国银行业，建房互助协会，信用合作社，保险业和主要投资机构的监管。金融科技企业在上述领域的运营必须通过许可，方可在英国运营。

（2）金融科技行业协会

"创新金融协会"是一家独立的，非盈利的会员制组织，服务于金融科技社区和促进生态圈的成长。创新金融协会连接了现有相关行业内大量的公司、投资者和企业家。

"科技城市协会"是一家通过计划和政策工作来支持在英国的数字化科技企业和企业家的非盈利组织。

"英国 P2P 金融协会"是一个汇集 P2P 借款人的行业组织，致力于通过政策和法规来保证 P2P 行业健康的发展和竞争，确保每一位会员以高标准约束自身行为和提升行业认知。

（3）英国的监管环境

在金融科技行业的监管政策上，英国政府创造的监管环境是宽松灵活的。

2015 年，英国金融行为监管局（FCA）提出了监管沙盒计划，创新者可以测试推向市场的新产品、服务和商业模式。几年来，FCA 已经测试了来自英国和全球的超过 60 家金融科技企业的创新产品和服务。

2018 年，英国财政部、英格兰银行、FCA 共同组建了加密资产特别小组，帮助英国在利用基础技术的潜在利益方面走在前列，同时可以尽量化解潜在风险。

在 P2P 领域，英国于 2014 年发布全球首个网络借贷法案，对 P2P 行业的最低资本、客户资金管理、投资标的的流转、信息披露、合格投资人等各方面都进行了细致的规定，以提升对投资者利益的保护。

该借贷法案把投资者的利益放在重要的位置，一方面要求借贷方进行充分的信息披露，让投资者对投资项目有充分了解；另一方面，为投资者设置了 14 天冷静期，杜绝投资者的冲动投资，14 天内可以取消投资而不受到任何限制或承担任何违约责任。法案在预防借贷方诈骗跑路、保障资金安全等方面能起到积极的作用。

而在很多国家和地区，金融科技领域的创新产品并没有明确的监管政策，政府要么一棒子打死，扼杀创新的可能性，要么对创新产品放任不管，造成诸多新的社会问题，对创新产品的可持续发展造成负面影响。英国政府积极探索适合金融科技产品的监管政策，让众多金融科技公司得以快速健康发展。

（4）英国的"监管沙盒"

2015 年 5 月，英国金融行为监管局发布《监管沙盒》报告，首次提出"监管沙盒"构想。监管沙盒机制把一个缩小的真实市场作为"安全空间"，在此范围内企业可享受一定的监管豁免。企业对金融科技创新产品、服务和商业模式进行短期、小范围的测试，如果测试效果得到认可，测试完成后可进行大范围推广。

作为首个提出"监管沙盒"制度的国家，目前英国已在流程设计、测试工具、准入标准、评估机制、风控措施等方面建立完整的制度体系和运作模式。

除一般沙盒机制外，英国还设计了虚拟沙盒和伞形沙盒机制。虚拟沙盒是行业自行搭建的测试环境。测试企业邀请消费者和其他企业进入虚拟测试环境，基于公共数据集对测试产品进行数据模拟，避免进入真实市场。企业参与虚拟沙盒前无需向监管机构申请，但可获取监管机构的协作和开发支持。虚拟沙盒机制为没有能力独立构建沙盒的小型初创企业提供测试途径，推动数据共享和行业协作，从而鼓励更多的传统企业参与金融创新。伞形沙盒是非盈利企业主导的代表授权机制。某些非盈利行业组织获得完整授权牌照后，能够作为"沙盒保护伞"评估拟测试企业的项目方案并给出代表授权。在该机制下，拟测试企业无需额外申请牌照，并且能够受益于行业组织的专业判断，推动测试数据共享和效率提升。此外，行业组织对市场反应灵敏，能够及时发现风险并加以修正，有利于弥补监管的滞后性。但伞形沙盒的适用行业受到一定限制，不适用于保险企业和投资管理企业。

"监管沙盒"机制实施以来，金融行为监管局定期接受项目申请，集中开展项目测试。第一批测试于 2016 年 7 月征集完毕，共有 18 家企业参与，业务类型包括智能投顾、支付清算、数字身份认证、保险、个人银行和个人贷款；第二批测试包括 24 家企业，企业范围更为多样化，涵盖多个地域和行业，包括机构业务类、保险类、支付类、个人银行和个人贷款，测试技术涉及分布式账本技术、人工智能等；第三批有 18 家企业参与测试，包括基于区块链的支付服务、监管科技、保险业务、AML 控制、生物识别数字 ID 和 Know Your Customer（KYC）验证等；第四批有 29 家企业参与测试，包括 3 个前三批已被接受但未继续开展的项目，涉及消费信贷、自动咨询、保险、加密资产等领域，使用了分布式账本技术、地理定位、应用程序接口、人工智能等技术；第五批测试包括 29 家企业，进一步扩大测试项目的业务类型、技术应用和地域分布。

在"监管沙盒"机制顺利开展后，英国将视野进一步拓展到全球，意图建立各国互相联系的沙盒机制，搭建监管机构和创新企业的跨国交流平台。2018 年 2 月，英国金融行为监管局提出创建"全球沙盒"的建议，向社会进行相关问题的征集，包括企业测试意愿、难点、测试区域、监管内容、申请流程设计等，共收到 50 份有效意见。基于收到的反馈，2018 年 8 月，金融行为监管局与其他 11 个金融监管机构和相关组织合作，提议建立全球金融创新网络（Global Financial Innovation Network，GFIN），以帮助金融技术企业与不同监管机构有效沟通，在多个国家和地区测试创新产品。2019 年 1 月，GFIN 正式启动，参与的机构和组织扩展至 29 个。

英国监管沙盒得到全球的认可是因为它具有监管主体职责明确、监管对象分类明晰、测试工具种类丰富、准入标准合理有效、评估机制及时严谨、退出机制完整全面、保护措施合理有效等特点。从金融创新企业角度看，"监管沙盒"搭建了企业与监管机构直接沟通的平台，缩短了产品推出的时间和成本，有利于促进企业获得融资和提高消费者接受度。从金融消费者角度看，消费者享有完善的保护机制，在最小化风险的前提下受益于更丰富的金融创新产品。

4-2-2-5　英国金融科技的未来趋势

短期来看，英国是全球金融科技发展最成熟的地区之一，伦敦也一直是国际重要的金融中心之一。其强大的金融体系、金融科技的优势条件（英国在金融服务业方面的强势、英国国民对金融科技的接受度、英国灵活明确的监管环境、金融开放吸引外资）以及目前积累的经验与创企基数，在短期内，英国金融科技在全球的地位不会被动摇。

长期看来，英国金融科技在国际上地位存在不确定性。英国脱欧或将一定程度上影响英国金融科技的发展进程；中国、新加坡、印度等金融科技后起之秀势头迅猛，英国金融科技国际地位很可能被超越。

去年，英国财政部、国际贸易部和 Innovate Finance 联合发布了一份题为《英国金融科技国家报告》（UK Fintech State of the Nation）的文件，报告显示，

目前英国有超过 1600 家 Fintech 公司。预计到 2030 年这一数字将翻一番；

英国的金融科技采用率为 42%，而全球平均水平为 33%；

英国金融科技部门雇用了 76500 名员工。到 2030 年，预计这

一数字将增加到 105，500；

这些雇员中有 42％来自英国以外的地区；

2018 年，英国金融科技公司获得的总投资额达 33 亿美元，占欧洲全球 48 亿美元的 68％；

Fintech Bridges 机制已经分别落户澳大利亚、中国、香港、新加坡和韩国。

未来，英国将继续采用创新和积极的金融服务贸易政策，推动跨境市场发展，确保先进、公平和透明的运营环境。

4－3　亚洲各地区金融科技的发展

4－3－1　亚洲地区金融科技发展现状

中国金融科技业自从 2003 年 10 月支付宝上线至今已经过十五年。将大数据、区块链、云计算、人工智能等新兴前沿科技手段运用到金融实践中的金融科技不仅已经渗透到企业和人们的日常经济生活中，甚至在一些业务领域已经走在了世界前列。金融机构利用移动终端和大数据分析为上千万甚至数亿的客户提供支付、投资、保险和贷款等服务，对金融业带来了前所未有的改变。

从很多方面来看，亚洲正在引领金融科技革命。首先，在消费者应用金融科技产品方面，在中国和印度这两个世界上人口最多的国家里，超过一半的互联网活跃消费者经常使用金融科技服务。从安永最新发布的《2019 年全球金融科技应用指数》报告来看，在全球消费者金融科技应用指数方面，中国和印度是最高的，消费者金融科技应用指数均为 87％，美国则仅有 46％，日本在 27 个市场中最低仅为 34％。而且在中小企业金融科技应用方面，在安永调查的五个市场中，中国中小企业金融科技应用指数也是最高的，为 61％，美国仅为 23％，英国则为 18％。

细看亚洲各国金融科技的发展水平差异还是较大的，中国是发展最快、规模最大的国家，大多数国家和地区的金融科技起步比中国晚、发展程度相对较低、业务模式也相对初步，但也有印度、新加坡、香港等国家或地区发展速度较快，却不代表亚洲的整体水平。

从另一个角度来看，东南亚和南亚的大部分国家的金融体系并不十分发达，正规金融服务供给严重不足。从 2017 年世界银行的数据看，东南亚 60％的人没有银行账户，印尼、菲律宾、越南等国家的信用卡普及率低于 2％，印度 60％的商业订单以现金支付，且印度虽然有 8 亿个银行账户，但实际上只有 2.5－3 亿人在实际使用这些账户。

早在十多年前，近五分之四的东南亚人口没有使用过互联网，并且当时互联网在东南亚地区的推行范围十分有限。但 2019 年，东南亚是世界上互联网活跃度最高的市场之一，该地区有将近 3.6 亿的互联网用户，超过 90％的互联网用户使用手机上网。根据调查，泰国互联网用户每天花 5 小时 13 分钟上网，比其他任何东南亚国家都多，印度尼西亚、菲律宾和马来西亚用户每天在互联网上花费大约 4 小时，也位列全球移动互联网使用率最高的 10 个国家。再加上东南亚各国一系列 4G 网络等数字基础"硬件工程"的配套上马，使得整个东南亚、南亚地区发展金融科技的市场前景十分广阔。除了金融科技的应用，亚洲金融科技创业公司的融资正在增加，并赶上历史上的世界领导者美国。截至 2019 年 1 月底，全球共有 39 家金融科技独角兽。其中 9 家金融科技独角兽在亚洲，包括中国的同盾科技，陆金所和拉卡拉，以及印度的 Policybazaar 和 Paytm 以及韩国的 Toss。亚洲已经势不可挡地崛起成为世界下一个金融科技巨头。

4-3-2 亚洲金融科技巨头

亚洲拥有世界 60％的人口，还有大约 30 亿人还没有银行账户或信用卡，但他们中许多人都有手机。没有银行账户的人大多集中在亚洲和非洲，而且这些人非常乐于接受金融科技新技术。相比欧洲和北美国家，大多花了几十年才从纸质支票、信用卡转变为智能手机支付，而且还非常谨慎。信用卡支付已经非常方便，整套系统也非常完善，所以这些西方消费者对金融科技衍生的新兴金融模式接受度比较差。相反亚洲各国从典型的跳跃式经济中反而获益良多。（这里的跳跃式经济是指机智的欠发达市场与全球经济接触，跳过中间的发展步骤，发展迅猛。）

咨询公司贝恩有数据显示，2017 年，亚洲金融科技领域的风投交易激增，是 2012 年的四倍多。超过 60% 的东南亚投资者表示，从现在到 2019 年，金融科技企业会是他们关注的重点，很多国家或地区已经开始出现金融科技独角兽。

Fintech News 整理了一份亚洲各地区融资规模最大的金融科技企业列表。

蚂蚁金服（超过 185 亿美元）

支付宝是推动中国进入无现金社会的动力之一，而它所在的公司蚂蚁金服被认为是全球最有价值的金融科技公司之一。蚂蚁金服最近一轮的超大规模融资主要是为了扩展海外市场。

最近，这家金融科技公司还开始涉足区块链技术，通过 AlipayHK 和 GCash 来降低香港和菲律宾的跨境汇款成本。

印度尼西亚—Akulaku（1.2 亿美元）

Akulaku 是一家总部位于印尼的消费金融公司，专注于为传统金融体系外的人提供金融服务，例如在线购物分期付款。除了印尼，Akulaku 的业务还覆盖菲律宾、马来西亚和越南。

香港—WeLab（4.25 亿美元）

WeLab 已经跻身香港最具价值的公司之一，主要从事非结构化移动大数据分析，针对独立借款人做出信贷决策。

除了在中国大陆和香港各运营一家借贷平台外，WeLab 还为传统金融机构提供技术支持。

新加坡—TenX（8300 万美元）

TenX 是新加坡一家区块链金融服务公司。TenX 的加密货币钱包，让用户真正以现金形式花费自己的加密货币。2017 年的 ICO 中，TenX 筹募了 8300 万美元，被认为是同期规模最大的公司之一。

马来西亚—Jirnexu（1700 万美元）

Jirnexu 主要面向银行、保险公司等金融客户提供客户管理解决方案，包括市场营销、客户获取、订单处理和客户保留等。

他们最近推出的聊天机器人可以协助 RHB Bank 处理个人贷款，某种程度上也可以减少处理客户服务需要的人力。

印度—PolicyBazaar（3.46 亿美元）

PolicyBazaar 成立于 2008 年，是印度一个保险产品比较分析平台，从事全球流行的保险产品的价格、质量和关键效益的比较分析，为客户提供更为准确的信息。这家公司还通过自己的金融咨询平台 PaisaBazaar 进军数字借贷领域。

日本—freee（2.279 亿美元）

2013 年推出的 freee 是自动化云计算软件，可与公司的银行账户同步，能自动对条目进行分类并建立财务报告。它的服务对象是日本的中小企业，收费标准是每个企业每月 980 日元（约 10 美元）起。非常低廉的收费使它快速获得中小企业客户的青睐。

韩国—Viva Republica（1.172 亿美元）

韩国金融科技初创企业 Viva Republica 是金融服务应用 Toss 背后的开发商，Toss 目前为用户提供资产预览、信用分管理、贷款、保险和投资等多种服务。Viva Republica 曾经获得过新加坡政府投资公司 GIC 以及中国红杉资本的投资。

菲律宾－Acudeen（4150 万美元）

金融科技创业公司 Acudeen 一个公司级发票贴现支付平台，主要向中小型企业提供支付管理服务。2017 年 6 月，Acudeen 新加坡公司发行的 ACU 代币销售一空，成功融资 3500 万美元。

泰国－Omise（2040 万美元）

Omise 是泰国的支付巨头，总部位于曼谷。该公司在确保交易安全的前提下支持最低限度的识别认证、同时用户无需支付月订购费用，Omise 只对每笔支付交易收取非常低的手续费。Omise 利用"一站式"支付服务，解决了东南亚市场不同支付渠道的难题，业务范围遍及泰国、日本、印度尼西亚和新加坡。

蒙古－AND Global（1530 万美元）

AND Global 是一家蒙古金融科技公司，不过它是 2015 年 5 月在新加坡注册成立的，专门从事贷款服务。这家公司通过人工智能信贷评分来确定申请人的资质，进一步降低了开户、认购和风险成本。现在，AND Global 正试图将业务扩展到蒙古以外的国家。

越南－MoMo（3380 万美元）

MoMo 是一家初创公司，提供 iOS 和 Android 两个版本的移动支付应用程序。这个程序类似中国的支付宝，越南用户可以通过它在全国范围进行汇款，它支持超过 100 种账单支付，包括为手机账户充值、结算个人贷款，购买软件许可和网络游戏卡、机票、电影票等。

4－3－3　印度金融科技的发展

印度 2017 年 GDP 总量位列全球第六位，经济增速超过 7.2%，是世界增速最快的主要经济体，也是金砖国家和 G20 成员国。同时，印度人口总量在世界排名第二，35 岁以下适龄劳动人口占比 65%，正充分享受人口红利。

印度的莫迪政府在 2016 年提出"印度崛起（Start Up India，Stand Up India）"的口号，正式从国家政策高度助力印度在全国范围内建立创业创新生态系统，并在境内推出了废钞令、统一支付系统（UPI）、身份系统 Adhaar、数字战略等一系列有利于互联网经济发展的措施。印度在 2016 年的互联网用户数量达到 4.62 亿，超越美国位列世界第二，中印互联网渗透率分别为 55% 和 38.4%。与此同时，印度当年全国范围内 4Mbps 网速覆盖率为 38%，年增速达到 138%。

截至 2015 年底，印度的 4G 信号基站连接量仅为 300 万左右，这一数字在预计在今年会达到 2.8 亿。目前，印度的 3G/4G 移动宽带也发展迅速，连接基站量达到 6.7 亿，占比印度全部连接基站的 48%。

印度金融科技在区块链、支付、P2P、智能投顾、普惠金融、技术驱动的银行综合服务、互联网金融安全与生物识别方面存在众多亮点和潜力。印度很多金融科技公司如 Paytm、Freecharge、MobiKwik 等都受到诸多资本追捧。

印度储备银行（RBI）早在 2017 年已经发布了网贷行业的监管法规。印度网贷类型包括，P2P 网络借贷平台、侧重做资产端的网络贷款平台以及本身有资质的网络贷款公司。其中 Faircent 是印度最大的 P2P 借贷平台，平台有 30% 为中小企业借款，70% 为个人借款。

印度互联网支付的参与方包括电信系、电商系、银行系、钱包公司系、支付银行系，各自都有代表性企业。支付行业同质化竞争激烈，而各平台之间产品、服务特色不够突出。支付平台与其他行业合作的深度还不够，还停留在为商家导流的初级阶段。目前占据印度市场份额最大的三家机构是 Paytm、Freecharge、MobiKwik，其中 Paytm 被看做是印度版的支付宝，是"支付＋电商"的模式，Freecharge、MobiKwik 则在电商方面较弱。

印度征信行业尚处于起步探索阶段，拥有巨大长尾市场。2014 年，印度约有 90％的人未在金融机构发生借贷行为，无任何信用记录。例如，印度财政部和储备银行发起成立的第一家信贷信息共享机构 TransUnion CIBIL，可同时向企业和个人用户提供产品和服务。大数据征信公司 Perfios，主要提供财报分析、电子化验证、API 外接、企业征信报告及行业数据分析服务。信息管理平台 CreditMantri，为用户提供免费的信用查询及信用卡、贷款申请服务。这些机构和平台都有各自的重点数据领域，而在全国范围内还无法做到征信大数据共享。

印度众筹行业发展处于早期，2014 年以来呈指数增长趋势。不足的是众筹行业缺乏明确的监管，主要监管机构 SEBI 尚未出台监管法规。

在 P2P 网贷、支付、区块链、智能投顾、普惠金融、技术驱动的银行综合服务、互联网金融安全与生物识别等方面，印度都表现出诸多亮点和潜力。相当多的众筹平台也因此获得了数额巨大的融资。

总体来看，印度的金融科技整体处于初创期向成长期过渡，巨大的潜力正逐步释放，受到资本市场的狂热追捧。

4－3－4　印度尼西亚金融科技的发展

4－3－4－1　概况

印尼是世界排名第四的人口大国，是继印度之后最大的新兴人口市场；同时，印尼也是东南亚最大经济体及 G20 成员国之一，近十年来，印尼的经济增速保持在 5－6％之间，全球排名较前。在中国"一带一路"规划中，印尼也是东南亚最重要的战略国家之一。印尼无论在经济，还是政治方面都在亚洲和全球具有一定影响力。

　　从宏观环境来看，印尼经济稳定增长，人口基数庞大，2019年，印尼人口规模达到 2.69 亿，整体人口呈现年轻化特质，30 岁以下占比 51.2%，使印尼对新型金融科技中蓬勃推进的前沿技术的接受度很高。随着互联网用户的快速增长，印尼在 2016 年就成为全球互联网用户增长速度最快的国家，去年印尼的互联网普及率为 65%，为 1.71 亿，互联网经济规模有望大幅度上升。其中，35 岁以下的互联网用户更是占到 66.22%。潜力大、发展快、人口结构年轻化、充满活力已成为印尼市场的典型特征，用户未经历成熟的互联网阶段直接进入移动互联网阶段。

　　还有很重要的一点是，传统金融已经无法满足印尼居民日益增加的金融需求。预计 2020 年印尼中产阶级和富裕消费者将达到1.5 亿人，随着这一群体人数的增长，他们在居家用品、车辆、耐用消费品等领域的需求也将快速增长，对于信用卡普及率极低的印尼来说，每 10 万人口的银行分支覆盖率仅为欧洲的六分之一，4900 多万中小企业无银行融资业务，传统的金融模式显然已无法满足这些群体和中小企业的金融需求，新的金融科技手段必然颠覆印尼传统的金融模式，金融科技有无限巨大的发展空间。

　　从目前印尼的金融科技发展概况来看，整个金融科技市场潜力较大。早在 2016 年，金融科技企业只有 50 家左右；现在有超过235 家金融科技企业，金融科技企业数量与融资规模同步增长，第三方支付是金融科技发展的主流，有大约 43% 的金融科技企业活跃在支付领域。

　　从印尼金融市场来看，整个印尼居民理财能力较弱，并且风险容忍度低，存款机构资产在金融总资产占比最大。

　　印尼信贷业务主要由银行提供，只有不到一半的人可以享受到银行信贷，额度和期限均为中等规模。印尼信贷市场的主要参与者包括四大银行、小银行及合作社、非银贷款机构等，但他们提供的信贷服务很有限。自 2016 年起，印尼网贷企业开始逐步发展，到 2017 年年底，已经有 26 家金融科技企业从事网络借款等业务，占金融科技企业的 15％，该领域在这几年一直处于快速成长期。

印尼的支付市场以线下支付为主，虽有 100 多家支付服务机构，但没有出现行业巨头。印尼直接支付的主要参与者包括运营商支付、银行转账支付、电子钱包支付，第三方支付起步晚、发展慢，主要应用于网络消费场景。其中 Doku 是印尼首家电子支付公司，也是少数在印尼取得电子货币许可牌照的非银机构之一。

总的来说，印的金融科技企业主要集中在支付、数据技术、网络借贷三大领域，征信领域目前覆盖人群少。2017—2018 年是印尼金融科技最辉煌的两年，超过 600 家金融科技公司"扎堆"印尼；但是在 2018 年 8 月份印尼金融管理局 OJK 突然下架了没有牌照的互金公司的 APP，此后要想获得牌照要至少经过一年的沙盒严格观察期，有特殊情况 OJK 还可以延期 6 个月。总体来说要想获得印尼的金融牌照不是一件简单的事。印尼的金融科技监管正日益走上轨道，以鼓励和支持政策为主，并逐步推出明确的监管体系。

4－3－4－2　金融科技领域的几大现象

2016 年，印尼金融科技协会（AFTECH）成立，印尼金融科技行业也经历了迅速发展。

（1）数字经济的迅猛发展为金融科技提供了机遇

印尼政府大力支持发展数字经济，提出到 2020 年要建成东南亚最大数字经济体，要培育 1000 家初创企业，总市值达 100 亿美元。

印度尼西亚大约有 1.03 亿网民，目前人均在线消费 228 美元，印度尼西亚已成为全球在电子商务方面收入增长最快的国家之一。

《2018年PRO高增长市场报告》称，印度尼西亚是增长最快的电子商务市场，目前价值72亿美元。根据麦肯锡2018年8月发布的研究报告，印尼电商市场规模将从2017年的80亿美元增至2022年的至少550~650亿美元。印尼人口红利不断释放，预计2030年工作年龄段人口占总人口比重将达70%。

在今年3月举行的2020年"印尼数字经济峰会"上，总统在演讲中提到，印尼是东盟地区数字经济价值最大和增长最快的国家，2019年互联网普及率为65%，比2018年的55%增长了10%，印尼有1.71亿互联网用户。2015年印尼数字经济价值为80亿美元（折合120万亿盾）；到了2019年印尼数字经济总额为400亿美元，折合约560万亿盾，预计到2025年印尼数字经济总额将达到1330亿美元的水平。印尼成为是东南亚最活跃初创公司基地，全球排名第五，有着仅次于美国、印度、英国和加拿大之后的全球最多的初创公司，约2，193家初创公司，有1家十角兽公司（decacon）、有4家独角兽公司（unicorn）。其中之一初创公司创始人现在已担任印尼进步内阁部长职位。

（2）借贷已领先其他金融科技产业

印尼巨大的借贷资金缺口和强烈的消费欲望相互作用，催生了互联网借贷平台，让其得以在印尼焕发生机。其中，借贷平台Modalku获得由软银领投的2500万美元融资，创东南亚P2P借贷平台融资之最，证明了借贷市场在印尼的价值。

从2014年第一家互联网借贷平台诞生，到2019年贷款发放规模达到25.9万亿印尼卢比，印尼互联网借贷平台在政府、资本等各方的力量之下，已走在其他科技金融产业前列。根据印尼金融服务管理局（OJK）的数据，截至2019年4月，印尼已有106家P2P网络借贷或发薪日借贷的金融科技企业获得营业许可。

印尼借贷市场发展迅猛的主要原因是巨大的资金鸿沟和年轻

化的人口结构。随着消费环境日趋成熟、消费意识强烈、人口结构年轻化等因素均大大促进了印尼的借贷需求。根据 2018 年数据，印尼央行存款利率和贷款利率分别为 4.5％ 和 6％，相较中国人民银行当时发布的 1.5％ 的一年定期存款利率和 4.3％ 左右的贷款利率，印尼的利率较高。这一现象也从侧面反映了印尼对资金的需求十分旺盛。此外，印尼年轻群体人数众多可支配收入少，超前消费意愿强烈。根据预测，到 2020 年小额现金贷目标人群将占印尼总人口数的 62％。其次是印尼的潜在借贷需求很旺盛。印尼信用卡渗透率极低（仅 3％ 左右），即使银行借记卡的渗透率也仅有 36％，因此，大量的资金需求需要通过民间借贷来满足。旺盛的借贷需求及低廉的获客成本为印尼信贷产品提供了广阔的市场空间。

再从数据上看，2016－2018 年，金融科技借贷市场规模增速显著，复合增长率高达 793％。2018－2020 年，金融科技借贷市场规模发展平稳，年复合增长率为 214％。预计到 2020 年，金融科技贷款将达到 223 万亿印尼卢比。

当然，金融科技企业在借贷市场上能够快速发展起来，印尼借贷市场规模能够不断增长，主要是由于互联网崛起，移动用户增长，基础设施完善这三方面的因素。移动用户的不断增长，使用户对印尼借贷市场有了更多了解并能够随时获取相关资讯；电商、网约车、在线旅游等互联网领域的崛起和快速发展，提升了用户对借贷平台的接受程度；支持性 IT 基础设施和数字化的发展，扩大了用户覆盖范围并加快了对用户群体的了解过程，提升了用户留存和使用率。

与此同时，由于印尼借贷平台体量庞大、普及度高，金融监管局也已经针对在线借贷服务制定了"监管沙盒"，这也宣告了印尼互联网借贷已经走在其他科技金融产业前列。

另外，印尼政府对于金融科技借贷市场所出台的政策都是利好的，不仅对电商产业持支持态度，同时对互联网借贷市场也放宽了限制，明确表示对利息不做限制，其所实施的法案中移除了利率上限。此外，政府对启动资金要求不高，这些有利于促进借贷行业在印尼的蓬勃发展。

（3）支付领域群雄混战变成了寡头化

目前印尼的移动支付工具主要包括银行卡、信用卡、手机银行、电子钱包、第三方支付 APP 等。支付服务主要应用于网上购物（包括实物购买、数字产品购买等），其用户主要是 18－44 岁间的中青年。移动支付虽然是印尼金融科技业发展较快的领域，但由于印尼民众拥有的银行卡数量少，同时受限于网络环境、技术手段等原因，印尼的支付市场仍以线下支付为主，与中国仍有很大差距。

Go－pay、OVO、LinkAja、DANA 这几家竞争很是激烈。印尼本土手机钱包 OVO 是印尼巨头力宝（Lippo Group）旗下的电子钱包。凭借强大背景和自身的股东背景优势，OVO 大有后来居上之势，直接与另一支付巨头 Go－pay 争夺市场。DANA 背后是蚂蚁金服和 Emtek，App 排行榜已经比较稳定地居于前两名。

去年 10 月，印度尼西亚信息和通信部长鲁迪安塔拉发表声明，印尼金融科技公司 OVO 已正式确认其独角兽身份。这将使印尼的独角兽数量增加到 5 位。目前，OVO 已成为印尼基于交易价值的顶级数字支付系统，其最初是印度尼西亚大型综合企业力宝集团（Lippo Group）旗下大型购物中心的应用程序。

OVO 在印尼独大是获得了很多国内外合作的，例如独角兽 Grab 和 Tokopedia 入股 OVO 组成一个大的支付生态系统，通过这个系统，两家都解决了支付牌照的问题，也为 OVO 提供了力宝之外强大的场景支持。又如日本财团东京盛世利株式会社除了在早期投资过 OVO1.16 亿美元之外，还成立了一家叫做 PT OVO Finance Indonesia 的公司，提供多种金融服务。

今年 1 月，OVO 已与印尼典当公司 Pegadaian 达成伙伴关系，双方的合作旨在鼓励增长和发展国家普惠金融。这一合作会将 1340 多万 Pegadaian 客户带入一个集成的、安全的、易于使用的数字金融生态系统。这种合作肯定有助于推动更多的人进行非现金交易。根据最新数据，OVO 每年实时处理 10 亿笔交易，2019 年交易数量增长 70% 以上。OVO 所采取的开放生态系统战略能够显著地扩大商户数量的普及和增长，特别是以前未接触过现代金融服务的微型、中小型企业家。

4-3-4-3　金融科技的监管

（1）监管机构

印尼三大金融监管机构，是由印尼央行（BI）和印尼金融服务管理局（OJK）为主，通讯信息技术部起辅助作用。印尼央行和印尼金融服务管理局监管领域有所不同，各有一支监管队伍，两者相互借鉴、相互补充。但如遇到金融科技公司业务涉及两机构的监管，则需分别到两机构备案，不仅费时且易造成混淆，不利于国外机构在印尼开展金融科技服务业务。也由此可见，印尼监管机构之间的职责分工并不十分清晰明确。

印尼央行成立于 1999 年，是印度尼西亚共和国的中央银行，其监督货币管理的唯一目的是实现货币稳定。在于 P2P 有关的监管中，BI 集中针对支付环节，主要保证金融科技公司将技术开发与客户保护相结合。自 2017 年 12 月 30 日起，所有涉及支付系统的金融科技公司都必须在 BI 注册。一旦注册，BI 将把公司置于监管沙箱（the Regulatory Sandbox）中，对消费金融平台的产品进行持续 6 个月到一年的监管，再允许它们上市。印尼央行对金融科技发展持积极审慎态度，先后成立了金融科技办公室、国家支付网关及以监管沙箱为核心的监管体制，目的是营造金融科技发展的良好生态环境，增加金融包容性，有效保护消费者，防止洗钱、恐怖主义融资等行为。

金融科技办公室成立于 2016 年 11 月，其主要功能是：一是作为促进印尼金融科技发展创新理念交流的催化剂；二是作为商业情报部门，为金融科技公司提供最新的经济数据和政策信息；三是评估金融科技企业创新模式及产品的潜在收益和风险，为央行政策制定提供依据；四是发挥协调和沟通职能，增进对现有监管框架的理解，并促进各部门法规间的协同。

国家支付网关于 2017 年 12 月推出，启动该网关的目标是：一创建一个互联、可互操作且能够处理交易的支付系统生态系统，包括国内授权、清算和结算，方便民众跨行交易，降低交易成本。跨行交易成本由原来的 2％～3％降至 1％；二通过每次交易中客户交易数据的安全性来改善消费者保护。三确保国家支付系统中交易数据的可用性和完整性，以支持货币政策传导的有效性、中介效率和金融系统的弹性。此外，国家支付网关还充当支持政府计划的支柱，包括扩大无现金社会支持、收费公路和公共交通电子化、金融包容性及总统条例规定的电子化国家贸易体系发展路线图。

2017 年 11 月，印尼央行颁布了以监管沙盒为核心的金融科技服务监管条例，旨在规范金融科技行为，以促进创新，保护消费者，管理风险，以维持货币和金融系统的稳定，构建高效、安全和可靠的支付系统。该条例将金融科技活动分为以下几类：支付系统；市场支持；投资管理和风险管理；贷款、融资和提供资本；其他金融服务。条例明确金融科技供应商必须遵守消费者保护、交易数据信息保密等 6 项原则，符合创新性等 5 项标准。条例还规定，支付领域科技金融服务公司结算必须使用印尼盾，不能使用虚拟货币。该条例对注册、监管沙箱测试、许可与批准、监督与监管、合作及处罚等做出了明确规定。

印尼金管局（OJK）是一个独立运作的机构，具有监管、监督、检查、调查的职能、职责和权力。该机构负责银行、资本市场、保险、养老基金、融资机构等金融服务机构的各种金融业务和平台的监管。

平台企业若想通过 OJK 监管，获得注册号并进一步申请营业牌照，平台需缴纳 10 亿印尼卢比（约 6.9 万美元）。平台在获得注册资格后的最长一年内作为组织者提交最终牌照申请。对于申请此牌照的公司，必须缴纳 25 亿印尼卢比（17.3 万美元）的实缴资本。为了明确注册程序，OJK 编制了一套涵盖五项的标准操作规程（SOP），而对完成所有要求的公司而言，这仅仅意味着可以得到注册资格，接下来还要开启长达 1 年的牌照申请过程。

印尼通讯信息技术部负责与金融科技有关的涉及电信及信息技术的监管职能，起一定的辅助作用。

（2）平台与法规

（i）互联网借贷服务法规

2016 年 12 月 28 日，印尼金融服务管理局发布 No.77 条例，就基于信息技术的互联网借贷服务（即金融科技网贷，P2P）做出了监管规定。其核心内容包括：

网贷平台运营商（金融服务提供商）必须是在印尼注册的有限责任公司或强制合作法律实体。外国公民或合法企业需以有限责任公司形式成为运营商，但直接或间接占有所有权的比例不得超过 85%。

运营商必须向印尼金融服务管理局提交注册申请。

运营商获准注册一年内，须申请许可证。1 年内未申请许可证或不符合许可证条件的，注册证书将被吊销，且不能再次申请注册。

借款人的每笔贷款不得超过 20 亿印尼盾（约 100 万元人民币）。

P2P 运营方必须使用在银行设立的虚拟账户和托管账户，为每个贷款人（出借人）建立虚拟账户。借款人还款时须通过运营商托管账户转给出借人虚拟账户。

贷款方必须使用印尼盾，并通过网络经电子系统进行撮合，运营方不可参与借贷活动。运营商必须在印尼建立数据中心和数据损害恢复中心。

（ii）金融领域数字创新法规

2017 年 10 月，印尼金融服务管理局发布了《2017—2022 年发展规划》，制定了 10 项主要政策和实施方案，其中第七条是通过适当监管，优化金融科技发展。

2018 年 8 月，印尼金融服务管理局在借鉴印尼央行针对支付领域金融科技监管沙盒和预审机制经验的基础上，发布了《数字金融创新条例》，对金融科技监管提出了一系列规定，建立了监管沙盒体制。该条例"数字金融创新"做出了定义，即通过数字生态系统在金融服务领域提供附加值的业务流程、商业模式或金融工具中的任何形式的创新。《条例》所覆盖的范围包括交易结算、资本积累、处理投资管理、资金积累和分配、保险、市场支持、支持数字融资和其他金融服务等。

数字金融创新监管体制包括 3 个独立但又相互联系的部分：备案、监管沙箱和注册。

目前，印尼金融服务管理局还在制定必要的技术指南，并建立数字金融创新供应商在线注册系统。印尼金融服务管理局于去年 1 月对首批印尼金融科技企业进行安全测试。

（iii）印尼金融科技协会制定的行为准则

印尼金融科技协会于 2018 年 8 月发布了"负责任贷款行为准则"，准则确定了三大原则：产品透明度和招标方式；防止过度贷款；诚信原则，报价、放款、收款活动要人道，不能有暴力及数字欺凌。准则将有助于民众增加对金融科技行业的信任度，印尼金融科技协会负责监督并向公众表明所有科技金融行为者都将遵守道德准则。印尼金融科技协会呼吁所有金融科技公司到印尼金融服务管理局和印尼金融科技协会注册，促进行业长期健康发展。

4－3－4－4　发展趋势

印尼金融科技公司中，支付和贷款占印尼金融科技生态系统的很大一部分。印尼金融科技市场的增长令人瞩目，根据经济与金融发展研究所（INDEF）预测，互联网金融贷款公司将在 2020 年为印度尼西亚的 GDP 贡献 100 万亿印尼盾。与 2018 年的 25.97 万亿印尼盾和 2019 年的 60 万亿印尼盾相比，这一数字几乎翻倍上升。去年，INDEF 审查了 21 个经济部门，以了解金融科技互联网金融对印度尼西亚经济的影响，例如银行服务业的价值增加了 1.95 万亿印尼盾，养老金增加了 3.32 万亿印尼盾，保险服务增加了 1.51 万亿印尼盾，其他服务则增加了 1.87 万亿印尼盾。

预计在未来五年，印度尼西亚的五项金融科技项目将显著增长，包括在线支付、P2P 借贷、保险科技、众筹以及综合理财。同时，这些服务的潜在用户在不断扩张，印度尼西亚高达 1 亿的智能手机用户将为这些项目带来高速增长。目前 Go－Pay 和 OVO 已经成为印度尼西亚最受欢迎的两款在线支付平台，几乎改变了印尼人民的生活方式。

当然，随着这些年来印尼金融科技行业快速发展，爆发式的增长也带来许多不安全因素，印尼的金融监管部门也在不断加强监管，从而保证这个新兴行业的发展质量。印尼金融服务监管局和 google play 对 P2P 平台的 app 采集借贷申请者相关信息的规定越来越严格，对数据和保护用户隐私的要求越来越高。

今年 2 月份出租车司机 Zulfandi 事件是印尼金融科技市场的一个标志性事件，由此引起了社会各界对行业的关注，也促使 OJK 对金融科技类公司加大了监管力度。2 月中旬 OJK 披露了超过两百家非法现金贷产品名单，并公开倡导公众不要在未通过 OJK 注册的 P2P 平台进行借款。与此同时，OJK 对合法 P2P 平台的利率做了严格限制，规定日利率不得超过千分之八。

今年 3 月初，OJK 宣布将暂停全新金融科技企业的审批，专注管理现有注册机构，主要的监管重点集中在许可程序、金融基础等方面，未来可能覆盖融资领域。据统计，此前 OJK 就已经关闭了近 1500 家在印尼非法运营的金融科技企业，仅 2 月的关停总量就达到了 120 家。由此可见，印尼的金融科技监管体系正在日益正规化和严格化。

严格的监管并不意味着行业的衰退，非合规玩家的被动离场，反而更有利于金融科技行业的健康发展。从流量、获客、风控、反欺诈、信审到贷后管理等全流程的合规将是 2020 年的重要主题。相信在监管严格化和正规化后，印尼凭借本国的特点和人口优势，在金融科技方面会有一段时期的持续发展。

4-3-5　新加坡金融科技的发展

新加坡一直被认为是亚洲科技之都，跨国公司和金融机构都喜欢把这里作为亚洲业务总部首选。作为国际金融中心的新加坡，其金融科技的发展也是亚太地区的典型代表。

从 2015 年开始，为了进一步夯实新加坡全球金融中心的地位，新加坡调整战略，致力于发展全球智能科技中心和智能金融服务中心，开始大力发展金融科技，建立"智慧国家"。

尽管新加坡在技术、创新上基础深厚，但在这次金融科技的潮流中起步并不是很早，但短短几年，其发展速度和成就却仅次于美国和英国。新加坡金融科技的快速发展很大程度上取决于政府的支持，政府在金融科技的发展过程中提供了关键性的战略指导和政策支持，并已经成功将自己打造成了东南亚"金融科技中心"。

4-3-5-1　政府和行业支持

新加坡政府在金融科技创新领域投入了大量资金及其他资源，且在整个发展过程中起了决定性作用。

2015 年，新加坡财政部宣布成立一支总金额达 2250 万新加坡元（约合 1642 万美元）的基金，旨在未来五年时间里支持本地金融科技行业创新。2015 年 8 月，新加坡金融管理局（MAS）成立了新的下属机构 Fintech & Innovation Group（金融科技和团创新团队）来支持金融科技的发展。

2016 年，新加坡设立了国立研究基金会（NRF），通过科技孵化计划，前期投资基金，概念证明等项目，对创新企业和科技研究人员提供资金。

2016 年 5 月，由新加坡创新机构（SG-Innovate）和新加坡金融管理局联合设立金融科技署（Fintech Office）来管理金融科技业务并为创新企业提供一站式服务。

2016 年 6 月，新加坡提出了"监管沙盒"制度，为企业创新提供一个良好的制度环境。新加坡金融监管局正在鼓励进行更多的金融科技尝试，从而能够对市场上具有前景的创新进行测试，并有机会在新加坡境内外进行更大范围的采用。

2016 年 11 月，新加坡金融监管局在举办的首届新加坡金融科技节上宣布了新加坡为打造智慧金融中心而推出的一系列计划，包括将全国个人信息平台 MyInfo 的资料应用在金融领域、试用区块链技术进行跨银行和跨境付款等。

除此以外，政府还为创新技术的推广提供了宽松的环境，帮助初创公司在市场上验证自己的商业模式。例如，新加坡财政部是全球首个为金融科技创造测试沙盒环境的政府机构，包括数字和移动支付、认证授权、生物统计、区块链和分布式分类账，以及大数据等。

2019 年，新加坡继续追求成为世界上第一个拥有领先的金融科技技术的国际金融中心，与国际同行建立伙伴关系，在全国范围内启动进一步开发和采用前沿技术的举措，并引入新的法规来促进创新。

在首份《全球金融科技指数城市排名 2020》报告中，排名分析公司 Findexable 将新加坡评为亚太地区金融科技领袖。新加坡在全球城市中排名第四，并以其庞大的金融科技初创企业生态系统（东盟所有金融科技企业中有 39% 位于新加坡）、加速器、孵化器、投资者和活动，以及对金融科技友好的规则而著称。

新加坡金融管理局表示，它将在今年向非银行公司发行多达 5 个新的数字银行许可证，以加强金融服务的竞争并刺激创新。截止今年 1 月，MAS 已收到 21 份申请，其中 7 份申请是数字完整银行许可证，另有 14 份为数字批发许可证申请。雷蛇、Grab、蚂蚁金服、小米和 Sea 都是其中的申请者。MAS 将在今年 6 月宣布成功的申请者，新的牌照有望在 2021 年中开始运营。同时，MAS 与加拿大、法国和肯尼亚等地的金融当局建立了伙伴关系，以加强金融科技，网络安全等方面的合作。

与此同时，新加坡的《支付服务法案》于今年 1 月 28 日生效，并将首次对提供数字支付令牌、商户收购和国内转账服务的实体进行监管。新的立法将把大约 200 家额外的支付实体置于金管局的监管之下，该规定"提供了监管确定性和消费者保障，同时鼓励支付服务和金融技术的创新和增长。

新加坡国家人工智能战略启动，目标是到 2030 年在全国范围内部署人工智能。该计划将启动 5 个项目，重点是医疗、交通和物流、智慧城市和房地产、安全和保障。在金融领域，新加坡金融管理局推出了名为 Veritas 的新框架，以促进该行业以负责任的态度采用人工智能，让人工智能技术在金融领域发挥更大的创新和运用。

还有值得注意的一点是，新加坡金管局、德勤（Deloitte）和标普全球市场财智（S&P Global Market Intelligence）一同开发了金融科技研究平台的原型，这是一个全行业的平台，投资者和金融机构可以在这里与金融科技初创企业建立联系，与之合作或投资。新平台旨在通过提供金融科技公司的综合视图来增加透明度，包括它们在商业模式、用例、资金和技术堆栈上的属性。

4-3-5-2　学术支持

新加坡金融科技协会委托普华永道进行的金融科技业人才调查显示，76.5％的受访企业预计金融科技领域未来三至五年将加速发展，带来更多商机，推动企业招募更多人才。其中，需求量最大的岗位包括营运、策划、合规与审计、机器人或硬件开发等。

目前新加坡约有 600－900 家金融科技公司，据此推算，金融科技从业者总数约为 6500 至 1 万人。新加坡金融科技协会会长谢福来指出，东盟金融科技公司中有四成都位于新加坡，许多国际公司也将新加坡作为进军东盟的基地，未来几年金融科技领域就业前景看好，对人才需求巨大。

在人才培养方面，新加坡政府与很多本地大学合作，早在 2013 年，当地政府与新加坡管理大学（SMU）、财政部、信息通讯开发署（现已更名为信息通讯媒体开发署）共同推出了一个学术项目——Financial IT Academy@SMU（FITA），即新加坡管理大学的金融信息学院，旨在培养新一代金融 IT 专业人士，让年轻人掌握最新的金融科技技能。

2017 年，新加坡金融科技协会与新加坡五大高校联合签署备忘录，联合推动金融科技领袖与教育业者互动交流，促进本国金融科技人才培养。这五所高校分别是南洋理工学院、义安理工学院、共和理工学院、新加坡理工学院和淡马锡理工学院。在这五所高校学习的学生将会接触到一系列金融科技相关的知识和培训，其中包括区块链、支付、数字银行和网络安全等等。此外，新加坡金融学院还将与这五所高校合作，为上述高校毕业年级学生提供在金融科技相关创业企业、金融机构和监管机构进行实习的机会。截止去年，帝国理工大学和南洋理工大学也先后开设了金融科技硕士项目，为新加坡培养高端的金融科技人才。

与此同时，2017 年落地的"国家人工智能核心"（AI. SG）计划，凝聚了政府、科研机构与产业界三大领域的核心力量，促进人工智能发展和应用，以提升新加坡在人工智能领域的竞争实力。该计划通过以产学研联合方式，汇集新加坡南洋理工大学、新加坡国立大学及新加坡理工大学等研究力量，广泛吸纳国内外专家资源，将人工智能发展到包括金融科技在内的所有领域。

又如，去年 11 月，新加坡国立大学计算机学院（NUS Computing）与瑞一宝（Ripple）达成合作，以帮助发展新加坡的金融科技领域。双方还成立了一个金融科技实验室，该实验室将把学术界和行业资源聚集在一起，以发展该行业的人才。

根据《全球创新指数》《全球竞争力报告》显示，新加坡人力资本和研究、高等教育与培训等指标均排在世界前列，充分反映新加坡非常重视创新创业人才的培养引进以及初高等教育的发展。新加坡坚持培养本地优秀人才与引进国际优秀人才双管齐下，高等教育与科研水平处于世界领先地位。新加坡还建立了高校和科研机构科技成产业孵化平台，以促进科技创新成果商业化程度的提升。2014 年以来，新加坡相继实施"持续教育与培训 2020 年总蓝图"、"创新学习 2020 计划"等，支持培训机构开发有效结合网上与课堂学习的培训模式，推动终身学习、持续教育。

4-3-5-3　金融科技的监管和支持

（1）监管沙盒

一直以来，新加坡金融管理局都对本国的金融科技行业给予积极支持，随着金融科技产生的金融科技产品和服务层出不穷并且越来越成熟，但是同时面对高速的科技发展也存在着不确定性，2016 年 11 月，新加坡金融监管局在吸收社会意见和境外金融监管沙盒案例经验的基础上，正式发布了《金融科技沙盒指引》。

新加坡的金融科技沙盒制度与英国的沙盒制度存在着一定的共同点，比如书评申请阶段所需要的时间，大致都是 4 周的时间；试验实施的时间也基本相同，大致为 6 个月；在金融监管沙盒试验立项和启动的审查标准上，规定了创新性审查、消费者收益性审核等等方面。

MAS 沙盒监管的具体流程包括申请、评价和测试三个阶段。这项监管制度并不是强制性的，而是支持性的政策。事实上，很多新加坡金融科技企业不会进入沙盒，新加坡金管局也不会强制它们进入沙盒。

对于进入沙盒的金融科技企业，新加坡金管局将减少对它们的一些监管要求，比如它们在资金、流动性、履历上不需要完全符合规定，以此支持它们在沙盒内进行技术实验；但不会降低对沙盒内企业在反洗钱等方面的要求的。金融科技企业在沙盒中可以测试它们的技术和商业模式。测试成功后，如果它们要继续发展或者扩大业务，就必须符合所有的规定，满足包括在进入沙盒时被减去的要求在内的所有监管要求，并获得执照。

沙盒机制是用来控制风险，管理风险，但允许实验进行的。例如，以第一个从新加坡金管局监管沙盒"毕业"的金融科技企业 PolicyPal 为例，这是一家新加坡本土的移动保险平台，新加坡很多人都有多张保险保单，但在一段时间后，人们可能忘记了每张保单是用来做什么的。PolicyPal 提出的解决方案是，客户可以用手机应用程序来扫描保单，然后 PolicyPal 用光学字符识别技术提取保单上的保险计划细节，接着用人工智能技术整理细节信息并进行评估。这项业务是对新加坡公众有益的新事物，但是 PolicyPal 却没能满足所有监管要求。在这种情况下，新加坡金管局将 PolicyPal 纳入沙盒，要求该公司只能对一定数量以内的客户提供服务，必须对业务向客户做完全披露，而且要为解决可能出现的问题做好准备。经过 6 个月的实验，PolicyPal 从沙盒中顺利"毕业"，证明其技术是有效的、安全的。而在毕业之后，PolicyPal 也满足了所有的监管要求，获得了完全的许可证，可以将它的服务提供给更多的客户。

又例如，对于包括区块链企业在内的金融科技企业来说，新加坡金管局的监管沙盒主要是一个支持性的政策。沙盒内的金融科技企业被要求定期向新加坡金管局作进度报告，沙盒测试结束后提交终期报告。新加坡金管局则根据这些报告对政策规定进行调整，同时更重要的是，根据企业在报告中提出的问题，召集各个相关方进行研讨，设法提出解决方案。区块链行业认为，未来，新加坡金融管理局将在结算便利化，现金交易，资产证券化等方面引入更多的支持和监管措施，以使整个金融科技生态系统可以更平稳地运行，成本更低，并成为可能。更高效。

去年 8 月，新加坡金管局推出了快捷沙盒（sandbox express），能让企业更快捷地测试创新金融产品和服务。它摒弃了原有的冗长审查流程，加快对企业金融服务的审核流程，目前仅面向市场风险较低、业务模式较为简洁的金融科技活动，其中包括保险经纪服务机构、公认的市场运营商以及汇款业务机构。合格的快捷沙盒申请者可在 21 天内开始测试。进入快捷沙盒的金融科技实验可持续最多九个月。快捷沙盒是预设好的沙盒，适用于那些不需要进行太多额外定制的业务活动。此前，新加坡金管局必须先了解申请者的技术，再为每个申请者设定单独的沙盒规则，这需要的时间太长。为了缩短企业开展业务实验的时间，新加坡金管局推出了预设好条件的快捷沙盒，申请者只要满足预设的条件就能在更短的时间内进入沙盒进行测试，这就节省了大量时间。

这项新政策旨在为金融科技企业提供更多时间来克服业务和技术挑战，并让新加坡金管局应对潜在的监管挑战。在运作快捷沙盒的同时，2016 年推出的监管沙盒继续向商业模式较复杂的金融科技企业开放。

（2）监管原则

目前在新加坡，已有全球跨国公司建立了 30 多个金融科技创新实验室或研究中心，约 490 家金融科技企业设立了总部基地，金融科技生态体系正在逐渐形成。

新加坡金融管理局对金融科技的监管原则是"平衡金融监管与发展"，一方面鼓励企业走出舒适区，敢于尝试新事物，实现竞争和进步，这意味着拥抱风险和不确定性；另一方面，也要求监管机构确保市场不会发生重大错误、守住风险底线、保持金融安全与稳定。

新加坡金管局秉持有所管有所不管的态度，注重事中事后监管而非事先监管，注重原则监管而非规则监管，其对监管力度的拿捏适当，充分体现了其监管水平。

新加坡金管局认为，监管不能"越位"。过早引入监管可能会扼杀创新，并可能阻碍前沿新科技的使用，因此新加坡金管局始终确保监管不能领先于创新，不能过度强调"防范于未然"。监管应注重防范的是影响金融稳定与一般投资者利益相关的重大风险，而不是因为科技发展可能带来营业/业务模式的"颠覆"或利益分配的重新洗牌。

与此同时，监管不能"缺位"。金融监管仍是国之重器，监管部门如果落后于创新将会影响金融安全，就会出现如经济秩序被破坏、国民资产安全得不到保障、遭受重大财产损失等后果。

监管更应该"到位"。监管部门不但要跟上新科技，对创新秉持相对宽容（不是纵容）、鼓励的态度，也要做好监管工作，务必当机立断采取执法行动。在这个理念上，新加坡金管局采用了实质性和适配性原则，这意味着当新科技带来了显著与重要风险时，监管就要到位。

此外，监管行为必须与所构成的风险成比例。例如，新加坡金管局对银行机构实施严格监管主要是因为银行机构吸收了普通民众的存款；而众筹平台不允许吸收存款，投资者仅限于被认可或合格的投资者，所以新加坡金管局降低了对这些平台的监管要求；然而，当一些众筹平台开始帮助企业从散户投资者手中筹集资金时，新加坡金管局采取措施，要求这些平台事先也应获得金管局的牌照，并遵守最低资本和信息披露相关要求。其目的是在为初创企业和中小企业提供融资的途径和保护投资者利益之间取得平衡。更进一步地，新加坡金管局认为监管者应该形同创业者，置身于市场的运作，感同身受，实时透彻了解技术创新的脉搏、困难，以及发展趋势，以便及时推出具有实用性与前瞻性的监管政策，例如设定统一标准，倡导不同开发商创新的系统或应用软件之间的兼容性或互操作性，以打通技术应用通道，引导与强化企业创新链整合协同发展，从而放大技术创新成果，为社会与消费者取得最大的福利。

（3）监管领域

新加坡金融监管局在讲究平衡、谨慎和相对开放的原则下，主要对以下一些重点领域采取了监管政策措施。

（i）监管沙盒（Regulatory Sandbox）政策

2016 年 11 月 16 日，新加坡金管局提出了金融科技产品的"监管沙盒"，使新加坡成为继英国之后，全球第二个推出监管沙盒的国家。截至 2018 年 12 月，已经有超过 150 家公司受益于沙盒政策。

更进一步地，在 2018 年 11 月，新加坡金管局发布了《沙盒快捷通道》（Consultation Paper on Sandbox Express）的提案，这项提案将适用于风险较低或风险已知的业务。

（ii）区块链与虚拟代币监管政策

新加坡金管局将虚拟代币定义为"虚拟产品"，采取相对开放的态度，监管相对宽容。其把虚拟代币分成三大类型：类似比特币的支付型虚拟代币、实用型虚拟代币、证券型虚拟代币，以便执行分类监管。

2018 年 11 月，新加坡金管局发布《数字代币发行指南（2018 年版）》，着重对 ICO（首次币发行）行为作出监管指引。

对于支付型虚拟代币，新加坡金管局通过案例的方式列举了其将相关数字代币认定为支付类代币的情况。新加坡金管局要求，一旦代币具备支付功能，则任何提供支付代币交易服务的公司（包括支付类代币的发行方）必须依据《支付服务法案》申请牌照。其中，新加坡国会于 2019 年 1 月 30 日通过了《支付服务法案》，明确定义了支付类代币是指任何关于价值的数字表达（不包括被排除的关于价值的数字表达）。此外，尽管目前虚拟货币对法币的交易活动不受新加坡金管局监管，但新加坡金管局打算依据《支付服务法案》以 AML/CFT（反洗钱和反恐怖主义融资）为目的管理此类活动，例如包括对客户的识别和验证、持续监控，ML/TF（洗钱和恐怖主义融资）问题筛查，可疑交易报告和记录保存等。

对于实用型虚拟代币，从性质上来讲，它必须具有使用价值，且不能够有分红或者证券属性，也不具有支付功能。在对于实用型虚拟代币的判断上，新加坡金管局采用排除法的形式，主要先判断其是否为证券型或支付型，若都不是，则将其定性为实用型。由于它可以用来换取发行主体创新开发的某些产品（包括利用区块链技术）或服务的使用权，新加坡金管局目前给予它较大的创新空间，以观察其改善金融服务和实体经济的作用。实用型虚拟代币的发行无需受新加坡金管局的监管，但是其发行也需满足新加坡关于反洗钱、反恐怖主义融资的规定。

对于证券型虚拟代币，新加坡金管局并没有明确指出其概念，而是说明了如果虚拟代币具备《证券期货法》（SFA）所规定的资本市场标的特征，则对于此类代币的发行需要接受监管，这些资本市场标的包括证券、商业信托中的某一单位、任何以证券为基础的衍生品合同、期货、期权合约、外汇合约、外汇期权或杠杆等。

（iii）人工智能与数据分析应用的监管

2018 年 11 月，新加坡金融管理局发布了一系列关于人工智能与数据分析（AIDA）的应用原则，以确保在金融领域使用人工智能和数据分析的公平性、道德规范、可问责性和透明度。

此外，2019 年 1 月 23 日，新加坡个人数据保护委员会也提出《人工智能监管框架范例》。该框架旨在促进人工智能的使用，同时建立消费者信心，并为人工智能提供个人数据。该框架对人工智能的使用原则做出了规定，要求 AI 做出的决定应该是可解释的、透明的、公平的；人工智能系统应该是以人为中心的。为落实上述原则，该框架对内部治理结构与措施、人工智能决策中的风险管理、运营管理、用户关系管理等做出了进一步的规定。

(iv) 开放银行指引

早在 2016 年 11 月，新加坡金融管理局就已联合新加坡银行协会发布 API（应用程序接口）指导手册，提供了 API 的选择、设计、使用环节最佳指导，以及相应的数据和安全标准建议。

去年 11 月，新加坡金管局为应用程序接口平台（API Exchange，APIX）主持推介仪式。其目标是成为一个全球性的跨国界、开放式的平台，连接亚太地区各金融机构和金融科技创新公司，促进它们之间的跨境合作，并为它们提供共同的标准和共用的 API，以支持新兴市场的金融服务创新和兼容，促进金融科技与产业更好的合作和创新，推动数字经济增长。

(v) 数字银行资质

新加坡数字银行牌照的发放有着严格的规定，需要审核、申请并分段授予。去年 6 月，新加坡金管局宣布将在未来一年内发行最多五张新的数字银行牌照，其中将包括两张全面数字银行牌照（Digital full bank license）和三张批发数字银行牌照（Digital wholesale bank license），牌照的申请于去年 8 月份开放。

其中，全面数字银行牌照只开放给总部设在新加坡、由新加坡人控制的公司，获得该牌照的公司可以提供多元化金融服务，包括为零售客户提供存款服务。不过，完整的银行执照将分阶段授予。第一个阶段是受限的数字全银行阶段，银行只能提供简单的信贷和投资产品，新加坡金管局将限制存款额度，并禁止它们提供结构性票据、衍生品和自营交易等复杂的投资产品。同时，最低资本要求将会降低，仅为 1500 万新加坡元。一旦数字银行证明公司可以管理所涉及的风险，以及公司是否正在实现其价值主张，存款和业务限制将会慢慢放松。在确认公司没有任何重大的监管问题，并且新加坡金融管理局认为公司已经满足所有相关的条件，那么公司将升级到第二阶段：数字全银行许可证。届时，所有存款上限都被取消，但必须达到最低 15 亿新加坡元的实收资本。

而批发数字银行牌照则开放给新加坡或外国公司申请，但获得牌照的公司只能为中小企业和非零售客户提供服务，资本和流动性规则与现有的批发银行相同，它们的最低实收资本为 1 亿新加坡元。外国公司也可以与新加坡当地公司设立合资企业，申请全面数字银行牌照，但必须符合总部设于新加坡以及由新加坡人控制等条件。

4-3-5-4　新加坡与其他亚洲国家及机构间的国际合作

一直以来，新加坡锲而不舍地追求成为世界上第一个拥有领先的智能金融中心的智能国家，在金融科技领域与国际同行建立伙伴关系，在全国范围内启动进一步开发和采用前沿技术的举措，并引入新的法规来促进创新。

印尼

2018 年，新加坡金融管理局和印度尼西亚共和国金融服务管理局签署了一份谅解备忘录，以加强在金融科技领域的合作，促进印尼和新加坡之间金融服务的创新。

该谅解备忘录将促进有关新兴金融科技市场趋势和发展的信息共享，并促进两国之间的联合创新项目。作为谅解备忘录的一部分，两国政府将建立一个框架，帮助金融科技公司更好地了解每个司法辖区的监管机制和机会。这将降低对进入对方市场感兴趣的金融科技公司的准入门槛。

之后，新加坡金融管理局与印度尼西亚中央银行又建立了相当于 100 亿美元的双边金融合作，允许两家中央银行在必要时向对方取得外汇流动性，以保持货币与金融稳定性。

印度

去年，印度经济事务部（DEA）和新加坡金融管理局合作成立一个联合工作组，主要针对跨境支付服务方面展开合作，并以此探索在金融科技领域进一步合作的机会。

对新加坡而言，目前国内仍有 60% 的交易涉及现金和支票，在电子支付方面落后于不少国际大都市，发展"无现金社会"成为它在金融科技领域要完成的首要任务。这次两国的合作还有许多部门和机构共同参与，如印度电子和信息技术部，印度储备银行，印度证券交易所，以及新加坡智能国家和数字政府办公室，新加坡企业部和外交事务部等。

新加坡电子转账网络（Nets）和印度国家支付公司（NPCI）建立了跨境支付连接，以支持两国账户之间的实时资金转账。两家公司还致力于建立支付连接，允许网络持卡人在印度的任何 RuPay 商家以及 RuPay 持卡人在新加坡的网络终端进行支付。

后期，新加坡经管局还将与印度政府在区块链、移动支付等金融科技项目开展进一步合作，完善双方的金融科技市场。

柬埔寨央行

新加坡金融管理局与柬埔寨国家银行（NBC）于 2019 年在第 5 届东盟财长和央行行长会议期间签署了一份旨在加强两国在金融科技创新方面合作的谅解备忘录。

在这份谅解备忘录下，两国将分享有关新兴市场趋势和金融技术发展以及与金融服务创新相关的监管问题的信息。与此同时，双方将共同举办联合培训课程，分享专业知识，促进跨境合作。

通过这份谅解备忘录，NBC 和 MAS 在金融创新领域的金融合作迈出了新的一步。这使得 NBC 能够分享到与金融技术相关的经验和信息，以便更好地管理金融技术的新创新并从中获益，从而加强支付体系，促进金融包容性。NBC 和 MAS 之间的长期合作有利于用金融技术创造新机会、使个人和企业都受益。这种合作如果延伸出去，还能为促进东盟地区的金融创新提供了一个框架。

迪拜金融服务管理局（DFSA）

迪拜金融服务管理局（DFSA）于 2018 年 8 月宣布，已和新加坡金融管理局达成协议，为每个机构的创新团队之间的合作和转介提供框架，为两国通过新兴技术发展支持金融服务可持续发展的环境。

MAS 与 DFSA 之间的合作将有助于在两个市场之间创造协同效应，并使两国金融科技公司能够在全球扩展其业务范围。两国合作的关键技术主要涉及数字和移动支付，区块链和分布式账本，大数据，API 和其他新技术领域。

阿联酋制定了"成为全球创新中心"的国家创新战略，而这也是 DFSA 创新战略的一部分。

丹麦

早在 2017 年，新加坡金管局与丹麦金管局（FSA）就签署了金融科技合作协议，帮助新加坡和丹麦的金融科技初创公司扩展到彼此的市场。根据此项协议，双方能够分享有关金融服务创新的信息，减少新管辖区的进入壁垒，进一步鼓励两国金融科技企业的创新。

新加坡随之在国内的金融科技中心开创了一个独特的生态系统；丹麦政府也加紧成立一个金融实验室，以支持金融科技的发展。两者的合作不仅限于在金融科技领域制造高素质的工作机会，还将帮助提供市场接达，以便在两国落实相关技术、促进业务增长，并在合作中探索服务于彼此市场的机会。

亚太金融科技网络

亚太地区幅员辽阔，人口众多，地区经济发展差异较大，是世界上最多元文化的地区之一。它横跨中国大陆、东南亚、大洋洲、东南亚和南亚，包括众多资本丰富的发达国家，例如日本、韩国、澳大利亚、新西兰、新加坡和香港；它还包括许多拥有大量人口、增长速度极快的发展中国家，如中国、印度、印度尼西亚、马来西亚、菲律宾和泰国等。各国的经济发展水平不同，科技金融发展状况差异巨大。有些国家的监管机构采用了积极的方式来推进新的立法，也有些国家在发展上相对滞后。

去年1月，由亚太地区金融科技协会创建的"亚太金融科技网络"正式启动，该网络有九个协会共同创建（澳大利亚金融科技协会、香港金融科技协会、日本金融科技协会、马来西亚金融科技协会、中东和北非金融科技协会、菲律宾金融科技协会、新加坡金融科技协会、台湾金融科技产业发展协会、泰国金融科技协会），他们将在监管科技、区块链、支付系统、人工智能和普惠金融等方面共同合作。

4-3-5-5　案例：新加坡的几大金融科技平台

（1）Capital Match

Capital Match 成立于 2014 年，是一家面向新加坡与东南亚中小企业的在线 P2P 借贷平台。通过这一在线平台，让中小企业可以从专业投资者获得负担得起的运营资本。该公司提供商业、中小企业贷款、发票融资平台，贷款期限 3 到 12 个月不等，金额为 5 万至 20 万新元。自创立以来，该公司已累计融资超过 6000 万新加坡元。

（2）Alpha Fintech

Alpha Fintech 成立于 2011 年，是全球第一个金融科技供应商整合平台，总部设立在新加坡，目前在全球各地都设有办事处。它是新加坡本土创企中发展最快的企业之一，它的前身是 Alpha Payments Cloud，通过该平台，银行、企业等可以访问全球各个类型的数字支付平台和解决方案供应商。总的来说 Alpha Fintech 就是一个全渠道的解决方案访问平台。

（3）Fastacash

Fastacash 成立于 2012 年，是一家线上支付的初创公司，主要提供一个社会化支付平台。它将线上支付和社交平台相互结合，为用户提供点对点的价值转移（金钱、通话时间、电影票、优惠券等）和数字内容交易（如照片，视频，音频，消息等）等服务；并凭借其与各大银行、移动运营商、汇款公司，支付服务供应商、移动钱包和其他金融科技创企等的合作，成为了新加坡发展最快的金融科技创企之一。

（4）Grab

GrabPay 是东南亚领先的约车和移动支付平台 Grab 旗下电子钱包。最初只是作为一个交通费支付工具，随着 Grab 的投入，它的功能已经逐步扩展，从推出自己的电子钱包 GrabPay 开始，一直在大力进军金融科技领域。目前用户已经可以通过该应用进行转账。新加坡 Grab 与更多小贩商家之间开展合作，让更多用户使用其电子钱包进行付款，力争让 GrabPay 成为全国普及使用的"超级"移动支付工具。

Grab financial 是 Grab 的金融技术部门，从 2019 年开始推出本地和国际汇款服务。

（5）各类本地融资平台

Minterest 成立于 2016 年，是一家由几位前银行家组成的商业金融技术平台，拥有丰富的结构性融资经验。它提供了各种灵活的融资选择，利率低至 1%，贷款期限从 3 到 12 个月不等。

Smartfunding 成立于 2016 年，是一家替代融资解决方案平台，为中小企业提供票据融资服务。

FinAccel 成立于 2015 年，是一家金融技术公司，为东南亚零售信贷部门提供产品，且专注于革新无担保贷款。Kredivo 是该公司开发的旗舰产品，它为电子商务消费者提供实时决定的即时信贷融资。

Invoice Interchange 成立于 2015 年，是一家 P2P 票据交易平台，致力于为中小企业提供营运资本解决方案。它既提供选择性的发票折扣，又为中小企业提供整体发票折扣。一般来说，投资者费用一般在 0.8－1.5％之间（每 30 天）。交易费用一般在发票金额的 1.0％－1.5％之间。

（6）各类本地数字化金融平台

UOB Mighty 将大华银行 Visa 和万事达借记卡和信用卡绑定到同一个 APP 上，是一个一体化的银行应用程序，用户可以在新加坡 50,000 个商店终端进行使用，轻松地进行银行服务，支付等。

DBS PayLah 是新加坡星展银行推出的手机钱包，允许用户通过手机号码进行资金转账和进行移动支付，在新加坡 80,000 余个支付点均可进行支付。

OCBC Pay anyone 是一款移动应用程序，可以让用户进行接收和转移资金以及向商家付款。Pay Anyone 还可以让用户使用他们的电子邮件地址或 Facebook ID 向他人汇款。如果该人没有该应用程序，他们将通过电子邮件或 Facebook 接收链接，他们只需单击该应用程序并键入自己的银行详细信息即可接收资金。

PayNow 提供资金转账服务，允许九家银行的用户将现金转账到在九家参与 PayNow 的银行之一中拥有帐户的任何其他人。使用 PayNow，只需输入某人的电话号码或 NRIC/FIN 号码即可付款。同时 PayNow 也可以进行收付款。

NetsPay 是一个移动应用程序，允许新加坡人通过有 Nets 的银行卡进行数字支付，通过将卡片数字化的方式让用户进行使用。

Singtel Dash 是一种一体化的移动支付解决方案，适用于火车，公共汽车，或出租车或者可用于购物或汇款。Singtel Dash 与 Visa 和 Apple Pay 合作，Dash 用户还将获得一个 Visa 的虚拟账号用于 Apple Pay 及其他线上交易。

M1 Remit 是一种本土汇款解决方案，用户可以通过 APP 汇款，无需排队就可以汇款到孟加拉国，印度，印度尼西亚，马来西亚，缅甸，巴基斯坦，斯里兰卡，泰国和越南等地。用户还能实时跟踪交易的状态和消费记录情况。

（7）跨境数字金融平台

M—Daq 成立于 2010 年，是提供跨境证券交易服务的新加坡金融科技初创公司。利用自有数据技术和来自全球外汇供应商的支持，为多个行业的跨境业务提供一个便利的平台。它与淘宝、速卖通、天猫、CGS—CIMB 和 CYS 全球汇款等公司均有合作。

InstaRem 由印度企业家 PrajitNanu 创立，总部位于新加坡，是一家跨境支付服务商，汇款服务直接在汇款人及收款人的银行账户之间进行。InstaRem 承诺 24 小时完成交易，并且收取的手续费不到 1%。

CardUp 成立于 2015 年，是无现金社会的倡导者，但是更倾向于信用卡而非电子钱包。Cardup 可以在当今不接受卡的地方使用信用卡付款或收取大笔费用，无论收款商家是否允许信用卡付款，该服务都允许通过银行转帐转移到信用卡上。该公司获得了由 Sequoia India 和 SeedPlus 领投的 220 万新元（约 170 万美元）的资金，以扩大面向中小企业部门的支付和现金流管理服务。

Thin Margin 是新加坡第一家在线货币兑换商，已获得新加坡金融管理局（MAS）和新加坡旅游局（STB）的许可。无需排队就可以将货币交付给用户。

FlexM 于 2014 年成立于新加坡，是一家金融服务提供商，在东南亚地区提供电子支付解决方案。FlexM 为 B2B2C 客户提供全面的金融包容和支付解决方案，包括电子钱包、万事达预付卡、数字汇款等，帮助企业进行批量支付避免高额的手续费。

Matchmove 专有的银行钱包操作系统支持在任何应用程序中

进行消费、发送和贷款的功能。让 B2B 企业及其客户能够轻松安全地在线和离线消费，适用范围包括 P2P 转账，跨境汇款，P2M 以及面向全球用户的大规模支付。目前，MatchMove 平台进一步扩展到了贷款，根据客户的支出分配信用分数，并发送模式以提供定制的贷款解决方案。

LiquidPay 是一款支持二维码的移动支付应用程序，可在付款时使用奖励金和折扣，不仅为银行和商户提供本地业务，同时也提供跨境的 QR 付款服务。该公司总部在新加坡，在东南亚其他地区马来西亚，泰国和印度尼西亚均设有分支机构。

4-3-5-6　结论

世界各国金融科技发展现况分化明显，新加坡却在各领域呈现领先的局面。金融科技行业是新加坡经济不可或缺的组成部分，目前全球跨国公司已经在此建立了 30 多个 FinTech 创新实验室或研究中心，约 490 家金融科技企业在这里设立了总部基地，金融科技生态体系正在加快建立，新加坡在大力发展数字化的进程中促进了金融业进一步的发展，而金融业的发展也为进一步深化该行业的数字化提供了动力，相信各类金融类平台借此也能得到更大的发展空间和更宽阔的平台。

从 2019 年的情况来看，尽管东南亚国家都加快了国内金融技术部门的发展，但新加坡依然吸引了超过一半的资金；且整个东南亚有 45％的金融科技公司首选新加坡作为公司基地。但纵观整个东南亚地区，丰厚的互联网人口红利已经被逐步开发，东南亚各国本土金融科技势力纷纷崛起，印尼、印度、越南、菲律宾、柬埔寨等，都获得大量的外资及领先的金融科技企业进入，倒逼当地金融、信用体系建设。这些国家的基础设施和金融环境日益完善，也为这些国家本土的金融科技提供了一定的发展空间。

此外，中国这几年的金融科技也出现爆发式增长，预计今年中国的金融科技营收规模将达 19704.9 亿元。在政策的大力支持下，金融机构、科技企业对金融科技的投入力度持续加大，数据价值持续不断的体现并释放出来，金融业务环节的应用场景更加丰富，金融解决方案创新推陈出新。开发银行、无人银行、资产证券化、数字票据、不良资产处置等方面业务在科技的赋能下由概念逐步变为现实，随着第五代移动通信技术（5G）、量子计算等前沿技术由概念阶段到实际应用，让金融创新和金融科技的前景无限光明。

虽然新加坡在金融科技领域起步早，发展优势明显，但随着东南亚各国的迎头追赶，也很难在未来金融科技大潮中继续一家独大。

4-4　澳大利亚金融科技的发展

金融科技在澳大利亚是比较新型的一个领域，国内有 58% 的数字化活跃人群，跟加拿大、美国相比是非常庞大的，这个数字从 2015 年到 2018 年整整增长了一倍，这说明澳大利亚更多新型人群开始倾向从事金融科技相关领域的发展，这个市场也越来越壮大。

澳大利亚在金融监管方面的规则是非常细化的。凯茜·阿莫尔说，"在澳大利亚规矩就是规矩，不管做什么技术，提供什么样的服务，不管做面对面的交流，还是消费者使用手机获取服务，都会受到监管。"同时，仅靠监管是远远不够的，真正的意义在于如何让这些技术安全可靠的使用，在未来不会出现问题的同时也能给大众带来更多受益。

澳大利亚的中小企业也能获得公平的机会去完成企业的产品。2016 年，原本的创新孵化园得到了更多技术支持，成为一个重要的创新聚集地，其中，400 余家初创企业得到了官方的技术指导，发展过程中取得了良好的效果。官方对这些企业使用了信用评级等监管措施，提供周到服务的同时也预防了相关风险的发生。近几年澳大利亚所使用的都是实时预警系统，但是现今的预警系统越发复杂，官方也不断提高自身能力，通过技术识别一些不良的行为。

4-5　拉美地区金融科技的发展

拉丁美洲的金融普惠性一直很低，有一半以上的人口被认为是"无银行账户"的，传统的现金经济在很长一段时间内一直处于主导地位。

但是，随着这几年智能手机的快速发展，互联网访问量的快速上升，使拉美成为 2019 年全球区域智能手机市场增长最快的地区之一。据世界银行的报告，截至 2020 年 2 月，拉美互联网渗透率已达 66%，明显高于全球平均的 53%，同时，手机渗透率也将超过 75%。

互联网平台的日渐成熟，同步带来了互联网金融产业的蓬勃发展。无论从创业公司数量、融资金额，增长和洗牌速度、还是政策演变进度来看，各个方面都在经历着快速发展的阶段。截至 2018 年，拉美总共有 1166 家 Fintech 创业公司 Fintech 公司占全年所有融资项目数的 25%，为占比最大的行业。

其中，巴西数字银行 Nubank 继获腾讯战略投资 1.8 亿美金之后，据传即将再次斩获软银 10 亿美金注资；这两年融资上亿的还有巴西网贷公司 Creditas 的 2 亿美金，墨西哥支付解决方案公司 Clip 的 1 亿美金；腾讯亦继续布局拉美，投资阿根廷数字银行卡公司 Uala；刚刚获 10 亿美金的生活服务平台 Rappi 也正在拉美各国大举推进支付、电子银行和移动钱包服务。

CB Insights 调查显示，仅 2019 年前半年，此类金融科技初创公司就已经得到了5.53亿美元的投资。"铺天盖地"的小企业纷纷布局拉美市场，期望赶上掘金机会。与此同时，拉美金融科技中小企业融资缺口高达9,030亿美元。一旦融资缺口环境得到改善，拉美市场则可在成为成熟市场的路途迈进一步。市场预测，到2021年，拉美金融科技市场容量将达到1,500亿美元。当然，拉美也不乏有一批顶尖金融科技创企。在拉美，整个金融科技生态主要由5个国家控制，巴西、墨西哥、哥伦比亚、阿根廷和智利。

4-5-1　拉美传统金融体系严重缺位

尽管拉美国家的经济发展和收入水平普遍位于中至高等收入区间，人均GDP超过9000美金，却是世界上银行覆盖率最低的区域之一：成年人口近一半没有银行账户，只有41％拥有银行卡。相比之下中国和印度的银行账户普及率均在80％左右。

直到2016年，仍然只有少于一半的南美民众拥有自己的银行账号或者借记卡，很少有用户持有信用卡。对金融机构来说，在一个中小企业占比99％的地区，为这些机构提供金融服务仍然面临巨大挑战。

除了零售银行业务的落后，企业银行信贷也不完善：拉美的商业形式中，中小企业占比高达90％以上，而据世界银行估算，这些中小企业的融资缺口超过1万亿美元。

为什么传统商业银行对市场的主流群体如此缺乏吸引力、效率如此低下？

首先是拉美人民对银行体系的强烈不信任。人们有钱宁愿家里藏着，也不愿意放到银行去。其缘由很大一部分是过去40年以来拉美金融体系的动荡。

80年代初的拉美债务危机过后，许多拉美国家开始执行一系列新自由主义的经济政策，包括开放金融体系，导致国际市场上的"热钱"陆续涌入拉美。然而由于经济结构的脆弱和政府管理能力的缺乏，热钱来得容易，去得痛苦。

此外，20 世纪 90 年代到 21 世纪初许多国家经历了银行业危机，不少商业银行相继倒闭。之后近 10 年的大宗商品涨价潮让拉美国家暂时度过了一段时期的高增长，然而当大宗商品进入周期循环低谷，拉美的资源型经济立刻再度疲软，政府的调控不利和腐败，造成了阿根廷、巴西和委内瑞拉几大经济体的收缩，拉美地区在国际资本市场上吸引力减弱，不少国家再度遭受了货币贬值、通胀高企的打击。

在这样剧烈波动的大环境下，加上时不时来一出的股市诈骗丑闻，民众对金融系统的痛恨可想而知。

另一方面，人们也反感传统银行的蛮横霸道。拉美的银行寡头现象严重，金融集团为各个国家的大家族所控，乱收费、手续繁杂、办事效率低下，完全不以用户为中心。开一个普通的存款账户不仅有最低存款要求，还要每个月缴纳管理费，ATM 取现还要再收手续费。转账、支付、汇款、信用卡等等各种费用自然更是少不了。

寡头垄断的另一恶果是缺乏竞争，银行基本属于随心所欲，躺着数钱，大企业和社会精英都服务不过来，根本没有动力去触达中小企业和普通人群。譬如，巴西的 5 所大银行掌控了整个国家 95％的银行资产。即便在巴西经济 2014 年开始倒退和持续低迷的这些年，几大银行的净资产收益率（ROE）从未跌下过 15.9％。最大的银行 Itaú2018 年上半年的 ROE 高达 20.1％，同期欧洲的银行 ROE 仅仅为个位数，而中国盈利能力最优的银行也只有 10.2％。

4-5-2　社会对金融产品有着巨大的需求

拉美人有良好的消费理念和对品质的追求，长期的中等收入水平让人们养成了十分愿意花钱的习惯。消费后分期支付在拉美是很普遍的做法，比如在哥伦比亚，刷卡消费时收银员都会问要分几期支付，再完成交易。

在互联网进入金融领域之前，拉美地区曾经爆发过一波小额信贷风潮，是全球小额信贷资产规模最大（近500亿美金）和机构数量最多（近300家）的地区，同时也是全球城市用户占比最高（67％）的地区。相比于小额信贷的发源地南亚，拉美用不到南亚用户30％的人数，创造了近两倍于南亚地区的贷款体量，可见拉美人的信贷需求之强。

除此之外，拉美还有普遍存在于民间、由人们的社会关系网络搭建起来的非正式信贷渠道，体量据估算在正式渠道的2到3倍。譬如在哥伦比亚，流行一种社群自发的金融机制，叫做"Cadenas"：人们自发组成一个个集资团体，每人拿出一部分钱聚成一个较大的资金池，每个成员轮流使用这笔钱一定的期限，到期后连本带利一起交给下一个成员。这种组织形式在墨西哥也存在，叫做"Tandas"，约30％的成年人参与非正式信用社群，比信用卡渗透率高近一倍。

由于金融产品的缺乏，拉美人几乎付着全球最高的利率来借钱。银行信用卡的年利率通常都在30％以上，即使经济发展最稳定的智利和哥伦比亚，年利率也达到了25％－30％＋。同比美国和中国，年利率则在12－18％之间。而在巴西寡头垄断的金融体系下，信用卡的年利率可以高达近300％！

正是由于金融服务和非正规渠道的低效，给金融创新留出了巨大的空间。

当数字信用卡起家的Nubank 2014年在巴西推出第一张卡时，对于金融领域的变革是颠覆性的：Nubank不仅创造性地推出了年利率只要25％的信用卡，且极度简化申请流程，只要下载APP，输入个人基本信息，上传自拍和证件，平台会抓取公开信息对用户进行评估，一周之内信用卡就会送到用户手上。

极致的用户体验被 Nubank 视为核心竞争力，创始人 David Velez 深知要建立用户对任何新兴金融产品的信任，必须让他们毫无后顾之忧。Nubank 坚持对用户有问必答，要求客服必须在第一通电话内解决所有问题。至今 Nubank 在同类产品中仍拥有全球最高 NPS 指数（89%），平均每个客户会带来 3 个新客户。因此，短短几年 Nubank 就跻身巴西第五大信用卡发行商，坐拥 850 万用户，并开始在其他拉美国家扩张。据悉，软银 10 亿美金的意向融资将把 Nubank 的估值推向 100 亿美金的新高。

4-5-3　互联网的普及为金融科技在疫情后持续发展奠定了基础

拉丁美洲是世界上移动应用增长最快的地区之一。2017 年，拉美地区实现了智能手机普及率在全球排名第三，拥有智能手机的拉丁美洲人口比例达到 61%，LAVCA 预测到 2025 年这一比例将达到 76%。例如，在巴西，智能手机的数量几乎和人的数量一样多。巴西大约有 1.98 亿部智能手机在使用，而目前的人口只有 2 亿多。

随着智能手机的增加，移动互联网的使用也在增加。2018 年，拉美地区 50% 的人口使用智能手机上网。思科预计，2015 年至 2020 年，拉丁美洲的移动数据流量将增长 8 倍，年复合增长率为 50%，这也意味着对更快连接速度的需求也在不断增长。在 4G 已经普及的地区，公司现在正准备部署 5G 连接。例如，正在阿根廷进行的测试显示，速度可能高达 20Gbps，几乎是该国家庭平均连接速度的 4000 倍。

拉丁美洲受益于互联网的迅速发展以及智能手机的高度普及，电商逐渐进入高速发展阶段。电商的崛起又催生了电子支付和消费信贷的庞大需求，各类金融科技创企也瞄准了这个庞大的红海市场，并纷纷进行业务布局。

根据市场调研机构 GSMA 最新发布的一份报告，到 2020 年底，拉丁美洲和加勒比地区的互联网用户总量将会突破 4.5 亿，较 2015 年（3 亿）提高 50%，成为继非洲（撒哈拉以南）地区后，互联网发展速度第二快的地区。同时，新兴发展中的移动互联网生态，将会给拉美经济的复苏，带来新的机会。拉丁美洲正在成为移动支付领域的领导者。

二维码作为一种方便消费者的移动支付方式，在全球范围内被得越来越普遍使用着。一旦客户扫描了二维码，金额就直接从客户账户转移到商户。这种支付方式在中国已经非常普遍，支付宝、微信支付等移动支付平台也已发展成熟。现在，这一趋势也正在拉丁美洲兴起。

许多创新公司正在为拉丁美洲提供移动支付解决方案。与亚马逊和阿里巴巴类似，MercadoLibre（美客多）是拉丁美洲最大的电子商务平台，目前其电商业务范围已覆盖巴西、阿根廷、墨西哥、智利、哥伦比亚等 18 个拉丁美洲国家，为 1.66 亿活跃电子商务用户提供服务。它的支付系统 MercadoPago 提供创新的移动端金融服务，帮助消费者进行支付和获得信贷。这家电子商务巨头目前正在巴西测试其二维码支付技术，巴西已有 12000 多家机构接受移动支付。

Mercadolible 也在与其他全球移动支付领军企业（如支付宝、微信支付和 Square）保持同步，推出了移动钱包和其他服务。最近，在 Mercadolible 投资了 7.5 亿美元，从中也可以看出 PayPal 对拉丁美洲移动商务巨大潜力的认可和增长的信心。

墨西哥平台 Clip 是拉丁美洲移动支付市场另一个值得关注的平台。今年年初，这家初创公司从日本软银（SoftBank）获得了 2000 万美元，以帮助扩大其插入移动耳机插孔的读卡器的规模，并使商家能够当场快速处理付款。此外，Clip 还可以为客户提供长达 12 个月的无息还款选择。

阿根廷初创企业 Ripio Credit Network 是拉丁美洲另一家运用区块链技术运营的数字支付公司。Ripio 能在全球范围内为任何客户提供信贷。该公司与 Mercadolibrib 合作，允许购物者和卖家在他们的电子商务账户和 Ripio 钱包之间转移资金。

此外，今年 3 月中旬以来，新冠肺炎疫情在拉美地区快速蔓延。拉美多国政府都采取了长时间的暂停国内外航班、停课停工、限制居民出行活动等隔离措施。这些措施实施数月，尽管由于执行力度的原因，无法改变确诊病例快速增长的现实，却产生了一个人们意料未及的"副作用"——当地居民的消费方式悄然改变，网络购物和在线服务等新兴消费迅速增长，数字经济在拉美"登堂入室"。据美洲开发银行统计，今年前 5 个月，拉美地区通过电子转账和在线支付方式的消费活动同比增加近 62%，其中增长最快的国家是巴西、智利、墨西哥、哥伦比亚、秘鲁和乌拉圭。仅 3 月份，巴西和智利的在线支付量较前一个月就分别增长了 180% 和 119%。可见，在新冠疫情发生后，拉美地区网购、电子支付、远程教育、在线服务、农业数字化、电商物流配送等数字经济产业迅猛发展，为地区经济维持稳定助力甚多。

巴西著名信息技术企业 TIVIT 公司基表示，新冠疫情给拉美数字经济带来的潜力释放，将让该地区数字技术发生一场重大变革。今年以来，该地区电商的迅猛发展和抗疫过程中大数据技术的广泛使用，已经让科技企业加速技术研发进程。预计未来 5 年，拉美地区仅云计算技术使用率将增长 25%。

在互联网平台发展日益成熟的前提下，金融科技行业才能在疫情的冲击下发挥重要作用。来自 Finnovista 的资料显示，拉美地区共拥有 1100 多家金融科技企业，这些平台向被传统金融生态之外的各类用户提供了各种短期和长期的解决方案支持。

从短期来看，金融科技平台则可以采用账单、公共事业缴费记录、电子邮件等实时的替代数据来评估中小企业的信誉和风险水平，通过在线的定制化申请系统加快贷款审批进度，帮助企业更快获得资金进而调整业务（例如餐厅转型为全外卖模式）来维持生存。目前，提供此类服务的拉美金融科技平台有很多，比如墨西哥的 Credijusto 和 Konfio、哥伦比亚的 Omnilatam、阿根廷的 Afluenta 和智利的 Cumplo。

从长期来看，随着新冠疫情不断蔓延，中国、美国和欧洲等主要世界经济体之间的贸易大幅缩减，全球和地区供应链中断，国际间人员流动也急剧下降。

社交隔离和旅行限制让不少企业开始寻求数字化转型之路。转型的第一步就是从大面积推广在线支付开始，金融科技平台帮助企业和政府完成相关流程的自动化改造，并帮助其满足不断变化的法规和会计要求。

4-5-4　政府支持是金融科技创企发展的重要因素

拉美金融科技能够快速发展，与政府的支持也密切相关。政府眼见国家经济转型的工业化道路是走不通了——即没有廉价劳动力，又没有产业链基础，只能靠服务业和新经济来抵消对资源的过度依赖，以创造就业，拉动投资，促进增长。而金融是对发展，无论是驱动消费还是助力企业，都不可或缺的原动力。因此各国政府都在积极推动互金领域的市场开放，让更多的玩家和资本进来。

举例来说，"监管沙盒"是包括巴西、墨西哥、哥伦比亚等许多拉美政府都在推行的政策工具，为金融创新提供市场化的空间，类似于国内"先试水，后监管"的概念。这项工具给银行和其他非传统金融机构提供在真实但受控的环境中测试新的技术和商业模型的机会，并给予监管机构制定法规所需的时间。金融科技初创公司可以直接向监管部门申请加入"沙盒"，获批后即可开展市场化试验。

"开放银行"是另一项政策创新，主要是通过开放 API，共享金融数据，让用户有更流畅的金融服务体验，同时让不同类型的金融机构都能够获取所需的数据来有效评估客户的风险和所适合的金融产品。这项政策对于金融科技公司来说是非常利好的，可以帮助他们获取被大银行垄断的用户信息和数据。这意味着金融科技产品不仅能够服务于未被银行覆盖的人群，也能够在已被银行覆盖的中高收入客群中，与传统金融机构平等竞争。

其中，拉美金融科技发展最快的国家——巴西、墨西哥和哥伦比亚，每个也有一些各自独特的政策促进金融科技发展。

墨西哥是全球第二个（继英国之后）颁布金融科技专项立法的国家，这项法律明确了金融科技公司在市场中的地位，同时打通了国际金融科技玩家进入墨西哥的法律渠道。通过立法，政府也是给市场释放利好信号，对吸引投资、创业者，和建立用户信任，都有极大的帮助。与此同时，墨西哥央行还放了一个大招推动电子支付：全新的电子支付平台 CoDi（Cobro Digital），在已有的银行间电子支付系统之上，加入数字银行和二维码技术，形成类似国内的二维码支付体系。CoDi 平台现已经投入市场测试，并在墨西哥国内全面铺开。

最后，市场条件具备也是政府推动金融科技发展的重要考量因素之一。拉美的互联网普及情况在全球来看都是比较成熟的。据估计，到 2020 年，拉美的智能手机渗透率将达到总人口的 79％，移动互联网渗透率将达到 71％。从互联网金融服务的使用情况来看，拉美人对金融科技产品的接受度在全球也处于领先地位。哥伦比亚、墨西哥和巴西分别有 76％、72％和 64％的互联网人口使用过金融科技产品，紧追中国 87％的全球最高标杆。

4-5-5　金融科技公司最先抢占的几大领域

拉丁美洲正成长为金融科技领域的又一个亮点市场。仅 2019年前 7 个月，拉美金融科技市场就已揽获融资 20 亿美元，其中巴西、墨西哥、哥伦比亚和阿根廷表现最为抢眼。互联网支付、商业借贷、个人借贷、保险、数字银行等几大领域成为金融科技公司抢占的主要方向。

（1）互联网支付

拉丁美洲仍然是许多无银行账户公民的家园。与美国不同，在拉丁美洲开设银行账户可能是一个复杂的过程。许多拉丁美洲的银行需要就业证明、公民身份证明和其他金融文件来保证账户的安全。

然而，为应对疫情蔓延而实施的隔离措施，迫使以现金为中心的公民逐步转向了数字支付。据 VISA Inc. 的首席产品官杰克·福雷斯特尔（Jack Forestell）称，在今年 3 月份的财政季度中，拉美地区超过 1300 万名 VISA 持卡人首次进行了数字电子商务交易。投资者期待已久的拉美数字革命正在通过疫情快速推进。街边小店在封锁期间无法实现创收，这让商家把目光转移到线上销售，"被迫"加速现代化转型。同时，消费者因为疫情也不得不选择网购，并开通电子支付账户。后疫情时代，随着商家重新开放，二维码支付作为一种保持社交距离的措施可能会成为常态。拉美各国央行更是进一步大力推进互联网支付。

（2）数字银行

数字化挑战者银行的崛起吸引了大批投资者的关注，数字银行 100％通过移动应用程序、API、集成软件为消费者提供更加便捷智能的银行服务，拉丁美洲的广大市场潜力也为这种新型银行模式提供了广阔的发挥空间。这些银行可以在没有实体分行的情况下运营，并提供比传统金融机构更多的服务，在线提供支付账单、领取工资、在线转账等服务，而无需排队等候。

近年来，拉美地区中，巴西是最早出现数字银行的国家，其数字银行业务增长也最为强劲，目前，巴西有 16 家提供数字银行服务的金融科技初创公司。在数字银行领域，NuBank 以及 Banco Original 发展得最快。

Nubank——Nubank 成立于 2013 年，是一家虚拟信用卡及数字支付商户服务商，专注于拉美地区超 1 亿未开户或开户不足的人群，为巴西最大的金融科技企业。2018 年，Nubank 推出支票账户业务。与此同时，它找到了一种创新的方式来利用移动优先银行服务来开拓巴西庞大的年轻消费者群体（平均年龄为 32 岁）。Nubank 拥有超过 850 万客户，现已成为亚洲以外最大的数字银行。它也是全球价值最高的私人数字银行，2019 年 7 月，Nubank 的 F 轮融资由腾讯及高盛领投，筹集资金 4 亿美元，估值达到 100 亿美元。

Banco Original——Banco Original 成立于 2016 年，总部位于巴西圣保罗，为巴西首家提供 100％数字支票账户的银行。2019 年 1 月，Banco Original 推出面部识别交易认证，结合算法与图像扫描技术进行交易授权，代替传统银行需亲自前往分行签署文件或转账授权的业务流程。目前，Banco Original 是巴西唯一一家拥有此类技术授权运营的公司。

Uala——阿根廷的 Uala 为阿根廷人提供无手续费、全球可用、全数字化的万事达信用卡。阿根廷人使用该卡可以轻松海淘。在开业的第一年，Uala 发行了 40 多万张预付移动万事达卡，无需付费。Uala 在开始信用卡业务前，已经为阿根廷各省提供借记卡了，少有阿根廷银行能做到。

Albo——总部设在墨西哥的一家数字银行，它为客户提供便捷的通道，更容易地通过移动设备开立银行账户。Albo 允许客户通过应用程序直接支付账单，并连接到全球万事达卡网络，使墨西哥人可以免费手续费在全球任何地方消费。虽然该银行目前只推出借记卡服务，但它计划在未来两年内发展信用卡和储蓄系统。这类数字新银行在拉丁美洲迅速崛起，为拉丁美洲提供了一种移动替代传统实体银行的方式。

总的来说，对于拉美数量巨大的中小型企业（SMB）来说，数字银行在是用一种高效且经济的方式来管理其财务。这种数字银行可以服务于农村地区的中小型企业，或者为他们提供更好的访问金融服务的方式，而无需在实体银行排队。获得信贷是拉丁美洲中小型企业的另一个主要痛点，数字银行能够使用诸如机器学习之类的技术来更快，更有效地评估企业的信誉。

目前来看，拉美地区还有几家中央银行也在探索发行央行数字货币（CBDC）的可能性，包括乌拉圭（电子比索试点计划）、东加勒比中央银行（与金融科技公司合作开展的试点计划）、厄瓜多尔（美元化经济案例）、委内瑞拉（Petro）等。该区域的许多国家希望通过 CBDC 可以加强反洗钱和打击资助恐怖主义的实施。

（3）P2P 借贷

传统的拉美借贷产业条件严苛非凡，为了防范风险，利息率往往高得吓人，因此利润也十分可观。很多国家只有屈指可数的几家银行，市场缺乏竞争，成本居高不下，也没有动力去服务低收入人群。银行也不乐意为个人或微小企业提供小额信贷，因为他们觉得这种借贷风险较高。因此此类消费者只好寻求月利息达 2-10% 的私人借贷。

由于互联网的发展和普及，金融科技也渐渐改变银行业，使拉美的信用借贷在逐步改善。发展至今，几乎每个拉美国家都有 P2P 初创企业，这些企业由于管制原因大部分局限在自己的国家。

在 P2P 平台上，人们可以进行小额借贷，供款者获得小额的利息，而贷款人无需银行即可获得资金。

（4）互联网保险

随着科技的发展和消费倾向的改变，许多国家网络直销的保费在增加，尤其是汽车保险这类标准化的保险产品。拉丁美洲地区在互联网得到极大普及后，网络也成为人们获取金融产品和服务信息的主要来源。

从消费者的年龄组特征来看，互联网保险的代际效应明显，年轻的消费者更愿意在线购买保险，这种效应在美国、欧洲、拉美显示出同一性。除产品、区域市场、年龄特征外，互联网保险实践还有一个趋势，即不断创新基于移动设备的远程信息技术运用和基于大数据的销售。在当前不少国外保险市场上，已经出现了保险公司自有网站直销、在线比价网站、在线风险交换、逆向拍卖平台、移动式保险等创新的互联网保险模式。

拉美保险科技市场中最大、最具有典型性的国家是巴西，62％的巴西初创公司的主要目标是帮助保险公司提高效率，促进保险公司业务发展；有 57％ 的公司主要使命为实现保险行业的去官僚化。

SUSEP（Superintendence of Private Insurance，私人保险监管局）是巴西唯一一家管制保险行业的机构。截止 2018 年 12 月，巴西已有 55 家保险科技初创企业，其中 Bidu 和 Youse 在该领域表现突出，两者都是在线保险销售平台。

Bidu——Bidu 是巴西首个提供保险智能搜索、购买、线下专家咨询等服务的互联网在线平台，产品包括旅行、汽车、家庭、电子、宠物以及人身意外伤害保险。Bidu 的商业模式旨在通过将在线支付、实时聊天、电话和电子邮件等整合到客户生活中，以提高保险销售转化率。

Bidu 整合了保险公司和金融服务的系统，能够提供实时合同和价格，用数字化营销促进转化率，简化各类保险的购买流程。自 2011 年成立以来，Bidu 已成为巴西保险 B2C 领域杰出公司，每年产生超过 40 万份保险报价。

Youse——Youse 为巴西首个 InsurTech 品牌，属于 Group Caixa Seguradora 旗下。目前，Youse 提供定制化保险服务，并进行在线报价，产品包括汽车保险、房屋保险、人寿保险等。该公司可通过与传统公司合作，将保险产品推向各细分市场，如：Uber、Nubank 和 Netflix。目前，该公司已在巴西利亚和圣保罗建立办事处。

4-5-6　中小企业成拉美金融科技新一轮发展热潮

蓬勃发展的金融科技行业带动了普惠金融的进步，让越来越多拉丁美洲用户享受到了金融服务。然而，虽然面向个体用户的金融科技创企吸引了大部分的风投资金，但是中小企业用户也日渐成为拉丁美洲金融科技发展的又一个目标市场。那么，到底是哪些原因推动了这一波新发展热潮？

（1）对替代贷款产品的迫切需求

中小企业创造了新兴市场中 90％的新就业岗位。但与此同时，由于业务规模较小、信用评级资料不完善，中小企业常常很难从传统的金融机构或银行获得信贷。据统计，全球中小企业资金缺口已经达到 5.2 万亿美元。而金融科技的崛起似乎为这个问题提供了一项解决之道。

根据美洲开发银行（IADB）和 Finnovista 联合发布的报告现实，截止 2018 年，该地区金融科技创业公司中有 60％涉足在线贷款产品，其中包括资产负债表、P2P、众筹或保理解决方案等多种模式。虽然消费者仍然是这些贷款解决方案的主要目标市场（68％关注消费者，32％关注企业），但未来的潜在市场机遇仍然非常明显。而数据分析和机器学习的普遍应用则为创企提供更加可靠的解决方案提供了有效的技术支持。

（2）跨境支付透明度亟待提高

以前进行跨境交易的唯一方法是通过银行，兑换成本和交易费用常常缺乏透明度，这让不少中小企业深受其扰。而如今，不少金融科技企业看中了这个潜在市场，并推出了各类相关跨境支付产品，不仅提高了交易透明度，交易速率也大为提升。

而 MercadoLibre 就是这样一个平台。这个拉丁美洲在线市场目前拥有超过 1.66 亿活跃的电子商务用户。该公司通过创新的移动金融服务帮助数百万卖家获得信贷，快速处理跨境支付。不久前，支付巨头 PayPal 刚刚向该公司投资了 7.5 亿美元，这也间接证明了拉丁美洲跨境支付市场的巨大潜力。

（3）强制电子发票机制

一直以来，拉丁美洲都是全球电子发票领域的领军力量。据统计，2017 年拉丁美洲共产生了 150 亿份电子发票，接近全球 360 亿份电子发票总量的一半。

电子发票能够同时为企业和政府机构提供便利，比如政府可以实时跟踪交易进程，有助于其对企业进行监管，而企业则可以通过这种数字化形式有效整理交易数据，提高缴税效率。

此外，近些年来，不少拉丁美洲国家开始强制推行电子发票，而这也为不少相关金融科技平台创造了潜在的商机。而这也会影响金融科技市场的其他业务分支，比如这可以为在线贷款平台提供更多可供分析的数据，提高风险控制的可行性，降低产品和服务风险。

4-5-7　政府监管不会缺位

2008 年金融危机以来，针对金融实体的监管就一直在不断增强。不少金融机构也扩大了合规团队规模，传统的合规模式已经无法适应快速发展变化的法规变化。

于是，监管科技（Regtech）出现了。它通过人工智能、大数据分析、区块链、云服务等技术手段帮助金融机构识别、认定和遵守新的法规，提高流程自动化和运营透明度，降低管理风险和成本。

目前，全球对监管科技的需求正不断上升。2017年，全球监管科技支出总额为107亿美元。而到2022年，这一数字有望迅速攀升至760亿美元。

拉丁美洲目前共有700多家活跃的金融科技初创公司，而且这个数字还在继续增长。全球对金融监管的日益关注也影响了拉丁美洲，该地区各国政府也已最快的响应速度开始了监管沙盒尝试。这种创新机制能够帮助创企在受控环境中和政府监督下测试其创新，帮助企业降低风险和不确定性。

总的来说，拉丁美洲的监管科技仍处于起步阶段，但各国各地区政府和企业部门都在推动相关举措，促进区域监管科技的实施。

其中，墨西哥政府在金融监管方面成为该地区的领头羊，2016年启动了"国家金融普惠战略"，以增加低收入群体获得金融服务的机会。作为这项政策的一部分，墨西哥政府调整了KYC要求，降低用户开设银行帐户的难度。现在，根据帐户的计算值和风险，要求有所不同，对低风险和低值帐户的要求也更简单。

墨西哥国家银行与证券委员会（CNBV）同样参与了监管科技的规划。2017年，CNBV与监管部门监管科技加速器（Regtech for Regulators Accelerator，简称R2A）合作，专注开发一个全新的监管框架，推动合规报告的数字化处理，提升数据的数量和质量，协助整理历史数据，改善数据分析流程。除此之外，墨西哥还在2018年推出了金融科技监管沙盒，允许创企在墨西哥银行、银行与证券委员会和保险委员会的监督授权之下开展创新业务模式测试。

哥伦比亚也采取了类似的措施来促进当地监管科技的发展。哥伦比亚金融管理局（SFC）是哥伦比亚政府内部负责监督和监管国家金融体系的专属机构。2017 年，该机构推出了一项名为"Proyecto Regtech"的项目，其目标是与第三方合作，促进地方监管科技发展，特别关注有助于分发和澄清有关法规变更信息的技术。

而巴西中央银行则创建了一个名为金融和技术创新实验室（LIFT）的机构，尝试通过监管沙盒机制，改善金融信贷体系并提高金融普惠性。

此外，随着越来越多的金融技术进入市场，对实时欺诈检测和预防犯罪活动的需求持续增长。在整个拉美地区，企业纷纷开始探索解决方案，以帮助他们应对这些变化并降低合规成本，而与监管科技解决方案机构建立合作伙伴关系则是最常见和通用的一种方式。

目前，拉美地区已经涌现了不少从事监管科技的机构。比如，巴西的 OriginalMy 和 Idwall 专注于欺诈和身份验证，而墨西哥的 Avallo 通过将公证行为与公共资源进行交叉引用来解释和分析公证行为，以帮助澄清法律要求。智利的 Ceptinel 则创建了监视和解释合规过程的工具。

这些只是监管科技领域中许多创新公司的少数几个例子。尽管拉丁美洲的金融科技行业仍处于起步阶段，但有证据表明，作为其下属行业的监管科技或将引领拉美地区进入技术驱动合规的新时代。

4-5-8　展望未来

随着互联网的普及，金融科技正在拉丁美洲快速全面地发展起来，拉丁美洲共有 5000 多家科技企业，其中 48％的科技企业位于巴西，19％位于阿根廷，14％位于墨西哥，8％位于智利，7％位于哥伦比亚，这是拉丁美洲科技氛围最浓烈的 5 个国家，这些国家良好的经济发展和迅速覆盖的互联网工程，使金融科技公司在成熟的环境中得以快速发展。

拉美地区之所以作为金融科技公司抢占的新沃土，主要是因为该地区银行卡渗透率低，信用分数体系不健全，移动支付刚刚起步，大量用户依赖现金且从未享受过银行服务和金融普惠，用户对更丰富更实惠的金融产品需求非常旺盛，年轻群体也更乐意和尝试接受网络金融服务。

虽然近期的新冠疫情使经济发展预期下调，金融科技创业公司融资难度加大，但反之也推进了各国线上消费比例的剧增，并在很长一段时间内让互联网金融服务成为人们新的消费习惯，这都以利于科技公司去探索更多金融模式，展开更多种类的科技金融服务。整体经济呈下滑趋势，也是各类估值处于低位，其他国家的投资人能以更低的成本投资项目，来获取更高的收益。所以，拉美这个未完全开发的市场，在未来几年内也会吸引大量的海外融资，探索未来金融科技发展的各种可能性。

后　记

　　《金融科技的涵义、运转及赋能》课题文稿是由上海市现代管理研究中心相关课题组完成的。上海市现代管理研究中心是隶属于上海市人民政府的学术、咨询、信息和培训机构。

　　本书稿归属于上述研究中心的《现代管理研究丛书》之一。《丛书》已经出版的图书有：《现代经济与文化元素》《科技金融现代版——内涵及运转》《大健康金融——内涵、主体、资源、运转平台》《宏观调控国际演进》《现代服务跨国外包》《人民外交读本》《循环经济与环境绿化》《企业的全球视野和文化理念》等。

　　本课题组成员大多长期从事世界经济、国际关系、跨国教育和中外文化比较等领域的研究，除为管理部门、社会机构及企业服务外，同时撰写了不少文章在海内外发表。出版物得到社会的支持和鼓励，有的获得"中国当代学术前沿精典壹等奖"、"世界重大学术思想成果特等奖"、"共和国重大前沿理论成果创新特等奖"、"新中国优秀创新理论成果金爵奖""中国新时代十大领航人物"等。

　　在本课题及书稿进行过程中，陆祎璐及洪扬参与了部分章节撰写以及校对修改补充工作。

　　还有，在本课题调研和书稿编写过程中，作者向企业界、管理部门、学术机构和基层单位的专家学者和一线工作人员进行走访请教和收集信息资料，得到他们的热情指点和帮助，我们还在阅读相关领域的研究报告和公开发表成果中获得启发并作了引用，在此一并表示衷心感谢。

作者水平有限和时间比较匆促，书中存在的缺点和不足，敬请指正谅解。

参 考 文 献

产业研究产业数据

• 2020－2026 年中国牛仔服装行业市场行情监测及发展前景展望报告

• 2020－2026 年中国金属基覆铜板行业市场运行格局及发展战略研究报告

• 2020－2026 年中国加工纸制造行业市场运行潜力及竞争格局预测报告

• 2020－2026 年中国纸加工行业市场行情动态及投资规模预测报告

• 2020－2026 年中国纸品加工行业市场行情动态及投资规模预测报告

• 2020－2026 年中国高碳铬轴承钢行业竞争格局分析及战略咨询研究报告

• 2020－2026 年中国婴儿服饰行业投资潜力分析及市场规模预测报告报告

• 2020－2026 年中国光纤模式转换器产业发展态势及投资盈利分析报告

相关深度报告

• 2020－2026 年中国金融科技行业市场竞争力分析及投资方向研究报告

• 2020－2026 年中国金融科技行业市场竞争力分析及投资方向研究报告

• 《2020－2026 年中国金融科技行业市场竞争力分析及投资方向研究报告》共十五章，包含金融科技产业监管模式及路径选择，2015－2019 年中国金融科技产业投资分析，中国金融科技产业发展趋势及前景预测等内容。

相关阅读：

• 2018 年全球金融科技行业发展回顾、2019 年中国金融科技行业发展规模及行业发展趋势分析　2019 年 12 月 17 日

• 2018 年中国金融科技行业发展概况及细分行业领域技术资金投入情况　2019 年 10 月 28 日

• 2020－2026 年中国金融科技行业市场竞争力分析及投资方向研究报告　2019 年 10 月 24 日

• 2020－2026 年中国金融科技行业市场现状调研及投资机遇分析报告　2019 年 10 月 22 日

• 2020－2026 年中国金融科技产业运营现状及投资方向分析报告　2019 年 10 月 22 日

• 2018 年中国金融科技行业市场现状及未来发展趋势分析 2019 年 10 月 21 日

参考资料目录

金融科技参考资料目录

金融科技的裂变，《大众理财顾问》，2018 年第 9 期

搭建金融科技新生态，《中国外汇》，2019 年第 12 期

堵住金融科技的漏洞，《经济》，2018 年第 14 期

浅论金融科技，《科技与创新》，2019 年第 2 期

解密金融科技，《光彩》，2018 年第 1 期

金融科技的边界，《大众理财顾问》，2018 年第 9 期

重视人工智能等新技术防范和化解金融风险的价值，《改革内参》，2019 年第 5 期

优化金融体系结构　增强金融系统韧性,《改革内参》,2019年第17期

构建数字经济时代下的多层次金融市场,《改革内参》,2019年第25期

新时代互联网金融征信发展的路径选择,《人民论坛》,2019.10下第30期

加强中国监管科技发展的路径与具体建议,《国际融资》,2019年第11期

金融科技的"黄金3年",《经济预测－资本金融》,2019年第36期

央行数字货币在路上,《经济预测－资本金融》,2019年第34期

云闪付的国家使命,《经济预测－资本金融》,2019年第40期

金融科技(FinTech)监管平衡术,《中国改革》,2019年第9期

金融科技:监管科技的优化性赋能,《中外企业文化》,2019年第4期

金融科技创新下数字信用共治模式研究,《社会科学》,2019年第2期

金融科技的新特征与新选择,《中国经济报告》,2018年第3期

金融科技助推普惠金融高质量发展——在第七届中国中小企业投融资交易会上的演讲,《中国经贸导刊》2019年7月上

论全球金融科技创新的竞争格局与中国创新战略,《国际金融研究》,2018年第12期

数字加密货币的形成机制与风险监管研究,《探索与争鸣》,2018年第9期

监管沙箱的国外经验及对我国金融科技监管的启示，《金融参考》，2018 年第 10 期

监管科技：金融科技的监管挑战与维度建构，《中国社会科学》，2018 年第 5 期

科技视角洞悉未来银行，《金融时报》，2019 年 11 月 11 日 3 版

金融科技推动金融发展提质增效，《学习时报》，2019 年 10 月 16 日 A3 版

日韩征信信息安全保护的比较借鉴，《金融时报》，2019 年 10 月 16 日

浅析金融科技对 P2P 网络借贷发展的影响，《商业经济》，2019 年第 1 期

中美金融科技对比及其发展趋势，《科技创新发展战略研究》，2018 第 2 卷第 4 期

金融科技全面赋能消费金融，《金融经济》，2019 年第 17 期

金融科技助推消费金融健康发展，《清华金融评论》，2018 年第 1 期

我国第三方支付的现状与风险，《市场研究》，2019 年第 4 期

中国与美国的金融科技发展比较，公众号"海钜信达"

中美金融科技发展的比较与启示，《复印报刊资料（财政金融文摘）》2017 年第 5 期

金融科技监管范式：一个合作主义新视角，《社会科学》，2019 年第 11 期

征信活动、信息技术进步与信贷表现，《国际金融研究》，2019 年第 11 期

2019 中国金融科技研究报告：巨头布局，5G 加持，势不可挡!，公众号"金融家"

王新哲：推动金融科技创新发展　提高金融服务实体经济的

质量和效率，光明日报客户端

发展消费金融　金融科技创新还需加快，《中国经济时报》，2019 年 10 月 15 日 3 版

强化互联网消费金融监管势在必行，《上海金融报》，2019 年 11 月 19 日 11 版

"区块链＋金融"：面向实体经济加速落地，《金融时报》，2019 年 11 月 18 日 6 版

科技引领下：银行业金融创新看点何在，《金融时报》，2019 年 11 月 18 日 6 版

缓解小微企业融资难　金融科技开出"良方"，《金融时报》，2019 年 11 月 18 日 7 版

下好数字货币"先手棋"，《学习时报》，2019 年 11 月 15 日 3 版

数字货币会取代纸币吗，《光明日报》，2019 年 11 月 17 日 7 版

金融科技变革商业银行小微金融服务模式的研究，《财经界》，2019 年 11 月上总第 530 期

商业银行数字化转型的方向与实践，《财经界》，2019 年 11 月上总第 530 期

《中国金融科技运行报告 2018》，杨涛、贲圣林，社会科学文献出版社，2018

《金融科技：重构未来金融生态》，周伟、张健、梁国忠，中信出版社，2017

《金融科技：变迁与演进》，未央网，机械工业出版社，2019

《金融科技：大数据、区块链和人工智能的应用与未来》，余丰慧，浙江大学出版社，2018

从 1.0 到 4.0，金融科技让奇迹发生，《现代商业银行》，2019 年第 8 期

《银行转型下半场：决胜金融科技》，ThoughtWorks 中国著，

浙江出版集团数字传媒有限公司，2019

金融监管科技之法制化路径，《法商研究》，2019 年第 3 期

《破晓－2019 年中国金融科技行业研究报告》，艾瑞咨询

2019－2023 年中国金融科技产业深度调研及投资前景预测报告，中投产业研究院

区块链技术基本原理之技术结构，作者：又日新，文章来源：百家号

区块链技术在金融领域的八大应用场景，文/董兴荣，财资一家（TreasuryChina）原创首发

电子钱包在中国占主导地位，分析这一趋势，作者：金评媒，文章来源：一点号

"数字人民币"初露真容：数字货币有啥不同？真能替代流通现金吗？文章来源：上海热线

跨境支付最全产业链：国际支付公司"垄断"收单，汇款业务价格混战，青桐资本

从 Kantox 着眼，金融科技创企在跨境外汇的"牌"该怎样打？作者：郭曼卿，亿欧

浅析金融科技对 P2P 网络借贷发展的影响，作者：房云飞，《商业经济》，2019 年第 1 期

中国金融科技运行报告（2018），杨涛、贲圣林主编，社会科学文献出版社

金融科技全面赋能消费金融，作者：薛洪言，《金融经济》，2019 年第 17 期

互联网消费信贷的可持续发展研究，作者：朱海鹏，《时代金融》，2019 年第 03 期

互联网消费金融发展及风险控制研究，作者：闫慧敏，内蒙古财经大学研究生院，2018

互联网金融 P2P 网络借贷的问题及对策，作者：张睿麟，《财富生活》，2019 年第 3X 期

股权众筹平台的模式研究，作者：周静、张昕、杨森、戴佳俊，《市场周刊》，2018 年第 3 期

中国债权众筹监管制度法律构建，作者：蒙瑞华，华中科技大学出版社，2017

中国支付清算行业现状：零售支付一骑绝尘，对公支付取得突破进展，作者：AI 金融评论，雷锋网

中国金融稳定报告（2018），中国人民银行

分布式账本技术应用于大额支付系统：优势、风险与对策，作者：巴洁如，《南方金融》，2017 年第 12 期

区块链下证券结算的变革、应用与法律回应，作者：卜学民，《财经法学》，2019 年第 3 期

区块链技术在当代支付领域的应用分析，作者：宋焱槟、王潮端，《福建金融》，2019 年第 6 期

移动支付风险分析，作者：骆桐、谢立志、陈萌、葛文淞、韦理山，《市场周刊（理论版）》，2019 年第 27 期

浅析金融科技对 P2P 网络借贷发展的影响，作者：房云飞，《商业经济》，2019 年第 1 期

中国支付清算发展报告（2019），中国金融与发展实验室支付清算研究中心，2019 年 6 月

金融科技助力消费金融大放异彩——消费金融行业研究报告，36 氪，2019.12

我国消费金融发展的现状、问题及对策，作者：倪雅倩，《商场现代化》，2018 年第 24 期

2019－2024 年中国消费金融行业市场前瞻与投资战略规划分析报告，前瞻产业研究院

国内众筹的现状研究调查及发展建议，作者：冯宇旭、熊令纯、李裕梅，《金融》，2019 年第 3 期

金融科技在资管行业的应用探究，作者：彭丽杰，《新商务周刊》，2018 年第 18 期

股权众筹结合大数据才是前路，作者：郑旭，《创业天下》，2016 年第 1 期

社交投资平台是值得鼓励的金融创新，作者：谢辉，《金融博览》，2015 年第 8 期

量化投资在国内投资行业的应用，作者：付雷，《中国商论》，2018 年第 26 期

区块链在资产证券化中的应用分析，作者：杨望，来源：中国金融，2018

金融科技如何影响中国资产管理行业，文/巴曙松，乔若羽、郑嘉伟，来源：今日头条 2018 年 2 月 14 日

数据库技术发展趋势，作者：刘雪飞，《数码设计》，2018 年第 11 期

关联图谱的研究进展及面临的挑战，作者：尹亮等，《计算机科学》，2018 年第 45 卷

零售关联关系图谱在反欺诈场景中的应用，作者：张晓艳、乔辉，《现代管理》，2019 年第 5 期

加快金融基础设施建设的四个着力点，作者：倪庆东，人民论坛

中国反洗钱现状与未来，作者：周小川，《科学决策》，2004 年第 10 期

金融秩序、金融业行为监管与金融消费者保护，作者：孙天琦，《中国银行业》，2019 年第 5 期

金融消费者权益保护研究，作者：丛培刚，《河北企业》，

2019 年第 10 期

智慧金融（第二版），作者：徐理虹等，清华大学出版社，2018.11

物联网金融发展现状与安全问题分析，作者：王定藕，《现代商贸工业》，2018 年第 14 期

大数据金融：现状、问题与对策，作者：王军强，《经济师》，2018 年第 12 期

人工智能技术在我国金融行业的应用现状探讨，作者：裴立公，《金融科技时代》，2019 年第 1 期

中国互金协会：区块链技术在金融领域的应用，作者：区块链研究工作组，清华金融评论

云计算行业现状及未来发展趋势，来源：国元证券、乐晴智库

巴曙松著．新金融　新格局　中国经济改革新思路

余丰慧著．金融科技　大数据、区块链和人工智能的应用与未来

【英】克里斯·斯金纳著．FinTech，金融科技时代的来临

【法】伊夫·艾奥内、埃尔维·芒斯龙著．金融科技新时代：银行的反击

周伟、张健、梁国忠著．金融科技重构未来金融生态

未央网．金融科技：变迁与演进

孙国峰．金钉子：中国金融科技变革新坐标

中国证券报

2019－2023 年中国金融科技产业深度调研及投资前景预测报告

中国金融科技行业运行报告（2018）

图书在版编目（CIP）数据

金融科技：涵义、运转及赋能/朱正圻著．
——上海：上海三联书店，2021.10
ISBN 978-7-5426-7525-5

Ⅰ.①金…　Ⅱ.①朱…　Ⅲ.①金融—科学技术—研究
Ⅳ.①F830

中国版本图书馆 CIP 数据核字（2021）第 177512 号

金融科技
——涵义、运转及赋能

著　　者　朱正圻

责任编辑　钱震华
装帧设计　陈益平

出版发行　上海三联书店
　　　　　中国上海市漕溪北路 331 号
印　　刷　上海威英实业公司

版　　次　2021 年 11 月第 1 版
印　　次　2021 年 11 月第 1 次印刷
开　　本　700×1000　1/16
字　　数　280 千字
印　　张　21.25
书　　号　ISBN 978-7-5426-7525-5/F·846
定　　价　98.00 元